KB170472

인생을 바꾸는 _____
나만의 능력 백서

차희연 지음

베프북스
Best Friend Books

〈무한도전〉에서 타임슬립Time Slip 특집으로 상황극을 한 적이 있었다. 양반, 상인, 천민으로 신분을 나눠 게임을 진행했는데 천민으로 변신한 노홍철이 거리를 지나가던 시민에게 예능식 질문을 했다.

"천민이냐 양반이냐?"

그러자 지나가던 회사원이 대답했다.

"노비요."

이 장면을 본 시청자들은 너무 웃겼지만 마음껏 웃을 수 없었다는 후기들을 남겼다. 이것은 직장인들이 노비와 비슷하다는 의미임과 동시에 직장인 자신들도 노비라는 생각을 하고 있다는 것이다. 그러나 그때나 지금이나 상사의 지시에만 복종하고 자율성 없는 상태로 평생을 살아가지는 않는다. 핵심인재는 어느 곳에나 어느 때에나 있었고, 지금도 있다.

"너 이번에 취업한 회사 괜찮아?"

"어! 우리 회사 엄청 좋아. 칼출근, 칼퇴근하는 회사야."

신입사원 시절 좋은 회사는 칼출근, 칼퇴근이 보장되는 회사였다. 직장이 어떤 의미인지도 몰랐고 회사에서 어떤 역할을 해야 하는지도 몰랐다. 심지어 이 회사에 얼마나 오래 다닐 수 있을지에 대한 가늠조차 못 했다. 1년짜리 계약직 주제에 말이다. 대기업 계열사였기에 당연히 정규직으로 재계약하리라 믿었다. 그러나 회사는 결국 폐업했고, 나는 정리해고를 당하는 수많은 사람 중 한 명이 되었다.

첫 직장은 커리어의 첫 단추이고 긴 인생의 여정에서 자신의 인생을 의미한다. 한 직장에서 정년까지 몸을 바치든, 이직해서 다양한 경력을 쌓든, 직장의 이름이나 일하는 장소가 중요한 것이 아니었다. 자신의 인생여정과 함께하는 하루하루가 모여 1년이 되었고 그 1년이 쌓여서 10년이 되는 것뿐이었다.

신입사원에서 대리로 승진하는 단거리 경주에서 골인을 하면 리셋이 되어 대리에서 다시 과장으로 경주하는 것이 아니라 신입사원 시절부터 과장까지 능력 마일리지를 쌓아나가는 과정이다. 신입사원 때는 무엇이든 배우려는 자세로 일하는 사람에게 능력 마일리지가 많이 쌓인다. 대리직급은 자신에게 주어진 업무를 다양하게 경험해야, 과장직급은 자신의 업무를 부하직원에게 권한위임하고 부하직원의 역량을 최대한 끌어내야 능력 마일리지를 쌓을 수 있다.

"그렇게 열심히 일해봐야 골병들어."
워라벨Work Life Balance을 외치는 우리는 이렇게 생각할 것이다. 적당히 일하고 적당히 쉬면서 월급받고, 승진 따위 필요 없으니 워라벨을 사수하는게 가장 중요할지도 모른다. 자신의 인생에서 무엇이 가장 중요한지에 따라

지금 선택하는 것이 달라지는 것은 너무나 당연하다. 스트레스를 받지 않으면서 일하고 휴식을 취하는 것은 자기관리에 매우 중요한 영역이다. 자신이 행복한 인생을 살 수 있다면 무엇을 선택하든 옳은 선택이다.

사회심리학에서는 쾌락주의적인 행복과 자기실현적인 행복이 인간에게 행복을 주는 두 가지라고 말한다. 쾌락주의적인 행복은 먹고 자고 싸고 쉬고 놀면서 느낀다. 누구나 자신의 인생을 원하는 만큼 먹고 놀고 쉬는 것이다. 물론 돈이 충분히 있다면 말이다. 하지만 세상의 모든 것은 일장일단長短이 있다. 먹고 놀고 쉬고 쾌락을 추구하다보면 처음에는 즐겁고 재미있겠지만 금방 인생이 지루해진다. 열심히 일하는 사람이 일을 그만두고 싶다고 입버릇처럼 말하지만 백수가 되고 한 달만 지나면 다시 회사에 다니고 싶어지는 것과 같은 이치이다.

자기실현적인 행복은 스스로 목표를 설정하고 목표를 달성해 나가는 아주 사소한 순간순간에 작은 행복과 만족감을 느끼는 것을 말한다. 인간은 누구나 꿈이 있고 꿈을 달성해 나가는 과정에서 행복을 느끼고 또 다음 목표를 달성하기 위해 노력하면서 미래에 대한 희망을 갖는다. 물론 그 과정에서 괴로움도 느끼지만, 결과적으로 달성 후 더 큰 행복감을 얻을 수 있다. 목표를 달성했을 때 뇌의 천연마약인 도파민이 분비되기 때문이다. 인간의 뇌가 주는 도파민은 인간에게 가장 큰 선물이다.

가장 바람직한 것은 자신의 목표를 달성해 나가면서 능력 마일리지를 쌓고, 지치지 않도록 휴식을 취하고, 재미있는 인생의 이벤트를 경험하는 것이다. 진짜 행복한 인생을 살고 싶다면 직장에서는 목표달성을 위해 노력하고 퇴근하면 잘 쉬는 것이다. 워라벨이 중요하다고 해서 일을 대충해도 된다는 말은 아니다.

직장에 헌신하기 위해서 이 책이 필요한 것이 아니다. 자신의 직급과 경력에 따라 어떤 태도로 어떤 것을 배워서 자신의 능력 마일리지를 쌓아야 하는가를 터득하는 것이 중요하다. 인생은 어떻게 될지 모른다. 어느 날 갑자기 복권에 당첨될 수도 있고, 어느 날 직장을 그만두고 자영업을 시작해 하루아침에 사장님이 될 수도 있다.

신입사원 시절부터 차근차근 하나씩 자신의 생각과 태도와 기술과 능력을 키워놓으면 모두 '나의 것'이 된다. 한 인간이 태어나서 죽을 때까지 돈을 벌고 인간관계를 하고 사회생활을 하는 과정에서 그 모든 순간에 활용되는 것들을 직장에서 배운다. 하지만 직장을 위해 배우지 말고 자신을 위해서 자신의 행복한 인생을 위해서 아주 사소한 것부터 하나씩 습관으로 만들어 나가길 바란다.

차희연

차 례

CHAPTER 1

상사의 사랑을
독차지하는
해피 바이러스

Intro

고 대리는 오늘 새로 발령받은 부서로 첫 출근을 하는 날이다. 업무교육을 받는 내내 하루 종일 받아야 하는 교육에 지루함을 느끼며 그저 빨리 새 부서로 출근하길 바랐지만 막상 첫 출근일이 되니 모든 것이 순조롭지 않았다. 아침 6시 30분에 맞춰놓은 알람을 끄며 5분만 5분만을 외치다보니 어느 사이에 7시가 되어버렸다. 허둥지둥 준비하고 짜증을 내며 집에서 나왔으나 만원 지하철에 얼굴이 저절로 찡그려진다. 마음속으로는 '내가 이러면서 회사를 다녀야 돼?', '왜 이렇게 사람은 많은 거야?' 온갖 불평불만을 쏟아냈다. 지각을 면하기 위해 지하철에서 내리자마자 전속력으로 달려 마침내 회사에 도착했다. 이미 모든 직원은 출근을 한 상황이었고, 같이 발령받은 직원들은 다른 사원들과 담소를 나누고 있었다. 다행히 지각은 면했지만 어째 자신의 첫인상이 그렇게 좋아 보이지는 않겠다는 생각에 걱정스러웠다.

공감해요!

 첫날부터 이러한 상황이면 마음이 불안하죠. 게다가 새로 발령을 받았으니 더욱 안절부절못할 겁니다. 하지만 세상일은 마음먹기에 달려 있습니다.

공감전개

1. 내일이 월요일이야!

고독해 대리는 퇴근 후 직장 동료와 함께 술을 마시며 회사에서 있었던 일들에 대해 이야기했다. 오늘도 사장님한테서 한소리를 들었다. 약간의 실수였다고만 생각했는데, 사장님이 그렇게까지 화를 내실 줄은 몰랐다.

사장님의 약속시간 체크를 잘못한 탓에 30분 정도 늦게 약속장소로 가셨지만, 사실 차가 조금만 막혀도 늦을 수 있는 일 아닌가! 나에 대한 불만 같아서 기분 나쁘고 화가 난다.

에디슨이 이런 말을 했다. "모든 일터에서 생산성을 가로막는 요인은 생각하기 싫어하는 것이다. 모든 성공은 생각으로부터 나온다. 하지만 사람들은 생각하지 않는다." 직장에 다니는 많은 직장인들이 직장을 그저 월급을 주는 곳, 혹은 매일 나가야 하는 곳으로 인식하는 것이 사실이다. 하지만 직장에서의 업무시간이 하루 24시간 중 여덟 시간 이상이고, 출퇴근 시간까지 고려하면 하루의 반 이상을 생활하는 곳이기 때문에 직장에서 어떻게 시간을 보내야 할지 고민해봐야 한다.

1) 세상 무서운 월요일 vs 재미있는 월요일

컵에 물이 반쯤 차 있는 것을 보고 어떤 사람은 "반이나 차 있네."라고 말하는가 하면 "반밖에 없네."라고 하는 사람도 있다. 단순한 말이지만 인생 태도를 엿볼 수 있는 대목이다. 베이브 루스는 스트라이크 아웃을 1,330번이나 당했지만 홈런을 714개나 쳤다. 1,330번의 아웃 때문에 자신을 불행하다고, 실패했다고 생각했다면 714개의 홈런이 나올 수 없었을 것이다.

불행에도 긍정적인 면이 있다. 불행을 있는 그대로 받아들이면 불행으로 끝나지만 불행에서 배울 점을 찾는다면 불행으로 끝나지 않는다.

직장 내에서도 분명 핵심인재로 분류되는 사람들이 있고, 어떤 사람들은 자신도 모르게 블랙리스트에 올라 있기도 하다. 직장생활을 어떻게 할까 고민하고, 어떤 마음가짐으로 업무를 임하는지에 따라 하는 행동은 천차만별이다.

생각의 전환이 필요하다. 인간의 대뇌회로는 언제나 긍정과 부정의 두 가지 방향으로 작용한다. 세상의 모든 일은 긍정과 부정의 태도에 따라 그 결과가 다르게 나타난다. 물론 믿음도 같은 맥락에서 해석될 수 있다. 어떻게 생각하느냐에 따라 다르게 반응하는데, 특히 어떤 문제에 부딪혔을 때 화를 내거나 짜증을 부린다고 해서 문제가 해결되거나 상황이 달라지지 않는다. 문제 속에서 해결의 실마리를 찾아 문제를 해결하려는 노력을 해야 한다. 세상사는 동전의 양면과 같아서 발상의 전환만 이루어낸다면 문제 속에서도 얼마든지 해결안을 찾아낼 수 있다. 설사 고통스러운 일이 있더라도 그 속에서 긍정적인 면을 찾아내고 그것을 생산적으로 활용한다면 같은 업무가 주어지더라도 힘들지 않을 것이다.

2) 이제는 수용보다 수정하는 시대!

패러다임Paradigm이란 용어를 사전에서 찾아보면 보기, 범례, 모범, 시대의 지배적인 과학적 대상파악의 방법, 특정영역으로 설명한다. 그러나 미국과 일본의 기업, 나아가 우리의 기업에서도 패러다임이라는 단어가 경영현장에서 널리 사용되고 있다. 특히 불확실성이 매우 큰 오늘날의 경영상황에서는 기존의 경영방식에 익숙해져 있는 경영자들의 의식전환을 위해 패러다임이라는 용어가 활용되고 있다.

패러다임은 미국의 과학 역사학자인 토머스 쿤에 의해 의미를 보다 깊고 넓게 이용하게 되었다. 쿤에 따르면 모든 사람은 자기 나름대로의 규칙과 법칙을 가지고 있으며, 이는 사물과 상황의 지각^{Perception}에 있어 필터와 같은 역할을 한다. 따라서 사람은 자신이 보고 싶은 것만 보게 되고, 자신의 고정관념이나 선입견에 의해 나머지는 잘못 보거나 안 보게 된다. 즉 자신의 고정관념이나 선입견에 의해 모든 사물이나 현상을 선택적으로 지각하게 되는 것이다. 이처럼 사물이나 현상을 지각하고 인식하는 데 필터와 같은 지각체계를 토머스 쿤은 패러다임이라고 정의하였다.

한 시대의 패러다임은 스스로의 범주를 설정하고 안주하려는 경향이 짙다. 그 결과 미래를 예측하기 어려운 낡은 패러다임이 등장하게 된다. 경영에서도 경영자들이 자신의 규칙과 법칙인 기존의 패러다임에 의해 현상을 보기 때문에 자신의 패러다임에 맞지 않으면 처음부터 배척하거나 보지 않으려고 한다. 그러나 오늘날 새로운 소비자나 새로운 환경요인은 새로운 패러다임을 요구한다. 이는 과거의 성공이 미래를 보장한다는 환상에서 기업들이 깨어나야 한다는 것을 의미한다.

환경의 불확실성이 적은 과거에는 경험이 약이 될 수 있었지만, 환경이 급변하는 오늘날에는 오히려 경험에 의한 판단이 병이 될 수 있다. 과거의 성공이 되풀이되지 않는 단절의 시대, 예측불허의 시대에는 기존 경영자가 새로운 시대의 패러다임에 적응하기 위해 기존의 선입견과 경험적 사고를 버려야 한다. 우리 기업이 처해 있는 새로운 상황을 경영자들이 직시하는 사고의 변화가 절실히 요구되는 시대가 다가오고 있다.

경영자들이 사물이나 현실을 지각하기 위해서는 지금까지 사용해오고 있는 기존의 필터를 새로운 것으로 교환해야 한다. 즉, 기업조직의 패러다임 전환이 이루어져야 한다. 만약 패러다임의 전환이 이루어지지 않는다면, 우리나라 기업들은 새로운 시장여건에 적응하기 어려운 것은 물론, 결코 비교경쟁 우위를 점할 수가 없다.

사실 새로운 패러다임을 받아들이는 것은 위험할 수 있다. 그렇기 때문에 새로운 시장에 맞는 참신한 아이디어들이 중역회의에서 거부되는 경우가 종종 발생한다. 과거의 성공으로 오늘날 경영자의 위치에 오른 그들의 패러다임으로는 도저히 납득할 수 없기 때문이다.

요즘처럼 기업의 모든 상황이 급변하는 현실에서 과거의 경험과 지식의 가치는 점차 줄어들고 있다. 우리는 경영자들이 자신들의 20년 또는 30년 지난 경험담을 자랑삼아 이야기하는 것을 자주 본다. 그러나 이러한 경험들은 새로운 패러다임 안에서 큰 의미가 없으며 오히려 새로운 경영방법을 추구하는 데 방해가 될 수 있다.

이미 확립된 패러다임을 창조적으로 파괴하는 일은 어렵다. 그러나 점차 경쟁이 격화되고 있는 시장의 변증법적 발전에 대응하기 위해서는 패러다임의 전환은 어려운 것이라고 생각하고 아예 체념하거나 방관할 수만은 없다. 기존 패러다임의 창조적 파괴를 스스로 계속하지 않으면 안 된다.

런던 히드로 공항에서 비행기를 기다리던 어떤 여자가 신문과 쿠키 한 봉지를 사 들고 빈 테이블에 앉아 신문을 보며 쿠키를 먹고 있는데, 바스락거리는 소리가 들렸다. 순간 이상한 생각이 들어 신문을 내리고 쳐다보니 잘 차려 입은 어떤 남자가 옆자리에 앉아 여자의 쿠키를 먹고 있는 게 아닌가. 매우 황당했지만 여자는 말을 걸기가 싫어서 아무 말 않고 자기 쿠키를 집어먹었다. 그 남자도 계속해서 여자의 쿠키를 집어먹었다. 여자는 너무 화가 났지만 말은 하지 않았다. 그렇게 번갈아 먹다 마지막 쿠키 하나가 남았다. 그러자 남자는 쿠키를 반으로 쪼개더니 반쪽은 여자 쪽에 밀어주고 반쪽은 자기가 먹고는 자리에서 일어나 가는 것이었다. 여자는 참으로 어처구니가 없었다. 진짜 기가 막힌 일은 그 다음에 일어났다. 여자가 비행기에 올라 짐칸에 올려놓으려고 쇼핑백을 들었을 때 그 속에 아까 샀던 쿠키가 그대로 있는 게 아닌가! 오, 마이 갓! 여자는 그 남자의 쿠키를 먹은 것이었다. 이 여자가 겪었을 패러다임의 전환은 정말 극적인 것이다. 염치없고 뻔뻔하게만 보였던 그 남자는 갑자기 모르는 여자가 자신의 쿠키를 먹는데도 용인하고 마지막 쿠키까지 반으로 나누어줄 줄 아는 마음 넓고 멋진 신사로 바뀐 것이다. 이렇게 상황과 사건을 어떤 관점에서 보느냐에 따라 달라진다.

2. 기피대상 1호! 남 탓 네 탓 세상 탓하는 사람들

이번 회의에는 고독해 대리도 참여했다. 신제품 개발회의여서 아이디어가 많이 나왔다. 아이디어가 나온 제품을 상품화했을 때 실제로 어느 정도의 시장성이 있는가에 대해 의견을 말하는데, 번번이 바람을 빼는 사람이 있었다.
"그게 되겠어요? 사람들이 좋아하는 것은 아닌 것 같은데."
고 대리가 생각하기에도 별로인 것들이 분명 있었다. 그래도 괜찮은 의견들도 있었는데, 매 의견마다 그는 생각지도 못한 반론을 하고 있다.

1) 부정적인 사람은 어디에나 있다

매사에 부정적인 어떤 부인이 있었다. 작가였던 부인은 어떤 주제로 글을 쓰든지 항상 글의 첫머리에 '어둡고도 우울한 밤이었습니다.'라는 문장으로 시작했다. 이런 부인의 글을 보다 못한 남편이 말했다.

"여보, 조금 더 긍정적으로 쓰는 게 어때?"

"그럼 어떻게 써야 하는데요?"

"음, '옛날 옛적에'라는 말로 시작하면 어떨까?"

부인이 남편의 조언을 받아들여 첫 문장을 다시 썼다.

'옛날 옛적, 어둡고도 우울한 밤이었습니다.'

한 설문결과에 따르면, 기업이 신입사원에게 요구하는 가장 중요한 역량은 외국어 실력이나 컴퓨터 활용능력이 아니라 '주인의식과 도전정신, 기본인성' 등인 것으로 나타났다. 즉, 기업들은 대졸 신입사원이 갖춰야 할 역량으로, '예절, 성실성 등의 기본인성'과 '적극적인 태도' 그리고 '협동성 및 타인에 대한 배려와 같은 팀워크 능력'과 '조직문화와의 적합성 및 수용능력'을 기술적인 항목들보다 중요하게 생각한다는 것이다. 이러한 역량은 표현이 조금씩 다를 뿐, 대부분이 '인성人性'에 기인하는 것들이다.

근무경력이 쌓이면 개인의 업무능력은 발전하지만, 인성은 부단한 노력을 쏟아 부어도 바꾸기 힘들다. '인성'은 조직에서 조직역량을 배가시키고 조직문화를 생성하고 유지하는 핵심 구성요소이다. 인성은 평상시 사소한 것에서도 알 수 있다. 흔히 말하는 태도Attitude가 그것인데, 그 가운데서도 마음의 태도는 자세를 통하여 여실히 드러난다. 대화 도중 상대방을 불안하게 하는 시선, 회의 중이거나 상담 중에 삐딱하게 혹은 뒤로 기대앉은 자세, 불안정한 손 처리, 팔짱 낀 자세 등이 그렇다. 적극적, 긍정적이지 못하고, 매사에 부정적이고 회의적인, 또 방관적이고 기회주의적 정신을 담고 있는 신체는 반드시 표시가 나게 마련이다.

이렇듯 인성 못지않게 조직문화에 가장 해를 끼치는 것이 부정적인 태도인데, 부정적인 조직원은 실패의 원인을 자신이 아닌 다른 데서 찾기 때문이다.

'모든 것은 본인 마음먹기에 따라 달라진다'는 '일체유심조 一切唯心造'라는 말이 있다. 주변 동료마저도 힘 빠지게 만드는 이 부정적인 태도의 첫 피해자는 바로 본인이다. 하지만 부정적인 태도는 얼마든지 고칠 수 있다.

미국 범죄학 이론 중에 '깨진 유리창 이론'이 있다. 유리창이 한 개 깨져 있을 때에는 신경이 쓰이지만 두 개, 세 개로 늘어나면 점차 무신경해지고 지나가는 사람들도 주인 없이 버려진 건물로 생각하여 돌을 던지고 쓰레기를 갖다 버린다는 내용이다.

깨진 유리창 이론처럼 조직에서 부정적인 태도를 버리지 않는 한 누구든 경우에 따라서는 깨진 유리창이 될 수 있다. 깨진 유리창을 가진 기업은 곧 위험에 빠진다. 바로 유리창을 수리하거나 깨지지 않도록 사전에 방지하는 기업이 성공한다.

2) 부정적인 생각 없애기

부정적인 생각을 제어하는 첫 단계는 자신이 부정적인 생각을 하고 있다는 걸 인식하는 것이다. 인식하기는 부정적인 생각을 없애거나 바꿀 수 있는 첫걸음이다.

우리는 출근길에, 회의시간에, 점심시간에, 동료와 이야기하면서 마음의 목소리에 귀를 기울인다. 이렇게 당신이 하는 생각들 중에 부정적인 것이, 긍정적인 것이, 중립적인 것이 어느 정도 되는지를 생각해보라. 혹시 자신이 부정적인 사실을 강조하고 있다는 사실을 깨달았을 때는 부정적인 생각을 멈추고 긍정적인 생각으로 생각의 관점을 바꿔보자.

스스로 믿는다고 틀림없이 성공이 보장되는 것은 아니지만, '스스로에 대한 불신은 분명히 실패를 낳는다.'고 심리학자 앨버트 밴두라가 말했다.

3) 부정적인 생각의 종류

- ✖ **전부가 아니면 아예 포기한다는 식의 사고방식** : 흑백논리 시각
- ✖ **지나친 일반화** : 실수를 한 번 저지르면 앞으로 계속 그럴 것이라는 사고방식
- ✖ **심리적 필터링** : 몇 가지 부정적인 부분 때문에 전체를 부정적으로 생각하는 사고방식
- ✖ **부정적인 사실 강조** : 긍정적인 경험은 평가절하하고 부정적인 경험에 대해 집착하는 사고방식
- ✖ **전부 내 잘못이라는 사고방식** : 어쩔 수 없는 일까지도 책임지려 하는 사고방식
- ✖ **극단적인 사고방식** : 일상적인 실수나 후퇴사건의 심각성을 과장하고 몰아가는 사고방식
- ✖ **인생은 공평하지 못하다는 사고방식** : 자신의 상황이 공평하지 못하고 비극적이라고까지 생각하는 사고방식
- ✖ **성급한 결론** : 근거 없는 증거를 갖고 멋대로 부정적인 결론을 내리는

사고방식

✖ **감정만이 진실** : 자신이 느끼는 부정적인 감정이 진실이라고 단정 짓는 사고방식

✖ **골몰하기** : 어떤 사물이나 사람에 대해 너무 골몰하여 그 생각에 함몰되는 사고방식

4) 내 세상을 바꾸는 연습

✖ **1단계** : 한 걸음 물러서서 마음을 가라앉힌다.

✖ **2단계** : 감정을 인식하고 파악하며 구체화한다.

✖ **3단계** : 감정이 전달하려는 뜻이 무엇인지 알아낸다.

✖ **4단계** : 감정을 표현하고 싶은지 자문한다.

✖ **5단계** : 어떤 행동을 해야 하는지 생각해본다.

✖ **6단계** : 행동을 한다.

✖ **7단계** : 자신의 긍정적인 사고방식과 행동에 만족한다.

5) 부정을 긍정으로 바꾸는 연습

✖ **행복에 관한 질문**

• 자신이 행복한지 아닌지 어떻게 판단하는가?

• 어떤 경우 행복해지는가?

• 행복의 기준은 무엇인가?

• 자신의 행복이 다른 사람들의 행복과도 관련이 있는가?

이런 질문에는 확실하게 답할 수 없으며 만약 할 수 있다고 해도 그로 인해 자신이 더 행복해지지는 않을 것이다. '나는 행복한가?'라는 질문은 행복하지 않으면 불행하다는 식의 이분법적 사고를 갖게 하는 닫힌 질문이다. 우리는 언제라도 행복해질 수 있다. 따라서 '행복한가?'라는 질문이 아닌 '어떻게 하면 좀 더 행복해질 수 있는가?'라고 물어야 한다. 바로 이 질문은 행복추구가 어떤 지점에서 끝나는 것이 아니라 지속적인 과정이라는 점을 인정하는 것이다.

✘ 샤하르 교수의 행복 6계명

- 인간적인 감정을 허락하라. 두려움, 슬픔, 불안 등 우리가 느끼는 감정을 자연스럽게 받아들이면 극복하기가 쉬워진다. 자신의 감정을 부정하면 좌절과 불행으로 이어진다.
- 행복은 즐거움과 의미가 만나는 곳에 있다. 직장에서 삶에 의미를 주면서 즐거움도 느낄 수 있는 활동을 하라.
- 행복은 사회적 지위나 통장잔고가 아닌 마음먹기에 달려 있음을 잊지 말라. 행복은 우리가 어디에 초점을 맞추고 상황을 어떻게 해석하는가에 따라 결정된다. 실패를 재앙으로 여길 수도 있지만 배움의 기회로 생각할 수도 있다.
- 단순하게 살라. 시간은 점점 줄어드는데 일은 점점 더 많이 하려고 욕심을 부리느라 눈코 뜰 새 없이 바쁘게 살고 있다. 그러나 너무 많은 일을 하다보면 행복을 놓칠 수 있다.
- 몸과 마음이 하나라는 것을 기억하자. 우리가 몸으로 하는 것 또는 하지 않는 것은 마음에도 영향을 준다. 규칙적으로 운동하고, 충분히 자고, 건강한 식습관

을 유지하면 몸도 마음도 건강해진다.

- 기회가 있을 때마다 감사를 표현하라. 우리는 종종 우리의 삶을 당연한 것으로 여긴다. 사람에서 음식까지 자연에서 미소까지 우리 인생의 좋은 것들을 음미하고 감사하는 법을 배우자.

3. 내가 행복하면 직장도 행복하다

업무실수를 해서 오늘도 과장님께 혼이 난 고독해 대리는 잔뜩 찡그린 얼굴을 하고 자리로 돌아왔다. 자리로 돌아오는 내내 실수의 원인을 찾고 해결책을 찾으려는 생각보다는 과장님이 자신이 싫어서 그러는 건 아닌가라는 부정적인 생각이 들었다. 반대편에 환한 미소를 지으며 모든 사람들의 사랑을 받고 있는 동료를 보니, 자신도 그저 행복한 직장생활을 하고 싶을 뿐이다.

1859년 찰스 블론딘이라는 무명의 줄타기 곡예사가 〈뉴욕타임스〉에 줄타기만으로 나이아가라 폭포를 건너겠다고 광고를 냈다. 이 불가사의한 장면을 보기 위해 5,000여 명의 인파가 모였다. 폭포를 건너기 전 블론딘은 사람들을 향해 질문했다. "여러분 중 몇 명이나 제가 저 줄에 올라서 폭포를 건널 수 있다고 믿나요?" 사람들은 박수를 쳐서 믿음을 보여줬고, 그는 성공적으로 폭포를 건넜다.

이어 그는 외발 자전거를 타고, 죽마를 타고, 그리고 눈을 가린 채로 폭포를 건너갔다. 잠시 후 그는 또 질문했다. "제가 누군가를 등에 업고 저 폭포를 건널 수 있다고 믿으십니까?" 사람들은 박수로 대답했다. "그럼, 누가 제 등에 업히시겠습니까?" 일순간 조용해졌고, 한 사람이 침묵을 깨뜨렸다. "제가 하겠습니다." 그는 곡예사의 친구 워싱턴이었다. 그는 곡예사의 등에 업혀서 나이아가라 폭포를 건넌 유일한 사람이 되었다.

조직 내에서 자신의 사람과 그렇지 않은 사람을 구분하는 것이 바로 이런 마지막 질문에 해당한다. 그저 구경을 하는 사람들은 모든 일에 좋다고 대답하지만, '함께 하자'는 말이나 '책임을 함께 한다'는 말에는 꼬리를 내리고 만다. 신뢰는 마지막 순간에도 함께 동참하는 것이다.

1) 조직의 확신은 신뢰로부터!

신뢰는 대부분의 사람들이 일상생활에서 사용하는 언어로서 사전적으로 '다른 사람, 조직 또는 사물에 대한 확신'을 의미한다. 한 사람이 자신의 동료, 상사 또는 특정인을 신뢰한다는 것은 상대방에 대한 믿음을 나타내거나 혹은 상대방에게 의존할 수 있음을 뜻하며 이것은 신뢰가 양자 간의 관계를 내포하고 있음을 보여준다.

기업조직에서 구성원과 상사 간의 심리적인 거리가 크면 클수록 아랫사람 입장에서 윗사람을 대하는 것이 편하지 않기 때문에 상하 간의 커뮤니케이션과 협력은 그만큼 제한을 받는다. 영어에서 신뢰를 뜻하는 'trust'는 독일어인 'trost'에서 기원한 것으로 'trost'는 편안함Comfort을 상징한다. 즉 상대방을 신뢰한다는 것은 편안하다는 뜻을 내포하고 있다. 그래서 상대방을 신뢰하는 수준이 높을수록 상대를 편안하게 느끼기 때문에 상호 간의 커뮤니케이션도 솔직하고 활발해진다. 상하 간의 관계에서 신뢰를 높인다는 것은 편안함의 정도를 높인다는 뜻이다. 그러나 상하 간의 심리적 거리가 멀면 상하 간의 커뮤니케이션 활동이 쌍방향이라기보다는 위에서 아래로의 일방적인 흐름으로 굳어질 가능성이 크다.

실제로 대부분의 기업에서 사원들은 부장 앞에 서면 왠지 모를 부담과 벽을 느낀다. 마찬가지로 과장이나 부장도 자신의 상사인 임원 앞으로 나아가면 왠지 어려움과 부담을 느끼는데 이러한 이유로 상사에게 평소 느끼고 있는 사안들에 대해서 할 말을 충분히 못 하는 경우가 많다.

이처럼 조직 안에서 커뮤니케이션이 제한적으로 이루어지면 지시와 통제가 일상화되고 이러한 환경에서는 다수 구성원들의 자발성을 기대하기 어렵기 때문에 구성원의 몰입과 헌신, 창의성이 낮아진다.

기업조직에 신뢰가 중요한 과제로 제기되는 것은 바로 구성원들 간에 심리적 거리를 좁혀 관계의 질을 높임으로써 상호 간의 커뮤니케이션과 협력의 질을 높여야 하기 때문이다. 서로 간의 신뢰가 기본이 되고 있는 일터에서는 구성원들이 비록 서로 다른 입장에 있다고 하더라도 서로에 대한 이해가 높을 뿐 아니라 서로 돕고자 하는 경향이 강하다. 또한 신뢰가 높은 일터에서는 구성원들이 직급이 다르더라도 상대방을 신뢰하고 도와주려 하기 때문에 협력수준이 높아진다. 즉 구성원들은 상사에게 자신의 생각을 솔직하게 전달하고 적극적으로 의견개진을 하기 때문에 상하 간의 토론이 활성화된다. 조직 안에서 도움받기 어렵거나, 특정사안에 대해 의견을 나누기 어렵다면 그것은 서로 간에 편안한 관계를 구축하지 못했거나 생활과 업무의 크고 작은 부분에서 서로를 믿고 의지할 수 없다는 것을 뜻한다. 조직 내 신뢰의 문화를 구축하는 작업은 결코 쉬운 일이 아니다. 즉, 신뢰의 문화는 장기간에 걸친 노력의 산물이다.

✖ 믿을 수 있는 사람이 돼라

성공한 사람들의 공통적인 특징 중 하나는 바로 스스로를 믿는 사람들이라는 점이다. 이제까지의 경험과 성공을 바탕으로 리더들은 다른 누구, 무엇보다도 자신의 운명을 스스로 개척해야 한다고 생각한다. 그들은 노력과 열정, 집중하는 능력 덕분에 성공해왔다. 그들은 계획을 세우기도 하지만 세부적인 일들도 꼼꼼히 점검한다. 여러 연구결과 성공한 이들은 자신감의 수준이 남들보다 높다고 한다. 효과적인 리더는 역경 속에서 내부 통제력이 더 강해진다는 것이다. 통제력이라는 단어는 종종 잘못된 의미로 쓰이지만 내부적인 통제력이 강하다는 말의 참의미는 자신의 생활과 주변상황을 잘 관리하여 결과적으로 일을 제대로 수행하고 성공한다는 것을 뜻한다. 하지만 이들이 훌륭하다고 해서 다른 사람들에게 의존하지 않는다는 것은 아니다. 오히려 그와는 반대이다. 자신뿐 아니라 자신의 주변사람에 대한 깊은 신뢰를 바탕으로 그 네트워크를 적절히 활용하는 것도 중요한 부분이다. 분명한 것은 통제력을 영웅주의로 잘못 이해하여 현혹되어서는 안 된다는 점이다. 즉, 우리는 역경에 용감하게 맞서는 영웅에 대한 그릇된 이미지에 익숙해 있는데 이를 경계할 필요가 있다. '영웅주의적인 리더'는 역경을 굳센 태도로 받아들이고, 위기가 닥쳐와도 늠름하게 대처한다. 불굴의 정신으로 무장한 강하고 용감한 리더의 모습은 '홀로 싸우는 모습'으로 그려진 것이다. 람보와 같은 이런 이미지의 리더십은 실제로 역경이 닥쳐왔을 때 위험한 요소일 뿐이다. 우리는 혼자만의 힘으로 중요한 결정에 성공하는 경우는 거의 없다. 그들은 다른 이들에게 도움을 요청하는 것이 나약함의 증거가 아니라는 것을 잘 알고 있다. 진정한 통제력은 내 뜻대로, 의지대로 상황을 몰고 갈 때 발휘되는 것이 아니라 내 의견에 힘을 실어주거나 혹은 조언과 채찍질을 해줄 동료들의 반응에 의해 많은 힘을 발휘한다. 성공한 사람들은 누구보다 이 사실에 대해서 깊이 인식하고 있으며 이러한 네트워크의 활용에도 적극적이다. 자신을 믿는다는 것은 독단적인 결정이나 영웅의 이미지와는 전혀 다른 것이다.

✖ 인기와 신뢰는 다른 것이다

인기는 단기적이다. 인기를 추구하는 것은 대개 자존감이 낮음을 나타낸다. 신뢰와 존중을 얻는 것은 당신의 삶에 장기적인 영향을 미친다. 자신의 신념을 진실하게 고수함으로써 얻는 존경은 강한 자기 이미지를 만들어낸다.

2) 만족스러운 삶은 즐거운 직장생활을 만든다

유명한 지휘자 토스카니니Toscanini, A. 1867~1957는 "누구나 바이올린만을 연주하려고 한다면 오케스트라는 이루어질 수 없다."라고 말한 적이 있다. 대중에게 각광받고 인기 있는 독주악기만 연주해서는 관현악을 연주할 수 없다는 것이다. 한 시간 동안 단 한 번밖에 울리지 않는 심벌즈 연주자도 있어야 하고, 베이스만 넣어주는 콘트라베이스 연주자도 있어야 한다. 만약 이들 연주자들이 자신들은 인기도 없이 뒷바라지만 하고 있다며 악단을 떠나버린다면 관현악은 제대로 연주될 수 없을 것이다.

✖ 정신적인 행복과 물질적인 행복

행복幸福은 정신적 행복과 물질적 행복 두 가지 측면에서 생각해 볼 수 있다. 정신적 행복이란 인간의 정신적인 만족이나 기쁨이다. 과학자는 진실을 구하기 위하여 실험에 몰두하고 있을 때 인생의 보람과 만족감을 느낄 수 있다. 가끔 진리를 구하기 위해 사색思索에 빠져 시간가는 것도 잊은 철학자, 창작에 열중하는 예술가, 사랑과 봉사로 헌신하는 종교가, 또는 일에 전념하고 있는 근로자 등 이들이 맛보는 행복이란 가장 고귀하고 충실한 정신적 행복일 것이다.

물질의 행복이란 의식주 등 물질적 면에서의 충족 내지는 단순한 동물적 욕구의 충족에서 얻는 기쁨이나 만족을 말한다. 그런데 오늘날의 사람들은 백 년 전 사람들에 비한다면 물질적으로는 비교가 되지 않을 정도로 은혜를 받고 있다. 그러나 행복이란 점에서도 과연 백 년 전 사람들보다 훨씬 행복하다고 할 수 있을까? 호화로운 주택에 살며, 좋은 옷을 입고, 맛있는 음식을 먹으면서도 무엇인가 불만에 싸여 걱정의 나날을 보내고 있는 사람들이 있는가 하면, 그날 그날을 어렵게 살면서도 마음의 고요를 찾고, 기쁨을 갖는 사람도 있다. 이것은 극단적인 예일지 모르지만, 요컨대 물질物質이란 것이 반드시 우리들의 행복과 직결되는 것이 아니라는 것을 알 수 있다. 문제는 오히려 우리들이 받아들이는 자세에 있다. 행복이란 돈으로 살 수 없다. 그것은 금전으로도 환산할 수 없다. 보다 귀중한 정신적 가치에 관련되어 있기 때문이다. 우리는 이미 우리에게 주어진 것, 이루어놓은 행복을 발견하지 못한 채 끝없이 새로운 욕망에 집착하고 있다. 행복은 자신을 사랑하는 것부터 시작된다. 나를 사랑한다는 것은 지금 이 순간 내 삶에 정성을 들이는 것이다.

✖ 행복한 삶의 의미

열심히 돌을 쪼고 있는 석공 세 사람을 보고, 지나가던 행인이 "당신들은 무엇을 하고 있습니까?" 하고 물었다. "보시다시피 돌을 쪼고 있습니다." 첫 번째 석공이 대답했다. 다음 두 번째 석공은 "돈을 벌고 있습니다."라고 했고, 세 번째 석공은 "저는 역사에 남을 대성당을 짓고 있습니다."라고 했다. 이 세 사람의 석공 중 의미 있는 삶을 사는 사람이 누구인지 분명히 알 수 있다. 자기가 하는 일에 자부심을 가지고 있는 세 번째 석공이다. 개인은 궁극적으로 자아실현을 통해 진정한 행복을 얻을 수 있다.

✖ 행복한 삶의 조건

옛날 어느 마을에 물방앗간이 하나 있었다. 방앗간 주인은 날마다 아침 일찍부터 저녁 늦게까지 땀을 뻘뻘 흘리면서 일했다. 그러나 그는 항상 성글벙글하며 즐거운 표정으로 이렇게 말하곤 했다.

"나는 세상에서 가장 행복한 사람이오. 나는 그 누구도 부럽지 않아요."

그는 매우 쾌활했으므로 주위의 다른 사람들까지도 즐겁게 해주었다. 그래서 많은 사람들은 그의 유쾌한 생활태도에 관해 이야기하기를 좋아했다. 이 소문을 들은 국왕이 그 물방앗간 주인을 불렀다.

"그대가 이 세상에서 가장 행복하다고 말한 사람인가?"

"네, 그렇습니다."

"어찌하여 그대가 그렇게 행복하다고 생각하는가?"

"저에게는 근심이나 걱정이 없기 때문입니다. 시냇물은 그치지 않고 콸콸 흘러서 저의 물방아를 돌려주고, 농부들은 해마다 농사를 지어서 저의 물방앗간으로 가져와 찧어달라고 합니다. 저는 곡식을 열심히 찧어주고 그 대가를 받습니다. 그 돈으로 우리 가족이 넉넉히 먹고 살 수 있으니, 무슨 근심, 걱정이 있겠습니까?"

국왕은 고개를 끄덕이며 말했다.

"그대는 생활 속에서 행복의 참의미를 터득한 보기 드문 사람이로군. 만약 모든 사람들이 그대와 같은 생각을 가지고 있다면, 이 세상은 얼마나 아름답고 즐거울 것인가? 그대는 돌아가서 그대의 행복한 삶을 계속하도록 하게."

방앗간 주인은 노래를 부르면서 고향으로 돌아왔습니다.

"나는 세상에서 가장 행복한 사람이라네. 어느 누구도 부럽지 않네."

누구나 자신에게 주어진 삶을 누구보다 잘살고 싶어 한다. 바꾸어 말하면 행복하게 살고 싶어 한다. 그런데 어떻게 사는 것이 잘사는 것인지에 대해서는 별로 고민하지 않는다. 다른 사람이 행복이라고 생각하는 것이 진정한 행복이라고 생각하면서 자신의 기준을 바꾸기 때문이다. 하지만 사람들이 바라는 행복한 삶의 모습은 같지 않다. 행복의 기준이 다르기 때문이다.

그러나 행복은 객관적인 조건에 좌우되기보다 지극히 주관적이기 때문에 같은 상황과 조건에 있는 사람들 중 어떤 사람은 행복을 느끼기도 하고 어떤 사람은 불행을 느끼기도 한다.

행복의 조건이나 기준은 시대에 따라서 사회에 따라서 사람에 따라서 다르다. 그것을 나눠본다면 물질적인 관점과 정신적인 관점, 또는 외면적인 성공과 내면적인 만족으로 생각할 수 있다. 사회 문화적인 배경과 개인의 성향에 따라서 어느 것을 기준으로 생각하느냐에 따라서 차이가 생긴다.

실전 Q & A

기획부서에서 마케팅 방안에 대해 회의를 했다. 각 부서에서 함께 참여하면 좀 더 효율적으로 진행이 될 듯해 이싹싹 주임, 성취감 과장, 안경태 주임, 유쾌해 대리, 신입사원 등 각 부서의 사람들이 모였다. 항상 많은 아이디어를 내놓는 유쾌해 대리가 먼저 의견을 냈다.

"요즘은 사용후기를 보고 구입하는 사람들이 많은데 사용후기를 회사에서 전략적으로 사용해서 홍보로 연결시키면 어떨까요?"

많은 사람들의 동의 속에서 화기애애해진 분위기였는데 한 신입사원이 말했다.

"그런 것은 제지하는 곳이 없나요? 그래도 걸리면 이미지가 더 안 좋아질 텐데요."

갑자기 조용해지면서 또 유쾌해 대리가 의견을 내놓았다.

"그러면 사용후기를 쓴 고객에게 선물을 발송하는 것은 어떨까요?"

조금 있다가 또 신입사원이 말했다.

"안 좋은 사용후기에도 선물을 줘야 하나요? 그렇게 정했으면 상관없이 줘야 할 텐데요."

의견을 낼 때마다 부정적인 의견이 계속 나오니 일정시간이 지나면서 다들 지쳐가고 있었다. 이번에도 유쾌해 대리가 의견을 낸다.

"그럼 프로모션 행사를 하는 것은 어떨까요? 어차피 광고는 경쟁사가 다 알아서 하니까 우리는 프로모션으로 수익을 얻는 거죠."

이번에도 신입사원이 뭐라고 할까 모여 있는 사람들의 이목이 집중되었다.

Q 과연 따가운 시선 속에서 아이디어를 활성화시킬 수 있는 의견을 어떻게 말하면 좋을 것인가?

A 신입사원의 경우 잘될 가능성보다는 잘못될 가능성을 먼저 염두에 두고 대화를 하기 때문에 아무리 반짝이는 아이디어가 있더라도 그 아이디어의 부정적인 시각을 강조하게 된다. 이럴 때는 자신이 봤을 때

아무리 안 될 것 같아 보이더라도 먼저 칭찬을 해준 후에 의견을 말하거나 많은 사람의 의견을 먼저 들은 후에 자신의 의견을 제시하는 것이 좋다. 또한 자신이 부정적인 시각을 갖고 있다는 사실을 인식하는 것이 무엇보다 중요하다.

자기점검 포인트

1. 자신은 긍정적인 사람인가, 부정적인 사람인가?
2. 주변에서 자신의 관점에 대해서 자주 하는 말은 무엇인가?
3. 자신을 긍정적으로 만드는 방법 세 가지는 무엇인가?

자기점검 그 후

고독해 대리는 직장생활에서 자신이 모든 것들을 너무 부정적인 시각으로 바라보는 것이 아닌가라는 생각이 들었다. 한번 부정적인 생각이 들면 계속해서 그렇게 생각했지 그런 상황을 어떻게 해결할 것인지는 생각해본 적이 없었다. 그리고 부정적인 생각은 회피하고 잊으려고 해서 해결되는 것이 아니라 관점을 긍정적으로 바꾸는 것이 일의 능률도 올리고 자신감 또한 향상시킨다는 것을 알았다. 긍정적인 자세로 모든 사람들과의 관계를 유지하니 이제 상사의 안 좋은 점이 보이는 것이 아니라 그렇게 말해주는 그분께 오히려 감사하고, 나의 또 다른 가능성을 발견할 수 있는 좋은 기회라는 생각이 들었다. 긍정적인 시각으로 다가가면 다가갈수록 자신이 행복해지는 것을 알게 된 고독해 대리는 밝고 명랑하게 직원들과 아침인사를 나누었다.

CHAPTER 2

무조건 반응으로
산에 올라라

Intro

오늘은 신입사원이 들어오는 날이다. 이깔끔 대리에게 신입사원의 멘토 역할을 하라는 업무지시가 떨어졌다. 신입사원을 가르친다는 게 한편으로는 기대되면서 과연 어떤 직원일지 궁금했다.

'이왕이면 크게 잔소리를 안 해도 알아서 잘하는 직원이면 좋을 텐데….'

마침 신입사원이 들어왔고, 두 사람은 약간 경직된 얼굴로 인사를 했다.

"안녕하세요? 오늘부터 선배님들께 열심히 배워나갈 신입입니다. 잘 부탁드립니다."

'짜식, 그래도 어리바리해 보이지는 않네.'

"잘 부탁해. 이제부터 자네를 도와줄 이깔끔 대리라고 해. 일하다가 모르는 것 있으면 언제든지 물어보고. 알았지?

첫 단추는 잘 끼워진 듯하다. 그러나 문제는 일주일쯤 지나면서부터 생기기 시작했다. 복사를 하라고 시키면 꼭 물어보는 질문은 "언제까지 필요하세요?"이다. 처음에는 이 질문을 하는 것이 참 예뻐 보였다. 얼마나 기특한가. 상사가 언제 필요한지 궁금해한다는 것이 일을 열심히 하려는 것으로 보였기 때문이다. 하지만, 일주일쯤 지나니까 그 질문의 의도는 빨리 갖다주려는 의도가 아니라 최대한 마감시간에 맞춰서 아슬아슬하게 갖다주기 위한 사전질문이었던 것이다. 신입은 말 그대로 마감기한까지 일을 미루는 습관을 갖고 있었던 것이다.

복사뿐만이 아니었다. 브로슈어를 새로 만들기 위해서 이제까지 쓰던 브로슈어와 현재 새로 진행한 이벤트를 포함해서 자료를 정리해오라고 했는데, 이번에도 마감기한을 넘겨서 가져왔고, 외부매장에 들렀다가 외부미팅에서 만나기로 했는데 시간약속에도 늦었다. 마감기한에 맞추면 다행인데, 늦기까지 하니 눈앞이 깜깜하다.

공감전개

1. 사소한 습관 하나가 당신의 미래를 바꾼다

신입사원이 허둥지둥 자료를 찾아 이 대리에게 주려고 다가오다 갑자기 뭔가가 생각난 듯 다시 자리로 돌아갔다.

"이보게! 어디 가나?"

"대리님, 제가 추가자료를 깜빡했어요. 금방 가져가겠습니다."

"이 사람이, 한꺼번에 가져와야지."

"네, 알겠습니다."

추가자료를 들고 오면서 또 뭐가 생각났는지 이것저것 챙겨서 오느라 반나절은 걸린 듯하다.

"왜 이렇게 늦게 왔어?"

"추가서류 가져오다가 참고용 브로슈어가 생각나서 들고 오느라고요. 가져오려고만 하면 자꾸 뭐가 생각나서…."

"한꺼번에 미리 준비를 해놓고 있다가 가져와야지. 이렇게 왔다갔다하는 시간이 많으면 안 되지."

"죄송합니다. 왜 자꾸 드리려 할 때마다 다른 게 생각나는지 모르겠어요."

1) 습관을 바꾸면 조직 내 직급이 바뀐다

누구나 신입사원 시절이 있다. 신입사원을 몇 년으로 정확히 정의하기는 어렵지만 적어도 주임을 달기 전까지는 신입사원이라고 해도 과언이 아닐 것이다.

일상생활 속에서 자신도 모르게 반복적으로 행동하는 것들을 습관이라고 하는데, 이는 지속적인 반복을 통해 만들어진다. 이런 습관이 생기는 이유는 자신이 업무를 처리하는 데 업무의 효율을 높이기 위해서, 혹은 자신이 편한 방향으로 업무를 처리하기 위해서이다. 처음부터 업무습관을 제대로 잡지 않으면 자신도 모르게 비효율적인 방법으로 습관화될 수 있다.

출근해서 많은 시간을 업무에 할애한다고 생각하지만 일처리를 비효율적으로 하기 때문에 시간이 많이 걸리는 경우가 많다. 업무에 열중하더라도 회사의 시스템이 복잡해진 경우, 업무처리 스킬이 부족하거나 업무를 처리하는 개인적인 태도와 습관의 차이 때문에 같은 시간 업무를 처리하더라도 시간이 많이 걸리는 경우가 있다.

기업이 외부환경 변화에 대응해서 효과적으로 업무처리 방식이 변경해야 함에도 아직까지 변화에 따라가지 못할 경우가 있다. 결재 시스템이나 서류 시스템이 아직 변하지 않을 경우가 있지만 이런 경우를 제외하면 거의 대부분은 업무를 처리하는 사람들의 개인적인 습관의 차이에 의해서 업무시간의 차이가 난다.

실제로는 금방 처리할 수 있는 일도 가능한 한 오랫동안 끝내지 않는 습관을 갖고 있는 사람이 있다. 이렇게 일을 계속 갖고 있으면서 처리하지 않는 이유는, 빨리 일을 끝낸다 하더라도 다음 일이 주어지거나 그 외 추가자료를 요청하는 등 귀찮은 일이 생길 것을 미리 우려해서 회피하려고 하기 때문이다. 또한 업무 중 메신저로 동료나 친구와 대화를 하거나 주식시세를 체크하거나 스포츠, 연예관련 뉴스를 보는 등 업무 외적인 일에 시간을 쓰는 경우가 많아서이다.

일하는 시간과 업무의 양으로 열심히 일한다는 것을 보여주는 것보다는 지혜롭게 효율적으로 일하는 것이 필요하다. 일하는 방식은 업종이나 문화, 업무의 성격상 다르기 때문에 모든 기업에 공통적으로 적용할 수 있는 최선의 방식을 찾아내는 것은 쉬운 일이 아니다. 단, 몇 가지 공통적으로 적용할 수 있는 방법은 찾아볼 수 있다.

습관은 삶의 모든 부분에 영향을 미칠 수 있고, 특히 업무를 처리할 때는 그 영향이 클 수밖에 없다. 습관은 그것이 미치는 영향이 긍정적이든 부정적이든 영향력을 발휘한다.

직장에서 인정받는 사람과 인정받지 못하는 사람의 차이는 평소 어떤 업무처리 습관을 갖고 있느냐에 따라 생긴다. 인정받는 사람은 더 뛰어난 능력을 가진 것이 아니라 평소에 많이 노력하고 연습하는 습관을 갖고 있는 것이다. 타고난 능력이나 재능이 아니라 좌절과 실패에도 불구하고 노력하는 것이 중요하다.

직장에서 조직원의 성실성을 평가하는 것은 큰 성과로 판단하는 것이 아니라 사소한 습관을 통해서 조직원의 성실성과 미래성을 판단하기 때문에 작지만 좋은 습관 하나가 인생을 바꾸고 성공을 도와준다.

✖ 효율적인 업무방식을 시스템화하라

✖ 낭비를 최소화하라

✖ 업무처리 방법을 개선하라

✖ 업무를 분류하라

2) 자신감도 습관이다

직장생활을 하다보면 자신감이 있는 사람과 없는 사람을 볼 수 있다. 이들의 차이는 업무경험의 차이이기도 하지만 더욱 중요한 것은 자신감인데, 자신감 역시 습관이다. 자신감이 없는 사람들은 할 수 있는 일보다는 할 수 없는 일 위주로 기억을 한다. 비슷한 상황에 처했을 때 어떤 사람은 성공하고 어떤 사람은 실패한다. 이것은 자신감이 있고 없고의 차이이다. 물론 자신감은 단순하게 자신이 할 수 있다고 생각하는 것만으로 생기는 것은 아니다.

✖ 성공경험을 만들어라

✖ 자신의 역량에 맞는 업무수준과 업무량을 조절하라

✖ 미리 걱정하고 낙담하지 마라

✖ 완벽한 사람은 없다

3) 습관은 두뇌훈련이다

뇌의 세부적인 기능까지 정확하게 알 필요는 없다. 뇌의 기능 중 가장 중요한 사실만 알고 있으면 된다. 뇌의 다양한 기능 중 가장 큰 두 개의 범주가 '의식적인 뇌'와 '무의식적인 뇌'이다. 의식적인 뇌는 생각하고 추론하고 자신의 의지대로 행동할 수 있으며, 판단할 수 있다. 이런 의식적인 뇌는 상상을 하고 꿈을 꾸고 새로운 습관이나 행동을 하게 만들지만 문제는 이런 기억이 오래 지속되지 않는다는 것이다. 의식적인 뇌는 6초에서 10초 정도 아주 짧은 시간 동안에만 많은 활동들을 할 수 있다. 하지만 이런 의식적인 뇌를 도와주는 기능을 하는 뇌가 있기 때문에 활동이 가능하다. 이 도와주는 뇌가 무의식적인 뇌인데, 이 무의식적인 뇌에서 엄청난 양의 일이 처리된다. 사람의 습관을 기억하는 일이나 업무나 작업의 성취가 일어나는 곳이기도 하다. 의식적인 뇌의 용량은 전체 뇌의 17%이고, 무의식적인 뇌의 용량은 전체 뇌의 83%를 차지하고 있다. 그러나 사람의 행동을 2~4%만 통제할 수 있다. 무의식적인 뇌는 전체 뇌 용량의 83%를 차지하면서 인식이나 행동의 96%~98%를 통제한다. 즉, 자신의 목표를 끊임없이 생각하고 행동하지 않으면 평소 하던 습관대로 행동하게 프로그래밍이 되어 있는 것이 사람이다. 즉, 사람의 모든 인식과 행동의 96%~98%는 이미 만들어진 습관으로 인해 자동적으로 이루어진다.

2 책상을 보면 그 자리의 주인을 알 수 있다

이 대리가 신입사원을 또 불렀다. 신입사원이 어제 시킨 일을 아직 안 가져왔기 때문이다.
"어제 정리하라고 한 브로슈어 내용 정리 다 했나?"
"아! 어제 정리하고 갔어요. 바로 가져오겠습니다."
신입사원은 자신의 자리로 돌아가서 서류를 찾았다. 입사한 지 얼마 안 된 신입사원치고는 책상 위에 서류가 수북하다. 서류를 찾다가 종이 몇 장은 바닥으로 떨어지기도 한다.
이 대리는 바로 서류를 가져온다던 신입사원을 기다리는데, 10분이 지나도 오지 않는다. 그래서 대체 뭘 하고 있는지 신입사원 자리로 가봤다. 신입사원의 책상을 보니 혈압이 오른다. 이 대리의 신조 중 하나가 책상을 깨끗이 정리해야 능률도 오른다이기 때문이다. 이 대리가 본 신입사원의 책상은 서류가 산더미이다. 그 산더미 속에서 서류를 찾는 신입사원을 보니 뒤통수를 한 대 갈기고 싶은 마음뿐이다.

책상정리를 잘하는 사람이 업무의 효율과 능률이 높다. 업무능률과 효율은 업무환경과 밀접하게 관련 있기 때문에 개인의 업무환경은 개인의 책상과 관련이 많을 수밖에 없고 책상이 정리가 안 되어 있으면 집중이 안 되고 산만해진다. 또한 물건을 찾는 시간만큼 주의를 뺏기게 된다. 그래서 효과적으로 업무를 처리하기 위해서는 책상정리가 가장 우선이다. 일반적으로 책상 위에 놓여 있는 물건들은 컴퓨터, 전화, 업무파일, 연필꽂이 등이다. 그 이외의 사적인 물건은 올려놓지 않는 것이 가장 좋다.

1) 컴퓨터 위치

컴퓨터는 정면에 놓는 것이 좋다. 컴퓨터로 업무를 처리하는 시간이 많아지면서 앉아 있는 자세와 모니터를 보는 자세에 따라 현대인들의 직업병이 생기기 때문에 되도록 바른 자세로 앉을 수 있는 배치가 좋다.

2) 전화 위치

전화는 왼쪽에 놓는 것이 좋다. 전화통화를 할 때 메모를 하기 위해서는 왼손으로 수화기를 잡는 경우가 많기 때문에 왼쪽에 전화기를 놓는 것이 효율적이다.

3) 연필꽂이 위치

오른손잡이의 경우 연필꽂이는 오른쪽에 놓는 것이 좋은데, 갑자기 메모를 해야 할 경우 오른손으로 펜을 집기 때문이다. 오른손으로 집어서 오른손으로 메모하기 때문에 오른쪽에 놓는 것이 좋다. 만약 왼손을 사용할 경우 전화기는 오른쪽에 연필꽂이는 왼쪽에 놓는 것이 좋다.

4) 서류정리

서류는 쌓아놓지 말고 세워두고 정리는 사업별, 업무별로 구분해서 놓는다. 네임택으로 분류한 뒤 서류의 높낮이를 맞춰서 정리하는 것이 좋다. 서류의 높낮이가 일정하지 않으면 산만하게 느껴지기 때문에 집중이 잘 안 된다.

5) 서랍정리

서랍이 세 칸이라면 첫 번째 서랍에는 많이 쓰는 가위, 풀, 스테이플러, 메모지, 클립 등을 넣고, 두 번째 서랍에는 작은 소품 이외에 자주 쓰는 큰 물건을 놓는 것이 좋다. 서류도 중요한 서류는 두 번째 서랍에 넣고 세 번째 서랍에는 자신이 별로 쓰지 않는 물건을 넣는다. 많이 쓰는 물건을 마지막 칸에 넣으면 허리에 지장이 가기 때문이다. 자주 보는 서류일수록 가까운 곳에 배치하라.

6) 거울

책상 위에 거울이 있으면 자신도 모르게 거울을 들여다보기 때문에 거울은 책상 서랍으로 이동시키는 것이 좋다. 또한 쓰지 않는 물건은 과감히 버

리는 것이 좋다. 사용하지 않는 명함, 잡동사니 문구류 등이 그것이다. 또한
의자 위에 겉옷을 걸쳐놓지 않는 것이 좋다.

3. 메모를 하면 업무 기억력이 높아진다

신입사원은 한 가지 일을 시키면 하나부터 열까지 일일이 알려주지 않으면 도
대체가 일이 진행이 안 되었다.

"이거 복사 좀 해와."

이 한마디에 질문 열 개가 따라붙는다.

"몇 장하면 될까요?"

"인원수대로 하면 돼."

"인원수라면 저도 포함인가요? 새 종이에 할까요?"

이런 질문을 한 번만 하면 가르쳐줘야겠다는 생각이 들지만, 매번 같은 질문이
오가는 것이다. 다른 업무를 시킬 때마다 전에 했던 경험은 바로 잊어버리는 모
양이다. 그렇게 잘 잊어버리면 메모를 해놨다가 유의해서 할 수도 있을 텐데, 매
번 같은 질문이 오가는데도 계속 잊어버리는 듯하다.

"대체 몇 번째 물어보는지는 아나?"

"글쎄요. 전에 한 번 정도 여쭤봤던 것 같은데….."

"이 질문은 매번 하는 질문이잖아!"

"아, 그래요?"

"기억이 안 나면 메모를 해놓고 메모를 보고선 하든가!!"

이 대리는 화가 나서 버럭 소리를 지른다. 그러자 신입은 기가 죽은 목소리로 답
한다.

"죄송합니다. 앞으로는 메모하겠습니다."

성공한 사람들은 일할 때뿐만 아니라 일상생활에서도 메모하는 습관을 갖고 있다. 많은 아이디어 상품을 보면 한 번쯤은 예전에 생각해본 적이 있던 상품들이 있다. 성공한 사람과 그렇지 않은 사람들은 아이큐나 지식의 차이가 아니라 생각을 구체화해서 실천하느냐 아니냐의 차이이다. 잠깐 스친 생각들 중에서 크게 성공한 것들이 많은 것을 생각해본다면, 자신의 잠깐 생각이 얼마나 많은 성공 가능성을 버리는지도 알 수 있을 것이다.

사람의 뇌는 한정적인 기억만 저장하기 때문에 스치고 지나간 기억들을 다시 떠올리기는 쉽지 않다. 그렇기 때문에 잠시 스친 기억들은 메모를 통해서 기억해 나가는 것이 중요하다.

1) 메모, 아무렇게나 하지 말자!

✖ **메모하는 방법** : 현대인들은 기억해야 할 것들이 많기 때문이 기억력을 보조할 것이 필요한데, 그것을 메모로 대신할 수 있다. 메모를 잘하기 위해서는 메모의 형식을 따지지 말고 볼펜 한 자루와 메모지만 있으면 된다. 메모지가 없을 경우 냅킨이나 다른 대용품을 사용해도 좋다. 의식적으로 메모하기 위해서는 작은 수첩을 갖고 다니면 더욱 좋다. 언제 어디서건 수첩을 열어볼 수 있도록 가까이 둔다. 그리고 메모하는 것이 중요한 게 아니라 자신이 쓴 메모를 잘 보이는 곳에 붙여두는 것이 중요하다. 쓰기 위해서 메모가 존재하는 것이 아니라 확인하기 위해서 필요하기 때문이다.

✖ **메모하는 시간** : 메모할 때 가장 적합한 시간은 아침에 일어나서 오늘 해야 할 일을 적는 것이다. 아침에 바쁘다면 버스나 지하철같이 이동하는 공간에서 적는 것도 좋다. 혹은 화장실에 있을 때나 잠을 자기 전에 잊어버

리면 안 되는 것들을 메모하면 좋다. 일에 집중할 때가 아니라 여유시간에 메모하는 것이다. 업무에 집중할 때의 메모는 오히려 집중을 방해할 뿐이다.

✖ **메모하는 습관 들이기** : 메모하는 습관을 들이기 위해 일부러 신경을 쓰면서 하면 더욱 힘들다. 무엇이든 새로운 습관을 만들 때는 그 일이 즐겁고 편하기 때문에 만들어지는 경우가 많다. 메모도 마찬가지이다. 자신이 편할 때 메모하는 것이 가장 좋고, 생각날 때마다 그냥 적으면 된다.

2) 똑똑하게 메모하라!

✖ **명함메모** : 명함을 받으면 사진이 있는 명함을 제외하고는 기억해내기가 쉽지 않다. 그래서 명함에 상대방과 헤어진 후에 그 사람의 특징을 적어두는 것이다. 후에 만날 약속을 했을 때 다이어리와 명함에 적힌 메모를 보면 금방 기억이 날 것이다. 상대방에게 자신을 기억시키기 위해서는 여러 가지 방법이 쓰인다. 명함을 독특하게 만들거나 자신의 사진을 함께 인쇄하는 것이다. 사람의 특징이나 이름을 기억하기 쉽지 않기 때문에 메모를 활용하면 좋다.

✖ **메모를 한 후 달성여부 체크하기** : 메모한 내용을 달성하면 메모를 지우는 방식이나 메모 옆에 체크란을 만들어서 체크할 수 있게 만드는 것이다. 실제로 메모를 지우거나 체크를 하는 것만으로도 신체 내에 도파민이 분비되기 때문에 행복감과 만족감을 느끼게 된다.

✖ **스케줄 관리 메모** : 메모에서 가장 많은 부분을 차지하는 것이 스케줄 관리이다. 고객과의 미팅이나 업무종료 일정, 회의일정 등 많은 일정을 기억해내기 위해서 스케줄 관리로 활용하는데, 단순히 스케줄이 있음을 메모

하는 것이 아니라 날짜란에 고객과 만난 내용까지 기입하고, 차후에 다시 만날 약속을 잡았다면 그 날짜의 빈 칸에 다시 만나서 대화할 주제까지 미리 기록해두는 방법이다. 시간도 절약되고 상대방의 관심사까지 기억할 수 있기 때문에 1석 2조의 효과를 누릴 수 있다.

✼ **중요한 메모 관리** : 자신이 새롭게 구상하고 있는 아이디어나 새로운 계획, 시간을 갖고 준비해야 하는 일 등을 꾸준히 관리하면서 유지하기 위해서는 자신의 다이어리나 노트 등에 적고, 해당 메모의 주제를 계속 적어 나가면 된다. 이때의 메모는 메모 자체가 이정표가 될 수 있다.

3) 메모는 이렇게 하는 거야! 버려지지 않는 기록이 되는 법!

✼ **메모할 때 글씨는 알아보도록 하라** : 자신의 글조차 알아보지 못하게 쓰면 차후에 필요해서 찾아보더라도 알아볼 수 없기 때문에 잘 써야 한다. 메모에는 형식이 없지만 다시 볼 수 없는 메모는 메모가 아니다.

✼ **핵심을 메모하라** : 메모할 때는 메모를 기억할 수 있는 핵심 키워드만 기록하면 된다.

✼ **메모할 수 있는 소품을 소지하라** : 급하게 메모해야 할 일이 생겼을 때 메모할 수 있는 소품이 없을 때를 대비해서이다.

✼ **많은 곳에 메모를 해둔다** : 사무실 책상에 있는 달력에는 주로 일정을 메모하고, 양복 안주머니에 넣는 수첩에는 아이디어를 메모한다. 이렇게 메모할 수 있는 소품은 집, 승용차, 사무실에 항상 비치해서 각각 보관한다.

✼ **메모로 인맥도 관리한다** : 명함메모로 인맥을 관리하라. 받은 명함에 언제 어디서 만났는지 메모하고, 인맥관리를 위해 비즈니스와 관련된 그룹과

개인적인 그룹을 구분하여 보관한다.

✖ **업무 중 지시사항을 메모로 전달한다** : 말로 지시한 다음에도 지시사항을 직접 메모로 건네주면 팀원이 해야 할 일을 좀 더 명확하게 인식할 수 있기 때문에 긍정적인 효과가 있다. 또한 직원들의 제안서나 보고서, 건의사항, 이메일 등에도 반드시 회신해야 한다.

✖ **메모를 정리하라** : 메모는 다시 정리하지 않으면 잊어버리기 때문에 명함, 메모, 정보자료, 보고서 등을 정리하면 후에 메모를 활용할 수 있다.

실전 Q & A

이깔끔 대리는 처음 입사했을 때를 떠올렸다. 지금의 성취감 과장한테 깨진 기억이 입사한 1년 동안의 기억이다. 그중에서 정말로 억울한 사건이 하나 있었다. 이깔끔 대리는 왼손을 쓰는 것이 익숙하지만 사회적으로 왼손을 쓰면 부모님이나 주변 사람들이 싫어하기 때문에 되도록 오른손을 쓰려고 노력했고, 그래서 지금은 왼손과 오른손을 번갈아가며 사용한다. 그런데 성취감 과장이 트레이닝 과정에서 책상정리를 시킨 일이 있었다. 책상을 정리하라고 하면서 몇 가지 룰을 알려줬기에 그 룰에 따라 책상정리를 했다. 그런데 성취감 과장은 정리를 다시 하라는 것이었다. 편한 대로 정리하라고 했지 맘대로 하라고 한 것은 아니라면서 따끔하게 혼내는 것이 아닌가!

Q 이깔끔 대리가 왼손을 사용하는데 전화의 위치와 연필꽂이의 위치는 어디에 있어야 할까?

A 전화는 오른쪽에 연필꽂이는 왼쪽에. 전화를 오른쪽에 놓는 이유는 왼

손을 자주 사용하는 점을 생각하면 오른손으로 수화기를 들고 왼손으로는 메모할 준비를 해야 하기 때문이다. 연필꽂이가 왼쪽에 있는 이유도 같은 맥락으로 왼손으로 메모할 때 펜을 연필꽂이에서 빨리 빼서 메모하기 위함이다.

자기점검 포인트

1. 내가 갖고 있는 습관 중 버려야 할 것은 무엇인가?
2. 내가 꼭 갖고 싶은 습관은 무엇인가?
3. 습관을 만들기 위해서 가장 먼저 해야 할 일은 무엇인가?

자기점검 그 후

3개월 간의 신입사원 개인훈련이 거의 끝나가고 있다. 신입사원의 책상은 깨끗하게 정리되어 있고, 두 번 세 번 물어보던 업무도 메모를 활용해서 기억하고 처리하고 있다. 겨우 3개월인데 장족의 발전을 한 신입사원을 보면서 그도 대견하지만 발 벗고 가르친 나 자신도 대견하다는 생각이 든다.

CHAPTER 3

도착점을 알아야
가는 길도 관리한다

Intro

신입사원이 출근한 지 3개월이 지났다. 어느 정도 회사에 적응을 했다고 생각했는데, 요즘 고민이 생겼다. 입사하기 전까지는 좋아 보이고 꼭 입사하고 싶었던 회사인데 3개월 정도 근무해보니 무언가 부족한 느낌이다.

입사하면 밥을 안 먹어도 배부르고 언제나 즐겁고 행복하고 힘이 날 것 같았는데 실제로 일을 해보니 별로 대단히 하는 일도 없고, 입사 후에 한 것이라고는 혼난 기억과 복사한 기억과 책상을 정리한 기억밖에 없다. 지금 내가 잘하고 있는 것인지 확신할 수가 없다. 그래서 고민에 빠졌다. 이제 막 적응하긴 했지만 이것이 내가 원하던 것인지 모르는 게 문제이다. 과장, 부장까지 승진하는 것은 까마득하게 느껴지고, 요즘 들어서는 적성에도 안 맞는 것 같다.

공감해요!

 흔히들 말하는 3·6·9 증후군이라는 게 직장생활을 하면 꼭 찾아오게 마련이죠. 잘 극복할 수 있도록 자신의 기대치에 맞는 목표설정을 하면 좋겠네요.

공감전개

1. 구체적인 목표는 슬럼프도 뛰어넘게 만든다

성취감 과장은 최근 신입사원에게서 이상기운을 감지했다. 처음 입사했을 때는 열정적으로 일하던 사람이 요즘은 어깨가 축 늘어져 있고 처음보다 열정이 떨어진 듯 보였다.

'벌써 3개월인가?'

신입사원을 채용해보면 일정기간이 지나면 이런 시기가 온다는 것을 잘 알고 있다. 이 시기에 잘 이끌어주지 않으면 많은 신입사원이 결국 그만두는 사태를 지켜봐왔다.

"자네, 바쁜가?"

"지금 잠시 시간 있습니다."

"입사한 지 얼마나 됐지?"

"3개월 조금 지났습니다."

"일은 할 만한가?"

"네, 좋습니다."

성 과장은 신입이 자신을 어려워한다는 사실을 알고 있다. 아무래도 입사 3개월 차인 신입사원이니 과장을 어려워할 만하다.

"커피 한잔 할까?"

신입사원은 갑작스런 과장의 제안에 긴장하기 시작했다.

'내가 뭐 잘못한 거 있나?'

신입사원이 긴장하는 것을 보고 성 과장은 농담을 했다.

"왜, 커피가 무섭나? 커피 한 잔만 하자는데 왜 이렇게 긴장해?"

둘은 회의실로 자리를 옮겼다.

"요즘 힘들지?"

신입사원은 자신의 생각을 읽고 있는 듯한 느낌에 뜨끔했다. 성 과장과 소소한 개인사에 대한 이야기를 나누고 보니까 편한 분위기에서 자연스럽게 이런저런 이야기가 나왔다.

"과장님 제가 요즘에 고민이 많습니다."

"그래, 뭐가 고민이지?"

"제가 입사하고 한 일이라고는 복사와 책상정리밖에 없습니다. 왜 제가 입사했는지 모르겠습니다. 제가 언제 과장님처럼 승진할 수 있을지도 모르겠고, 고작 이런 것이 제 목표였나 생각하게 됩니다."

"프로젝트 하나 맡으면 잘 수행할 것 같은 느낌이 들지?"

"네, 맞습니다. 잘할 수 있을 것 같은데, 주어진 일이 복사 같은 것밖에 없어서 시시합니다. 전 빨리 승진도 하고 인정도 받고 싶거든요."

"그래, 그런 생각이 있으면 금방 잘할 거야."

입사 후 직장을 그만두고 싶은 시기가 한 번쯤은 찾아온다. 경우에 따라서는 한 번 이상 오기도 한다. 이것을 3·6·9 증후군이라고 하는데, 3·6·9 증후군으로 인해 우울증이나 불면증을 겪었다는 직장인들이 많다. 한 조사 결과에 따르면 직장인들의 73%가 3·6·9 증후군을 겪어본 것으로 나타났다. 힘들게 입사한 회사를 3개월 만에 이직하려는 이유는 다양한데 주로 업무에 매너리즘을 느끼거나 직장에 대한 기대치와 자신의 상태가 다를 경우에 나타난다.

처음 입사하면 직장에서 하는 일에 대한 기대치가 높은 반면, 정작 회사는 신입사원이 할 수 있는 일이 없다고 생각하기 때문에 기대수준의 차이로 적응을 하고 나면 매너리즘에 빠지게 된다. 그러다보면 그냥 흘려보내듯이 다니게 되는데, 이렇게 직장생활에서 기대나 자신의 확실한 목표가 없으면 생활하기가 쉽지 않다. 자신의 목표를 찾아야 즐겁게 직장생활을 할 수 있다.

직장에서 높은 직급으로 승진하는 것을 까마득히 먼 일이라고 생각하는 신입사원들이 의외로 많다. 그래서 자신의 미래를 미리 생각해보고 선택하는 것이 바람직하다.

1953년 예일대학교에서 졸업반 학생들을 대상으로 목표설정에 대한 설문조사를 하였는데, 오직 3%의 학생만이 글로 쓴 목표를 가지고 있었다. 20년이 지나 예일대학교는 예전 졸업반 학생들을 대상으로 그들이 어느 정도의 성공을 거두었는지 설문조사를 하였다. 결과는 20년 전 글로 쓴 목표를 가지고 있었던 3%의 학생이 그렇지 못한 97%의 학생들보다 훨씬 월등한 사회적 성공을 거두었다는 것이다. 엄청난 부를 누리며 실질적으로 사회를 이끌어 가고 있는 3%의 상류층에 속하는 사람들은 글로 쓴 구체적인 목표를 가지고 있었다. 잘사는 중산층 10% 그룹은 구체적인 목표를 간직하고는 있었으나 글로 쓰지는 않고 마음속으로만 품고 있었다. 나머지는 목표를 갖고 있지 않았다. 놀라운 것은 중산층 10%와 상류층 3% 사이에는 학력, 재능, 지능 면에서 아무런 차이도 없었다는 점이다. 두 그룹 사이의 단 하나의 차이는 그들의 목표를 글로 썼거나 쓰지 않았거나였다.

중요한 것은 상류층 3%는 중산층 10% 그룹보다 열 배 이상의 탁월한 능력을 발휘했다는 사실이다. 더욱 놀라운 사실은 목표를 가지고 있는 10%의 중산층 그룹과 목표가 거의 없는 60%의 서민층 그룹 사이의 재산, 소득, 사회적인 영향력 등에서의 격차는 2배, 3배, 5배 정도에 불과하지만, 마찬가지로 목표가 있음에도 불구하고 그것을 글로 쓴 상류층 3% 그룹과 글로 쓰지 않은 중산층 10% 그룹 사이의 격차는 10배, 20배, 30배에 달한다는 사실이다. 3%의 상류층에 속해 있다는 것은 모든 실권과 영향력을 쥐고 있다는 말이 된다. 가장 높고 유리한 위치에 있으며, 집단이나 조직의 지도자가되어 있다는 의미일 수도 있다. 사회의 중추세력으로서 크고 작은 모든 일에서 리더십을 발휘하고 있다는 것이다.

1) 조직의 비전과 개인의 비전

조직의 비전은 조직원들이 함께 공유할 수 있는 조직의 미래상으로 조직의 비전이 있으면 조직원들을 하나로 모아주고 조직의 활동방향을 제시하고 조직원들의 자부심을 높일 수 있다. 이렇게 조직이 비전이 있어야 개인도 조직에서 비전을 찾을 수 있다. 이런 조직의 비전을 조직의 가장 말단사원에게까지 공유하면 더욱 열정적인 조직으로 변할 수 있다. 개인의 비전이 주는 이점은 개개인에게 뚜렷한 가치관을 갖게 하고, 자신의 행동에 미래에 대한 방향을 제시하고 미래를 위해서 노력을 할 수 있게 도와준다. 비전이란 자신이 원하는 목표를 모두 이루고 난 후의 모습을 생생하게 그림으로 그려놓은 것이다. 목표를 이룬 후에 어떤 느낌인지, 주변에 무엇이 보이는지, 어떤 말들이 오고가는지를 현재 달성했다고 생각하면서 그림을 그리는 것이다.

2) 인재는 이직이 아닌 비전을 생각한다

직장을 옮기기 위해서 자기계발을 하는 직장인이 많다. 하지만 직장을 옮기면서 연봉을 높이는 직장인의 경우 다른 직장에 가더라도 언제 또 옮길지 모른다는 시선 때문에 제대로 된 처우를 받지 못할 수 있고, 많은 연봉을 받고 이직한 경우, 자신의 연봉에 맞는 성과를 단시간에 내지 못하면 신용을 잃을 수도 있다. 또한 직장을 자주 옮기는 사람이 올라갈 수 있는 직급에는 한계가 있기 때문에 현재 다니고 있는 조직에서 인정받은 후 승진하고 연봉을 올리는 것이 좋다.

신입사원들이 이직이나 전직을 생각하는 것은 바로 목표의 부재에서 비롯된 경우가 많다. 다급한 심정으로 취직을 하지만 입사 후에 맡은 업무나 회사 분위기가 자신의 생각과 많이 다르면 내적 갈등이 심해진다. 똑같은 일을 하고 같은 시간 근무하면서 어떤 사람은 인정받고 어떤 사람은 인정을 받지 못한다. 직장에서 원하는 인재와 자신이 생각하는 인재상이 다르기 때문이다. 관점을 조금만 바꾸면 관심사가 달라지고 행동이 달라지고 또 평가가 달라진다. 부서회식이나 체육대회, 야유회 등을 싫어하는 직장인들이 많은데, 조직은 이런 단합이나 융화를 위해 마련한 자리의 참여도가 높은 사람들을 좋아하게 마련이다. 조직의 입장에서 생각하고 행동하면 같은 시간 업무에 집중해도 인정받는 것이 다르기 때문이다. 인정받는 직장인이 되기 위해서는 자신의 직장 내 위치를 정확하고 객관적으로 평가한 후, 낮지도 않고 높지도 않은 두 단계 정도의 목표를 세우고 피드백을 한다.

3) 신입이어도 스스로를 프로라 상상하라!

나의 미래가 어떤 모습일까 상상해본 사람들이 많을 것이다. 하지만 상상만으로, 궁금해하는 정도로만 끝을 낸다. 이제부터라도 미래를 상상하고 나면 실제로 자신이 어떻게 살아가고 있을지를 그려보는 것이 필요하다. 상상을 하고 실제로 그 자리에 있는 듯한 착각을 일으키면 뇌에 무의식으로 상상한 이미지가 들어가버리고, 자신도 모르게 자신이 그렸던 상상의 삶을 위해서 행동하게 된다. 자신이 가고자 하는 길의 종착점을 알지 못하면 가는 길도 모르는 것이 당연하기에 많은 학자들은 자신의 최종목표나 비전을 설정하라는 말을 한다. 그러나 비전을 설정하는 방법을 모르면 자신이 하고자 하는 꿈을 현실화시키기 쉽지 않다. 자신의 꿈을 현실화시키기 가장 좋은 방법은 자신이 성공하고 난 후의 기분을 느껴보고 주변에 누가 있는지, 주위 사람들이 어떤 축하의 메시지를 보내주는지를 그려보는 것이다. 이것이 성공적인 비전설정의 첫 걸음이다.

4) 어떤 목표가 나를 성공으로 이끌까?

비전은 조직, 개인 등의 미래상태에 대한 정신적인 모델로 개인이든 조직이든 자신이 참여하고 행동을 유도하면서 만들어낼 수 있는 유일한 형태의 정신적 모델이기 때문에 유용성과 영향력을 가진다.

✖ 좋은 비전

- 좋은 비전은 조직과 시대와 조화를 이룬다.

  좋은 비전은 조직의 역사, 문화, 가치와 조화되고, 조직이 현재 처해 있는 상황과 일관되며, 미래에 무엇을 달성할 수 있는지에 대해 현실적이고 자세한 평가를 내려준다.

- 탁월성의 기준을 설정하며 높은 이상을 반영한다.

  좋은 비전은 조직 구성원을 강화시키고 신장시키는 도덕의식을 가진 책임을 다하는 집단으로 조직을 나타낸다.

- 목적과 방향을 명료하게 해준다.

  좋은 비전은 노력을 집중하도록 만들고 보다 나은 미래에 대한 희망과 전망을 계속 유지시키는 일정을 제시한다.

- 열정과 헌신적 참여를 고무시킨다.

- 매우 명확하게 표현되며 쉽게 이해된다.

  좋은 비전은 매우 명확하기 때문에 전략과 행동의 지침이 되기에 충분하며 비전을 실현하기 위해 노력을 쏟는 사람들에게 내면화될 수 있다.

- 조직의 독특성, 조직의 능력, 조직의 대의명분, 조직이 성취할 수 있는 것을 보여준다.

- 큰 뜻을 지닌다.

  좋은 비전은 확실한 발전을 보여주며 조직의 시야를 확대시킨다.

5) 비전을 설정하면 우선순위가 달라진다

직장생활을 하다보면 어떤 선택을 해야 할지 고민해야 할 경우가 많다. 예를 들어, 한 달 전에 약속된 개인적인 모임과 야근 중에서 머리로는 야근을 해야 한다고 생각하지만 마음으로는 개인적인 모임으로 가 있는 경우가 있다. 이럴 때 비전을 갖고 있는 사람은 우선순위를 결정할 때 다른 사람보다 쉽게 결정한다. 비전이 있는 사람의 선택의 우선순위는 비전이 없는 사람의 우선순위와 당연히 다를 수밖에 없다. 비전이 있는 사람의 경우 현재 직장생활에 불만이 있다고 하더라도 그 불만을 하나의 경험으로 받아들일 수 있기 때문이다. 직장에서 무엇을 바라고 무엇을 추구하는가는 각 사람마다 차이가 있다. 그러나 그 누구도 부인할 수 없는 변함없는 사실은 자신이 원하는 것을 달성하기 위해서 오늘의 행동을 가져올 수 있는 선택을 한다는 사실이다. 힌두교의 경전에는 "인간은 자기가 생각하고 있는 것과 같은 인간이 된다."는 말이 있다. 이것은 우리가 무엇을 생각하고 추구하는가의 중요성에 대해서 말하고 있는 것이다. 과거의 선택들이 모여서 현재 자신의 모습을 이루고 있는 것과 같이 오늘의 선택이 미래의 자신의 모습이라는 것은 누구나 알고 있다. 그렇기 때문에 오늘의 선택은 매우 중요하다.

6) 비전설정의 전제조건

자신과 비슷한 환경에 처해 있는 사람이나 자신이 속해 있는 조직, 다른 비슷한 조직 그리고 산업에 대해서 가능한 한 모든 사항을 파악한다. 자신이 갖고 있는 강점과 약점, 자신이 속한 집단의 강점과 약점, 그리고 조직을 둘러싸고 있는 환경의 기회와 도전에 대해 이해하도록 한다. 여기에 가정, 배우자, 부모님, 고객, 투자자, 지역사회 등 주요 이해관계자들을 비전개발 과정에 포함시킨다. 새로운 비전에 대한 대안들을 검토할 때 개방적인 마음을 유지하고 최종적으로 선택한 비전이 독창적인 아이디어일 필요가 없기 때문에 편안한 마음을 갖는 것이 중요하다.

7) 회사의 네비게이션을 살펴라!

개인의 비전을 설정한다고 해서 조직의 비전을 제외하면 안 된다. 분명 개인의 미래는 조직 안에서 찾을 수 있기 때문이다. 현재 자신이 속해 있는 조직은 분명하게 명시된 비전을 가지고 있는가? 만약 그렇다면, 그것은 무엇인가? 조직이 현재의 방향을 계속 유지한다면 조직은 향후 10년 어디로 향할 것인가? 그 방향이 얼마나 바람직할 것인가? 조직의 핵심인물들은 조직이 어디로 향하고 있는지를 알고 있으며 그 방향에 대해 의견일치를 보고 있는가? 조직의 구조, 과정, 인센티브 및 정보 시스템은 현재의 조직의 방향을 지원해주는가?

8) 목표는 이렇게 만드는 거야!

자신이 인생에서 가장 중요하게 생각하는 가치에 대해서 생각해보는 것이다. 인생의 방향은 자신이 중요하게 생각하는 가치에 따라서 매 순간 결정되기 때문에 자신의 인생에서 가장 중요하게 생각하는 것이 무엇인지를 정하라. 다음엔 이 모든 자신의 비전들을 이루고 난 후의 모습을 상상하는 것이다. 미래를 상상하는 것이지만 현재의 시점으로 상상하는데 구체적으로 상상하면 후에 이뤄질 가능성이 더욱 높다. 우리의 뇌는 한번 겪었던 즐거움과 행복감을 다시 맛보기 위해 끊임없이 노력하는 속성을 갖고 있기 때문에 비전을 설정하는 것이 좋다. 자신이 원하는 것이 실현된 바람직한 상태가 어떤 것인지 설정해두면 후에 자신이 비전을 성취했을 때 최대한 같은 상황을 만들 수 있다. 미래에 사내에서의 내 위치는 어떠한지, 회사에 어떤 기여를 할 것인지, 자신이 갖고 있는 능력은 어떤지, 어떤 핵심역량을 갖추고 있을지, 어느 정도의 연봉으로 어떤 경제활동을 하고 있을지, 어떤 이미지를 갖고 있을지, 자신의 주변에는 어떤 사람들이 있을지, 자기의 가정 상황은 어떤지 등을 세세하게 설정한다. 각 사항들이 최종 몇 년 후의 모습이 될지 선택하는 것이 좋다. 또한 자신의 삶에서 가장 중심이 되는 가치가 무엇인지도 함께 설정하면 결정을 내리거나 선택할 때 도움이 된다. 다음은 각 삶의 영역별 목표를 설정하는 것이다. 비전을 어떻게 구체화시켜 나가고, 언제 이룰지를 설정하면 더 빨리 이룰 수 있기 때문이다. 목표를 설정하려면 원하는 결과부터 정의해야 한다. 직장에서 꼭 해야 할 일이 무엇이고,

자신이 평생 살면서 꼭 해야 할 일이 무엇인지, 평생 반드시 이뤄보고 싶은 목표가 무엇인지를 생각해봐야 한다. 개인의 성장과 함께 자신의 성장역량이 조직의 발전을 위해 어떻게 필요할지, 그 결과를 어떻게 이룰 것인지에 대해 고민해야 한다. 또한 목표를 달성했다는 것을 어떻게 확인하고 증명할수 있을지도 함께 생각해야 한다.

2. 구체적인 목표를 만들면 성취도 빠르다

신입사원은 회사에서 자신의 미래를 나름대로 그려보았다. 그런데 어떻게 시도할 수 있을까를 생각해보니 너무 멀기도 하고 할 수 없을 듯했다.

"과장님, 저는 이 회사의 사장자리까지 올라가고 싶습니다."

"그래, 좋은 생각이군."

"그래서 저는 요즘 사장님의 입장에서 생각해보려고 노력하고 있습니다. 그런데 문제는 생각은 그렇게 하는데 구체적으로 어떻게 해야 할지 확실하게 모르겠다는 것이에요."

"그럴 수 있지. 꿈을 이루기 위해서는 구체적인 목표가 필요하다네"

같은 생각과 행동을 반복하면서 결과가 달라지기 바라는 것만큼 어리석은 일은 없다. 모든 일에는 명확한 비전과 높은 목표가 있어야 한다. 막연한 것이 아니라 구체적이고 높은 목표가 필요하다. 기업에서는 해마다 사업계획을 세우고, 연간 매출목표를 설정한다. 기업의 비전과 성장목표를 달성하기 위해서 조직의 구성원에게 전달한다. 조직의 구성원이라면 확고한 목표를 정하고 이것을 실현하기 위해 노력하는 것은 당연하다.

목표의 사전적 의미는 '일을 이루기 위한 과제'이다. 목표를 인식하는 것이 그 출발이다. 그런데 이렇게 중요한 목표설정이 조직 속 개인에게는 다소 부담스러운 것이 사실이다. 그러나 목표설정 절차와 과정을 충분히 활용하면 부담을 줄일 수 있고 효과적으로 목표를 설정할 수 있다.

1) 목표설정 단계

✖ 개인의 목표작성

개인의 목표를 작성할 때는 삶의 영역별로 목표항목을 설정한 후 각 항목에 대한 가중치를 결정한다. 이때의 가중치는 중요도나 긴급도에 의한 가중치를 설정하고 목표수준을 결정한 후 세부 추진계획을 작성하는 것이다.

개인의 목표항목을 작성할 때 개인은 조직의 목표 및 수행업무와 연계된 목표를 설정한다. 모든 목표는 상위목표, 즉 조직의 목표와 부합되어야 한다.

조직의 목표는 전사목표-본부목표-사업부목표-팀목표-개인목표로 프로세스가 전개되면서 협의되는 것이기 때문에 팀원의 목표항목을 작성할 때는 조직의 목표와 수행업무와의 연계성을 고려해야 한다.

개인의 항목별 목표를 설정할 때는 인생의 목표-조직의 목표-가정의 목표-개인의 목표로 생각하면 되고, 개인의 목표는 상위목표와 부합하도록 항목을 작성하면 된다.

목표항목이 모두 중요하지만 팀의 미션이나 개인의 업무상황에 따라서 조금씩 차이가 있기 때문에 업무 목표항목에 가중치를 부여한다. 가중치는 업무목표의 항목별로 5% 단위로 설정하되 합이 100%로 설정하면 우선순위를 선정할 수 있다.

평가기준의 목표수준을 결정할 때 전년도 기록이 있을 경우 참고하고, 전년도 실적과 자연 성장률을 더한 값을 기준으로 목표설정 수준을 결정한다.

세부 추진계획은 당해연도에 달성해야 할 업무의 목표와 수준을 구체적으로 어떻게 달성할지 수립하는 것이다. 세부 추진계획의 경우 개인의 자율적인 업무수행이기 때문에 스스로 작성해야 한다.

✖ 목표협의

개인의 목표가 조직의 목표와 부합하는지를 협의하는 과정으로 개인의 목표는 가족과, 업무목표는 팀장과 협의한다. 목표협의 단계에서는 팀장의 역할이 중요하다.

팀장과 팀원의 효과적인 커뮤니케이션을 하기 위해서 협의할 때 해야 할 역할이 있다. 팀장은 팀원의 말을 적극적으로 경청하고, 팀원에 비해서 경험이 많기 때문에 정보를 제공하고 다른 시각에서 아이디어를 제시한다. 가능한 목표수준을 달성할 수 있으면서 도전 가능한 목표수준을 설정하도록 동기를 부여해주고, 팀원의 역량개발을 고려한 목표수준 설정을 위해서 가이드를 해준다. 팀원은 자신이 설정한 목표가 자신이 실행할 수 있는 내용인지 검토하고 자신의 역량을 바탕으로 목표설정에 대해서 적극적으로 의견을 제시해야 한다. 또한 팀장의 업무협력이 필요한 경우 업무지원과 협력에 대해서도 협의하는 것이 좋다.

✖ 목표확정

목표를 확정하기 위해서 팀원이 목표를 달성할 수 있는가를 먼저 검토한 후 팀장과 협의하고, 상위단계의 승인을 거치면 개인은 최종적으로 자신의 목표가 확정된다. 이렇게 목표설정을 할 때는 개인의 목표작성-목표협의-목표확정의 세 단계를 거치면서 확정된다.

2) 목표의 구체성

효율적으로 설정된 목표는 구체적이고 측정할 수 있으며 결과를 판단할 수 있어야 한다. 추상적인 표현이 아니라, 누구나 이해할 수 있고 달성결과를 측정할 수 있는 것이다. 목표를 설정할 때 구체적으로 설정하는 방법으로 'SMART 기법'을 많이 사용한다.

✖ SMART 기법

- 구체적으로Specific 목표를 정한다.

  구체적인 목표란 명확하게 목표가 무엇인지를 이해하는 것을 말한다. 예를 들어 '승진할 것이다.'라는 말보다는 '10년 내에 과장으로 승진할 것이다.'라고 구체적으로 말할 수 있는 목표를 정하는 것이다.

- 결과를 측정할 수 있는Measurable 목표를 정한다.

  '연봉을 많이 받을 것이다.'라고 하는 것보다는 얼마의 연봉을 받아야 많은 것인지 먼저 설정해놓는 것이다. 많다는 것에는 개인차가 있어서 어떤 이는 5,000만 원을, 어떤 이는 1억 원을 받아야 많다고 할 수 있기 때문에 목표를 이뤘다는 것을 알 수 있는 측정 가능한 목표를 정하는 것이다.

- 현실적으로 성취 가능한Achievable 목표를 정한다.

  원하면 이루어진다고 하지만 직장도 다니지 않으면서 '직장에서 초고속 승진을 할 것이다.'는 말이나 수입이 전혀 없으면서 내일 당장 '100만 원을 벌 것이다.'는 계획을 세우는 것은 무의미하다. 목표를 정할 때는 자신이 할 수 있는 범위 내에서 정해야 한다.

- 합리적이며 책임질 수 있는Reasonable & Responsible 목표를 설정한다.

  자신이 책임질 수 있는 범위의 목표를 설정하는 것이 좋다. 자신의 목표가 로또당첨이라면 타인이 번호를 추첨함으로써 당첨여부를 가리는 것이기 때문에 자신이 할 수 있는 일은 로또구입밖에 없다. 목표를 설정할 때는 타인의 결정으로 좌지우지되는 결과가 아니라 선택에 따른 결과가 나타날 수 있는 것으로 설정해야 한다.

- 시간제한적인Time-framed 목표를 정한다.

  자신이 목표를 달성할 날짜를 정확하게 정하지 않는 목표는 의미가 없다. 자신이 언제까지 그 목표를 이룰 것인지 구체적인 날짜와 시간까지 정한 목표가 좋은 목표이다.

3) 목표설정의 구체적 방법

✖ 목표진술은 SMART 기법에 따르면서 긍정문으로 진술한다. 인간의 뇌는 긍정문만 인식할 수 있기 때문에 '~하지 않겠다.'라는 말로 진술을 하면 앞에 있는 하지 말아야 할 행동에 더욱 집중하기 때문이다.

✖ 목표를 달성하기 위해 자신이 갖고 있는 활용가능한 자원은 무엇인지, 혹은 다른 사람에게 도움을 받아야 한다면 그것은 무엇인지 함께 적는 것이 좋다.

✖ 구체적인 결과를 함께 진술하는 것이 좋다. 목표가 성취되었을 때 경험하는 결과를 구체적으로 진술한다. 주변에 어떤 사람이 있는지, 무

엇이 보이는지, 어떤 말들이 들리는지, 어떤 느낌인지를 생생하게 그림을 그리듯이 진술하면 더욱 성취 가능성이 높아진다.

✖ 목표를 성취했음을 확인할 수 있는 증거가 무엇인지 설정하는 것이 좋다. 다른 사람에게 보여주기 위한 목표는 아니지만, 자신에게도 어떤 구체적인 것이 있으면 자신은 달성됐다고 느낄 수 있는 증거가 있으므로 달성한 사항을 어느 누구도 부정할 수 없어야 한다.

✖ 목표달성이 조직에 해가 되는 것이면 좋은 목표가 아니다. 자신의 개인적인 이득을 위해서 속해 있는 조직에 해를 끼친다면 차후에 다른 안 좋은 상황이 발생할 여지가 있기 때문에 결과적으로는 자신에게 손해가 된다.

4) 목표를 달성하기 위해 명심해야 할 사항

✖ 목표를 정기적으로 업그레이드하라.
✖ 목표를 리스트로 만들어둔다.

5) 장기, 중기, 단기목표를 설정하라

목표를 설정할 때 실행할 수 있도록 기간에 대한 목표를 설정하는 것이 중요하다. 장기, 중기, 단기목표를 설정하는데, 장기, 중기, 단기를 일반적으로 10년, 5년 1년으로 나눈다. 개인이나 업계, 업종에 따라서 장, 중, 단의 사이클이 달라질 수 있기 때문에 자신의 업계나 개인의 목표에 따라 다르게 설정하면 된다.

6) 성과목표를 설정하라

목표설정은 목표관리의 기본절차 가운데 가장 근본적으로 업무의 구체적 활동을 미리 결정하는 일이다. 또한 이 단계는 평가 프로세스 측면에서 볼 때, 피평가자가 작성한 목표설정 내용을 평가자가 검토하고, 상호협의를 거쳐 목표를 최종확정하는 단계이기도 하다.

✖ 성과목표의 조건

- 조직목표와 연계되어야 한다. 성과목표 설정에서 가장 중요한 것은 상·하 조직 및 개인 간의 성과목표의 연계성을 확보하는 것이다. 전략적 업무와 일상적 업무는 상향식과 하향식이 있는데, 이 두 가지를 함께 사용하여 병행할 필요가 있다.

- 결과지향적이 되어야 한다. 의미 있는 성과를 창출하기 위해서는 왜 이 일을 해야 하는지, 추가적으로 창출되는 가치가 무엇인가를 고려해야 한다.

- 구체적으로 하라. 단순히 목표를 설정하기보다는 상위목표 달성을 위해서 현재 해야 할 일을 설정하고, 현재의 목표를 달성하고 나면 그 위에 상위목표를 달성할 수 있도록 전략적으로 해야 한다. 성과목표가 불분명하면 성과를 측정하거나 평가할 수 없다.

- 성과목표는 개인의 목표 및 조직의 목표를 기능·분야별로 측정할 수 있도록 구체화한 것으로 목표별로 여러 개의 성과목표가 나올 수 있다.

- 성과목표 달성에 많은 시간이 소요될 경우 해마다 달성 가능한 부분만을 성과목표로 설정하는 것도 좋은 방법이다.

✖ 성과목표 설정방법

- 부서의 업무계획 등을 고려하여 개인의 성과목표를 설정한다. 본인의 업무 외 시간을 활용하기 위해서는 부서의 업무계획을 확인한 후에 실행계획을 세우는 것이 좋다.

- 목표달성 여부를 쉽게 파악하고 평가를 객관화하기 위해서는 가급적 정량적 지표중심으로 설정하되, 질적수준과 같은 부분에 대해서는 정성적 지표 사용이 가능하다.

- 불필요한 목표의 남발은 측정하기 힘들 뿐만 아니라 모든 것에 무관심할 수 있기 때문에 자신에게 꼭 필요한 목표를 설정해서 적정한 지표를 선택하는 것이 중요하다.

- 자신이 통제할 수 있는 목표를 설정해야 한다. 자신이 통제할 수 없는 목표를 설정하면 본인에게 책임이 없는 목표를 가질 수 있기 때문이다.

3. 역량을 키울 수 있는 자기계발 목표를 설정하라

이제 자신감을 회복한 신입사원은 의욕적으로 업무에 임하기 시작했다. 그래서 자신의 역량을 향상시켜야 직장에서 인정받을 수 있겠다는 생각을 하기에 이르렀다. 그런데 어떤 자기계발을 해야 직장에서 인정받을 수 있을지, 어떤 것을 배워야 자신의 업무역량을 키울 수 있을지 궁금했다. 이번에도 성 과장에게 도움을 요청했다.

"과장님, 커피 한 잔 드시고 싶지 않으세요?"

"그래, 마침 한 잔 마시고 싶었네."

그들은 회의실로 자리를 옮겼다.

"제가 요즘 또 다른 고민이 생겼습니다."

"고민이 있는 것을 보니 요즘 잘하고 있는 것 같군."

"하하. 사실 제가 요즘 어떤 역량을 계발해야 인정받을 수 있고 업무에 활용을 할지 고민입니다. 그래서 어떤 분야의 자기계발을 해야 할지 계속 고민에 고민을 하는데, 잘 모르겠습니다."

"그래, 다들 자기계발을 하려고 하면 외국어 공부를 먼저 생각하곤 하지. 이제는 어떤 역량을 키울 것인지 선택을 하고 집중을 해야 할 때가 왔어."

직장인들은 경쟁력을 높이기 위해서 해가 갈수록 자기계발에 투자하는 비용을 늘리고 있다. 가장 많이 하는 자기계발로는 영어회화, 담당업무 자격증 취득, 컴퓨터 등이다. 하지만 불안감에 무작정 학원에 다니려는 경우가 많이 있기 때문에 목적은 자기계발이지만 결과물이 없는 경우가 생기고 만다. 자기계발의 경우도 뚜렷한 목표를 갖고 연 단위, 월 단위의 계획을 뚜렷하게 세워 실행에 옮겨야 성과를 낼 수 있다.

직장생활을 하면서 자기계발을 위해 시간을 내는 것은 쉽지 않을 뿐 아니라 자신의 현재상황을 객관적으로 판단해서 꼭 필요한 자기계발을 하기가 쉽지 않다. 몸담고 있는 직장이나 산업에 따라 경쟁의 강도가 달라지기 때문에 자기계발의 필요성이 다르고, 활용을 할 때 편차가 다르기 때문에 대부분의 직장인들은 구체적으로 자기계발 대상을 정하지 못해서 영어나 중국어 등 어학공부에 많은 에너지를 쏟아 붓고 있다.

자기계발을 시작하기 전에 목표를 어떻게 수립하는가에 따라 평가가 달라지기 때문에 정확한 기준을 만든 후 목표를 설정하는 것이 중요하다. 누구나 객관적으로 평가할 수 있도록 목표대비 달성에 대해 말할 수 있도록 구체적으로 또 수치화될 수 있는 목표를 수립하는 것이 좋다. 수치로 역량을 평가하기에는 조금 미흡할 수는 있으나, 수치화를 하다보면 자신을 업그레이드할 수 있기 때문에 수치로 자기평가를 하는 것도 좋다.

1) 자기계발 목표를 설정하는 방법
- ✖ 성취하고자 하는 목표를 적어라.
- ✖ 목표마다 달성시간을 적어라.
- ✖ 목표를 동료에게 공개하고 피드백을 받아라.
- ✖ 자신이 궁극적으로 원하는 목표에 집중하고, 같은 맥락에서 자기계발 목표를 설정하라.

2) 퇴근 후, 펜을 잡아라!
샐러던트는 월급쟁이^{Salaried Man}와 학생^{Student}을 합친 조어이다. 자신의 실력을 개발하기 위해 열심히 공부하는 직장인들을 말한다. 하루에 8~10시간 근무하면서는 자기계발이 쉽지 않다고 생각하지만 생각을 조금 바꾸면 충분히 할 수 있다.

✖ **교육기관을 찾아라** : 열린 교육시설, 온라인 교육센터, 대학, 교육기관들을 최대한 물색하라. 자신이 교육받고자 한다면 교육을 받을 수 있는 기회는 무한에 가깝다.

✖ **여가시간을 희생하라** : 업무시간이 많기 때문에 자신이 즐길 것을 모두 즐기면서 자기계발을 하기란 쉽지 않다. 잠자는 시간을 줄이든지, 사람들과

의 교제시간, 집안일, 여가시간 등을 희생하고, 일하지 않는 시간이나 자투리 시간을 활용해야 한다.

✖ 자기계발 비용을 설정하라 : 자기계발을 지원해주는 직장이 있는가 하면 지원하지 않는 직장이 있다. 회사에서 지원하지 않는다면 비용은 스스로 해결해야 한다. 자신의 교육 및 계발에 대해서 스스로 비용을 지불하면 책임을 져야 하기 때문에 더욱 열심히 할 수 있다. 자금계획도 융통성 있게 세워야 한다.

3) 당근과 채찍은 말에게만 주는 게 아니다

최종목표와 비전을 설정한 다음 장기목표, 중기목표, 단기목표, 월간목표, 주간목표, 일일목표를 설정하고 같은 맥락에서 자기계발 목표를 설정하는데, 목표만 계획하고 달성만 하는 것보다는 각 목표를 달성했을 때 자신에게 어떤 선물을 주겠다는 계획도 같이 잡는 것이 자신의 동기를 촉진시키는데 좋다. 목표의 크기에 따라 선물의 크기가 달라져야 한다. 작은 성공에는 작은 선물이, 큰 성공에는 큰 선물이 있어야 한다. 여기서 선물을 주는 사람은 자신이고 받는 사람 또한 자신이 될 것이다. 인간은 실패에서 배우는 것이 아니라 성공에서 배운다. 사람들은 흔히 성공보다 실패를 통해 많이 배운다고 하지만 이는 잘못된 것이라는 결과가 있다. 미국 매사추세츠공대^{MIT} 피코워학습기억연구소 얼 밀러 교수가 이끄는 연구팀에서 원숭이를 대상으로 실험을 한 결과 실패한 행동으로는 뇌세포에 거의 변화를 주지 못하지만 성공한 행동을 했을 때는 뇌세포가 변화를 일으키는 것으로 밝혀졌다. 인간의 뇌는 시냅스의 연결로 기억을 하는데, 실패로는 시냅스의 연결이 이루어지지 않지만 성공으로는 시냅스의 연결이 활발하게 이루어지기 때문에 달성 가능한 목표를 설정하고 목표를 성취했을 때 적절한 보상을 하면 작은 성공경험을 큰 성공경험으로 만들 수 있었다.

실전 Q & A

앨리스는 고양이가 이런 이름을 좋아할지 어떨지 몰라서 조심스럽게 불렀다.

"체셔 고양이야."

그렇게 부르자 고양이는 좀더 환하게 웃었다.

앨리스는 생각했다.

'그래, 아직까지는 기분이 좋아 보이는군.'

앨리스는 말을 이었다.

"여기서 어느 길로 가야 하는지 가르쳐줄래?"

고양이가 대답했다.

(   )

"난 어디든 상관없어."

고양이가 말했다.

"그렇다면 어느 길로나 가도 돼?"

앨리스가 설명을 덧붙였다.

"… 어디든 도착만 한다면."

고양이가 말했다.

"아, 넌 틀림없이 도착하게 되어 있어. 계속 걷다보면 어디든 닿게 되거든."

듣고 보니 맞는 말이었다.

Q 괄호 안에 들어갈 말은 무일까요?

A "그건 네가 어디로 가고 싶은가에 달려 있어." 자신이 가고자 하는 길을 선택하지 않으면 어디에 도착하든지 상관이 없기 때문에 자신이 가고자 하는 방향을 명확하게 설정하는 것이 좋다. 자신이 가고자 하는 길이 비전이고 그 길을 가는데 중간에 있는 이정표를 목표라고 생각하면 된다.

자기점검 포인트

1. SMART 기법에 따라 인생의 최종목표를 설정하세요.

2. 10년 후의 경력을 현재시점으로 기술하세요.

3. 20년 후의 모습을 묘사하세요.

자기점검 그 후

성 과장은 요새 신입사원을 보면 마음이 든든하다. 물론 입사하고 업무를 잘하지 못했던 때도 있었지만, 열정적으로 업무에 임하는 모습을 보면 자신의 신입사원 시절이 생각난다. 이 회사에서 최종직급까지 승진하겠다고 말하는 신입사원의 패기와 노력하는 모습이 보기 좋다.

CHAPTER 4

업무 스케줄을
관리하면
하루가 알차다

Intro

유쾌해 대리는 요즘 하루가 너무 빨리 지나간다. 업무가 많아 정신이 없다보니 하루가 너무 짧다는 생각이 든다. 정신없이 업무를 하다보면 퇴근시간이 훌쩍 지나 있어 야근하는 날이 많다. 야근한 다음날이면 여지없이 눈뜨기가 힘들다. 그래서 오전에는 컨디션이 좋지 않아 거의 업무에 집중하지 못한다. 오후가 돼서 본격적으로 업무를 시작하다보니 또 시간이 부족하고, 또 야근을 하는 악순환이 반복되고 있다. 업무가 쌓여 있다보니 점점 책상은 정신이 없고, 자신의 역량이 부족하다는 생각까지 들어 자신감까지 상실되고 있다.

공감해요!

 두서없이 치고 들어오는 급한 일 때문에 직장인이라면 누구나 발을 동동 구른 적이 있을 거예요. 야근도 수시로 하고요. 하지만 시간을 현명하게 사용하면 야근을 줄이면서 업무를 효율적으로 볼 수 있습니다.

공감전개

1. 기본만이라도 합시다!

유쾌해 대리는 몸이 힘들다보니 일어나는 것도 힘들고 지각하는 날도 많다. 업무량이 많아서 힘들기도 하고, 업무량을 조절했으면 하는 생각도 들었다. 이제는 용량초과가 된 것 같다. 부모님 환갑에 가족여행을 가기로 했는데 머리도 식힐 겸 겸사겸사 주말을 중간에 놓고 아직 사용 못한 연차와 월차를 사용해볼까 한다. 그런데 업무가 많아 과연 가족여행을 갈 수 있을까 하는 생각이 먼저 든다. 그래서 성취감 과장과 의논하기로 했다.

"과장님, 제가 의논할 문제가 있습니다."

"그래, 뭐지?"

"첫 번째는 제가 요즘 용량초과가 된 것 같습니다. 업무량 조절이 필요합니다."

"안 그래도 한번 그 건에 대해서 생각을 하던 중이었다네."

"제가 최근에 업무가 많다보니까 야근을 많이 하고, 야근을 많이 하다보니 오전에는 업무를 하기가 쉽지 않습니다."

"그럴 거야. 그래서 업무 시간에 일을 끝내는 것이 좋지."

"야근을 하다보니 지각도 많이 하게 되네요."

"그렇다면 업무조정을 생각해봅시다."

"두 번째는 올해가 아버님 환갑이십니다. 금요일과 월요일에 연차와 월차를 써서 4일간 가족여행을 가려고 하는데 사용이 가능할까요?"

"유 대리가 좀전에 말한 것처럼 최근 한 달간 일곱 번의 지각이 있었다네. 맞나?"

"네, 죄송합니다."

"그런데, 이런 상황에서 휴가를 길게 사용하는 것은 생각을 해봐야 할 것 같군. 중요한 여행이니 신중하게 생각해봅시다."

성공한 사람들의 공통점을 보면 주위에서 신임을 얻고 있는 사람이 대부분이다. 자신의 분야에서 최고가 되려고 노력하고, 자신의 일에 자부심을 갖고 있다. 흔히 성공한 사람은 장점과 강점만 갖고 있고, 실패한 사람은 단점과 약점만 갖고 있다고 생각할 수 있는데, 이것은 옳지 않다. 성공한 사람들은 자기 안에 잠재되어 있는 장점과 강점을 적극적으로 활용한 것이고, 실패한 사람은 활용하지 못한 것뿐이다.

1) 직장에서 인정받기 위한 기초를 다져라

업무시간 중에 동료와 나누는 대화 중 업무에 관한 이야기가 많겠지만 개인적인 사담이나 잡담일 경우 문제가 생길 수 있다. 직장은 업무를 하는 곳인데 일부 직원들은 업무를 하는 것인지 휴식을 취하는 것인지 분간하기 어려울 정도로 산만한 태도를 보인다. 이것은 다른 사람의 업무능률까지 떨어뜨린다. 업무에 관련된 이야기도 큰 소리로 이야기해서 주위 사람들의 집중력을 흩뜨릴 수 있는데, 이는 연구나 계산업무를 하고 있는 동료의 집중력을 깨는 실례의 행동이다. 다른 동료들에게는 피해를 주지 않기 때문에 괜찮다고 생각할 수 있겠지만 지각을 하는 사소한 행동은 자신의 근무태도를 단적으로 보여준다.

아무것도 아닌 듯 보이는 사소한 생활습관이 직장에서의 성공을 가로막는 걸림돌이 될 수 있다. 성공하기 위해 인정받을 수 있는 것이 무엇인지를 알면 성공에 한 발 다가설 수 있다.

2) 당신은 얼마짜리 직원입니까?

개인이나 기업은 기본적인 생존 부등식을 만족시켜야 하는데, 가치^{Value}, 가격^{Price}, 원가^{Cost} 세 가지 중에서 '가치〉가격〉원가'의 등식이 성립해야 한다. 기업은 지불한 임금보다 높은 업무수익을 줘야 직원을 채용할 수 있다. 이를 위해서 기업에 필요한 핵심인재가 돼야 하는데, 첫째는 기업에 대한 기여도이다. 직장에서의 업무가 연봉 이상의 일을 감당하고 있는가이다. 둘째는 비전이나 꿈을 갖고 있는가이다. 직장에서는 회사와 함께 성장하고 발전할 수 있는 사람을 원한다. 세 번째는 태도가 중요한데, 직장생활에 필요한 기본적인 자세와 태도를 갖고 있는가이다. 성실, 근면, 책임감 등 기본이 갖춰져 있지 않은 사람은 직장뿐만 아니라 어떤 곳에서도 필요로 하지 않는다. 네 번째는 직장은 함께 일하면서 성과를 내는 곳이기 때문에 원만한 대인관계 능력이 요구된다. 혼자만 잘한다고 성과를 내는 것이 아니기에 튀는 인재는 좋아하지 않는다. 다섯 번째는 자신의 업무를 효율적으로 수행할 수 있는 기술과 능력, 전문지식과 경험 등을 요구한다. 즉 자신의 연봉을 기본원가라고 생각한다면 연봉보다 많은 가치를 주는 인재가 성공할 수 있다. 하지만 아무리 업무에서 자신의 역량 이상의 성과를 낸다고 해도 기본적인 근태관리가 잘 안 된다면 아무런 소용이 없다.

3) 기본을 지켜라

때때로 조직에서는 업무보다 업무 이외의 것에서 능력을 평가하기도 한다. 아무리 업무성과가 뛰어나도 출근시간을 제대로 지키지 못하면 기본적인 자질을 의심받는다. 사소한 실수 하나가 나중에 큰 실수로 이어진다는 사실을 직장도 잘 알고 있다.

매일 아침 지각하는 사람이 중요한 계약에서도 지각하지 말란 법은 없기 때문에 이런 점을 눈여겨볼 수밖에 없다. 그래서 상사는 다섯 시간 야근한 사실보다는 5분 지각한 사실을 더 기억한다.

4) 솔직하게 털어놔라

직장에서 실수했을 경우 솔직하게 말하는 것이 최고의 대처방법이다. 자신의 실수를 들키지 않기 위해 이리저리 빠져나갈 핑계를 대다보면 상황이 더욱 악화되기 십상이다. 핑계를 대다가 후에 탄로가 나면 신뢰가 무너져버리는데, 한번 무너진 신뢰는 회복하기 힘들다.

취업포털인 인크루트가 인사담당자를 대상으로 한 설문조사에 따르면 지각 시 대처법으로 상사에게 전화해 솔직히 사정을 말하고 양해를 구한다는 항목을 택한 사람이 78.2%로 가장 많았고, 전화보다는 최대한 빨리 출근해서 직접 사정을 설명한다가 10.3%로 그 뒤를 이었다. 지각 후에 만회를 하는 것보다는 지각을 하지 않는 것이 가장 최선이고, 피치 못할 사정으로 지각할 경우에는 솔직하게 말하는 것이 가장 좋다. 선배나 상사로부터 야단맞을 경우에도 변명을 하지 않는 것이 현명하다.

'그렇지만…', '하지만…' 등의 변명은 핑계로만 들릴 뿐이다. 상대를 화나게 하는 변명은 최대한 자제하고 듣기 싫은 소리가 계속 이어질지라도 "예! 알겠습니다."라고 대답하고 곧바로 사과하는 것이 좋다. 자신이 틀렸다면 솔직하게 수긍하고 "제가 틀렸습니다. 앞으로는 주의하겠습니다. 죄송합니다."라는 말로 정중하게 사과하라. 혼났다고 표정관리를 못 하면 오히려 더 안 좋은 방향으로 흘러갈 수도 있다는 것을 명심하자.

5) 상사는 이유 없이 화내지 않는다

팀장이나 부서의 리더는 팀과 회사의 목표달성을 위해서 팀원에게 적절하게 업무를 분배하고, 위임하고, 관리하는 것이 주업무이다. 하나의 프로젝트를 팀장이나 부서장이 책임지고 진행하고 관리하다보면 최종 프로젝트 마감기한을 기준으로 시간을 관리한다.

팀장은 프로젝트의 시간관리를 하면서 팀원에게 업무를 위임하기 때문에, 팀원이 기대에 맞게 각 업무를 마감하고 보고하는 것이 매우 중요하다. 한 명의 업무가 늦어지면 늦어질수록 팀 전체의 프로젝트 마감이 점점 늦어질 수밖에 없고, 결국은 팀의 성과가 낮아지는 결과를 낳는다. 그렇기 때문에 팀원들의 시간을 잘 관리하고 적절하게 결과를 산출하는 것이 중요하다. 또한, 팀원 중에서 시간을 지키지 않거나 출근시간에 자주 늦고 동료들끼리 업무상의 기본적인 예의를 지키지 않는 등의 문제가 발생하기도 하는데, 팀장이 이를 계속 방치해두면 이 사소한 일들로 인해 다른 걱정을 해야할 상황이 발생한다. 팀장은 팀원이 같은 시간 내에 최고의 성과가 날 수 있도록 업무를 할당하고 조정하고 적절한 정보를 제공하는 것이 주업무이다.

2. 시간은 관리할수록 가치가 극대화된다

성 과장은 유 대리의 업무 스케줄을 조정하기로 했다. 우선 유 대리가 사용할 수 있을 만큼만 업무를 할당하고, 휴가는 차후에 사용하기로 했다.

"이렇게 업무를 조정했으니 잘할 수 있지?"

"네, 감사합니다. 과장님"

업무의 양을 조정하고 나서 한동안 업무처리도 잘하고 있었다. 하지만 얼마 가지 않아 다시 야근과 지각을 반복하기 시작했다.

성 과장이 다시 유 대리를 불렀다.

"업무량은 어떤가?"

"좋습니다."

"그런데 요즘 다시 지각이 늘고 있네. 야근도 늘고 있고…."

"죄송합니다. 제게 문제가 있는 것 같습니다. 그런데 그 이유가 뭔지 모르겠습니다."

"내 생각에도 업무량의 문제는 아닌 것 같네만…."

주변에 "바쁘다!", "시간 없다!"를 외치고 있는 사람이 있는가? 자신의 모습일 수도 있다. 누구에게나 공평하게 주어지는 것이 있다면 하루 24시간, 1년 365일이라는 시간인데, 어떤 이는 별로 이룬 것도 없이 늘 시간이 없다고만 하고, 또 어떤 이는 느긋하게 보내는 듯한데 훨씬 더 많은 것을 이룬다. 같은 시간을 사용하는데 어떤 이는 하루를 25시간으로 활용하고 어떤 이는 세 시간으로 활용한다.

피터 드러커가 업무 집중도를 높이기 위한 방안들을 제시했다. 첫째, 주어진 업무를 수행하는 데 필요한 최소시간을 파악한다. 둘째, 자신의 재량 하에 사용할 수 있는 시간을 확보한다. 셋째, 산발적으로 일을 처리하면 집중력과 업무 효율성이 떨어지니 흩어져 있는 시간을 모아서 활용한다. 넷째, 시간낭비 요인을 찾아서 제거한다. 다섯째, 마감시간을 정한다. 이렇게 다섯 가지이다.

1) 시간관리란 무엇인가

흔히 하는 착각 중 하나가 시간이라는 개념이다. 사람들은 시간이 흐른다고 표현하지만 시간은 흐르는 개념이 아니라 원래 '아무것도 없는 것'이다. 시간이라는 아무것도 없는 연속적인 개념 안에 사람들이 행동을 하면서 시간이 생겼는데, 사람들이 하는 행동이나 사건들이 모여서 시간의 흐름을 만든다고 해도 과언이 아니다. 즉, 사람들이 하는 행동에서부터 시작하고 이런 행동이나 사건들을 일목요연하게 보기 위해 시간이라는 개념을 활용하는 것이다.

시간을 관리한다는 것은 사람이 하는 일이나 사건, 행동을 관리하는 것이라 생각하면 된다. 그래서 우리가 흔히 말하는 시간관리는 사건, 행동, 업무

관리를 얼마나 효율적으로 하는가이다. 시간이 많은 사람이라면 남는 시간 중에 아무거나 해도 상관없지만 넘치는 시간이라는 것은 존재하지 않는다. 직장에 다니는 사람들은 부족한 시간을 쪼개고 쪼개서 일하고 여가를 즐기고 인간관계도 쌓는데, 이것이 시테크의 핵심이다.

2) 시간의 특성

✖ 시간은 동일하게 주어진다

바빠서 시간에 쫓기는 사람과 그렇지 않은 사람의 가장 큰 차이는 시간에 대한 주도권을 누가 갖고 있느냐이다. 시간의 주도권을 갖는 사람이 되고자 한다면 시간을 쓰는 방법부터 바꿔야 한다. 시간은 하루 24시간으로 제한 되어 있기 때문에 별로 중요하지 않은 일들을 하는 데 시간을 사용했다면 중요한 일을 하는 데 사용할 시간은 상대적으로 줄어든다는 말이다. 시간은 누구에게나 동등하게 주어진 자원이기 때문에 한정된 자원을 얼마나 효과 적으로, 효율적으로 사용하느냐에 따라서 결과가 달라지는 것은 당연하다.

✖ 시간은 다시 돌아오지 않는다

어제의 24시간과 오늘의 24시간은 어떻게 사용했느냐에 따라서 시간의 질이 다르다. 한번 흘러간 시간은 되돌릴 수 없다. 또 시간은 쓰지 않는다고 해서 그대로 있지 않고 사라져버린다. 주어진 시간을 유용하게 사용해야 한 다. 자신이 관리할 수 있는 시간은 바로 '지금'이다. 흐르는 시간을 잡을 수 는 없어도 같은 시간 내에 효과적으로 시간을 잘 쪼개고 효율적으로 쓰다 보면 남들에게는 없어서 사용 못하는 그 시간이 자신에게는 조금 더 더디게 가는 듯한 효과를 누릴 수 있다.

✖ 시간은 모든 것을 변하게 한다

시간은 사람을 늙게 만들고, 기업의 흥망성쇠를 지켜보기도 한다. 시간은 모든 것을 지켜보고 모든 것을 변하게 만든다. 마감기한을 넘긴 기사는 신문에 기재할 수 없는 것처럼 마감기한으로 인해 협상의 결과가 달라지기도 한다. 직장에서도 단지 5분, 10분 차이로 실제능력이나 성과와 상관없이 인정받는 경우도 있다.

✖ 시간은 어떻게 활용하는가에 따라 기회가 되기도 한다

사람들이 땅을 치면서 안타까워하는 것 중에 자신이 좋은 조건에서 태어났더라면 지금쯤 대단한 사람이 되었을 것이라는 착각이다. 하지만 열악한 환경에서 자랐어도 같은 시간 동안 어떤 노력을 하느냐에 따라서 성과가 나타나기 때문에 시간은 기회가 되기도 한다. 직장에 10분 일찍 출근하는 사람들은 많아도 한 시간, 두 시간 일찍 출근하는 사람은 흔치 않다. 만약 한 시간만 일찍 출근해서 업무준비를 한다면 기회가 될 것이다.

3) 시간의 종류

✖ 정리된 시간과 정리되지 않은 시간

정리되어 있는 시간은 업무시간이나 약속시간 등 이미 선점되어 있는 시간을 말한다. 정리되지 않은 시간은 계획이나 선약이 없는 공백으로 남겨져 있는 시간을 말한다.

✖ 양적인 시간과 질적인 시간

양적인 시간은 그냥 흘러가는 시계로 표시되는 시간으로 초, 분, 시로 이루어진 시간을 말하고 질적인 시간은 의미가 있는 시간을 말한다. 좋은 시기, 위기, 기회, 타이밍 등 시간으로 인해서 좀 더 의미 있는 일이 일어나는 시간이다.

✖ 큰 시간과 작은 시간

시간은 모두 같다고 생각할 수 있지만 중요한 일이나 많은 시간을 할애해야 하는 의도적인 시간은 큰 시간, 큰 시간들 사이에 공백으로 처리되어 있는 시간은 작은 시간이라고 한다.

4) 시간관리가 중요한 이유

시간관리를 잘한다는 뜻은 시간의 흐름 속에서 업무와 일을 관리한다는 뜻인데, 시간을 관리하면 주어진 시간 내에 목표를 달성하고 책임을 다할 수 있다. 또 시간을 관리하는 사람은 우선순위를 정해놓고 업무를 하기 때문에 일관성 있게 일을 처리한다. 목표에 따라서 계획을 잘 세우기 때문에 시간과 물질의 낭비를 막고, 업무시간과 휴식시간을 조화롭게 사용하고 스트레스를 막아주고, 성공을 도와준다.

✖ 효과적인 시간관리
- 시간을 주도적으로 사용한다.
- 시간을 자율적으로 사용한다.

- 중요한 일을 우선적으로 한다.

- 업무가 많더라도 시간에 쫓기지 않고 여유가 있다.

- 계획에 따라서 일관되게 움직인다.

✖ 비효과적인 시간관리

- 시간을 주도적으로 사용하지 못한다.

- 시간을 타율적으로 사용한다.

- 중요도가 아니라 선착순으로 업무를 한다.

- 업무가 많을 때는 바쁘다가 업무가 없을 때는 한가한 경우가 많다.

- 계획 없이 불규칙적으로 움직인다.

5) 시간관리에 영향을 미치는 변수

✖ 시간의 '양' 관리와 '질' 관리

시간을 질적으로 잘 활용하는 것은 쉽지 않다. 업무 중 무심코 켜놓은 메신저에서 친구가 말을 걸기도 하고, 동료들의 대화소리나 전화벨, 상사의 지시와 후배의 질문, 동료들의 잡담까지 주위에 방해요소가 많다. 평균적으로 집중하기 위해서는 20분 정도의 시간이 필요한데, 이런 방해요소들 때문에 집중이 쉽지 않다. 한 조사에 따르면 직장인은 E-mail 확인, 전화받기, 온라인 메신저, 스마트폰 확인 등을 3분에 한 번씩 하기 때문에 연간 많은 돈을 낭비하고 있다고 한다. 기업에서는 이런 낭비를 막기 위해서 집중 근무시간을 도입하기도 하지만 무엇보다 중요한 것은 업무에 집중하려는 개인의 노력 아니겠는가.

✖ 성격과 습관

세 살 버릇 여든까지 간다는 속담이 있다. 인간은 보통 태어나고 3년이 되면 뇌가 90% 이상 성장해서 거의 성인의 뇌와 비슷해지고 3년 이상이 되면 성장이 거의 없기 때문에 사람의 습관과 성격형성은 3년 이내에 완성된다. 이때 형성된 성격은 개인의 무던한 노력 없이는 바뀌기 힘들다. 이렇게 형성된 성격에 따라 습관도 달라지고, 이런 습관적이고 반복적인 생각과 행동과 감정의 반복이 시간을 관리하는 데 영향을 미친다. 따라서 자신이 어떤 성격의 사람인지를 돌아보는 것이 도움이 된다.

- 업무 중심적인 사람인가, 관계 중심적인 사람인가?
- 계획을 세우고 따르는 사람인가, 계획을 세우지 않는가?
- 바쁘게 움직이면서 사는가, 느리고 여유 있게 사는가?
- 약속을 지키는가, 약속을 잘 지키지 않는가?
- 생각을 많이 하고 후회하는 편인가, 먼저 행동하는 편인가?
- 한 번에 한 가지 일에 집중하는가, 여러 가지 일을 동시에 하는가?
- 혼자 일하는 것을 좋아하는가, 많은 사람들과 함께 일하는 것을 좋아하는가?

✖ 환경

책상이 얼마나 효율적으로 정리되어 있는가에 따라서 업무효율이 달라진다. 책상 위 컴퓨터의 위치, 서류의 위치, 전화의 위치 등에 따라서 활동하는 범위가 달라진다. 움직이는 반경의 범위나 불필요한 행동이 많으면 많을수록 낭비되는 시간도 많을 수밖에 없다. 정기적으로 자신의 주변을 정리하는 것이 성격을 바꾸는 것보다 쉽다.

✖ 목표의식

자신이 무엇을 집중해서 해야 하는지 아는 사람과 알지 못하는 사람은 시간을 사용하는 데 많은 차이가 있다. 목표는 시간관리에 가장 중요한 개념 중 하나로 목표를 이루고자 하는 의지가 얼마나 강한지에 따라 시간을 관리하는 방법에 차이가 날 수밖에 없다.

6) 시간관리는 목표에서부터 시작한다

목표가 없는 사람에게 시간관리라는 개념은 아무런 의미가 없다. 목표로 삼은 것을 짧은 시간 내에 달성하고 싶은 의지가 없는 사람에게는 시간이라는 개념은 그리 크지 않다. 한 달이라는 시간의 중요성이 궁금하다면 만삭이 된 산모에게, 일 주일은 주간지 편집장에게, 한 시간은 연인들에게, 일 분은 방금 전 버스를 놓친 사람에게, 1초는 사고의 순간을 모면한 사람들에게, 100분의 1초는 올림픽에서 금메달을 놓친 메달리스트에게 물어보면 된다.

이렇듯 시간은 누구에게나 같지 않고 상대적으로 느껴지는 것이다. 자신의 목표나 목적지, 현재상황에 따라서 달라지는 것이 바로 시간의 개념이다. 목표가 없는 사람에게 시간관리는 의미 없다. 그저 지겹고 성가신 존재일 뿐이다.

7) 시간관리의 실패원인

시간이 곧 돈인 시대에 시간을 어떻게 활용하느냐에 따라서 경쟁력이 달라진다. 그럼에도 불구하고 시간관리에 실패하는 이유는 많다.

- 목적이 불명확한 것

- 우선순위가 없는 것

- 지나치게 많은 일을 한꺼번에 하고자 하는 것

- 일에 대한 의욕부족과 무관심

- 하루의 계획이 불충분한 것

- 깔끔하지 못한 성격(정돈되지 않은 책상)

- 서류정리, 서류숙독, 부적당한 파일 체계

- 기다리는 시간(약속)

- 메모, 주소, 전화번호를 찾는 데 시간이 걸리는 것

- 업무 조정능력 부족, 팀워크 부족

- 전화로 인한 업무중단

- 예정에 없던 방문객

- "아니오."라고 말하지 못하는 성격

- 불완전하거나 뒤늦은 정보

- 일을 끝내지 못하는 것

- 집중력 부족(소음)

- 개인적인 잡담

- 공문, 회람이 많은 것

- 일을 미루는 성격

- 모든 것에 대해 사실을 알고 싶어 하는 것

3. 리스트 작성부터 시작하라

유 대리가 업무 리스트를 정하면서 눈에 띄게 업무처리가 빨라지고 효율성이 좋아졌다. 하지만 유 대리는 다시 고민에 빠졌다. 업무처리 효율은 높아졌지만 자꾸 급하게 처리해야 하는 일들이 먼저 정해놓은 업무 스케줄에 영향을 주는 것이다. 이번 문제도 성 과장에게 의논했다.

"과장님, 업무 리스트를 만들어 일을 처리하니까 업무효율은 높아져 좋은데 갑자기 주어진 업무들을 처리하다 보면 원래 하려고 했던 업무 스케줄에 차질이 생깁니다."

"음, 그렇군. 이젠 업무처리 순서를 정하는 기준에 대해서 알려주겠네."

하루를 어떻게 시작하느냐는 매우 중요하다. 업무시작 전에 매일 확인해야 할 것이 있는데, 바로 주간업무 리스트를 확인하는 것이다. 리스트 확인 후에 효율적으로 업무에 임할 수 있도록 업무 우선순위를 매겨서 정렬한다.

1) 업무 리스트를 작성하라

업무시작 준비를 하면서 거의 기계적으로 매번 해야 할 일들을 챙긴다. 하지만 수없이 많은 업무들 속에서 갑작스럽게 주어진 업무는 무심결에 지나가게 마련이다. 기억이 나면 처리하고, 기억나지 않으면 어쩔 수 없는 그런 시스템으로는 업무를 효율적으로 관리할 수 없다.

매일 아침 업무 리스트를 만들어서 체크하면 효과적이다. 어차피 해야 할 업무라면 체크리스트를 만들어놓고 하나씩 처리하는 것이 필요하다. 보통 업무 리스트에는 큰 것만 넣으려는 생각을 하는데 하루 동안 처리해야 할 업무는 큰 것과 작은 것에 구애받지 말고 모든 것을 나열해서 체크하면 효율적이다. 사소한 것들이 업무 리스트에 있으면 유사한 일들을 패키지로 묶어서 처리할 수도 있다. 시간은 본래 공간의 제약을 받기 때문에 될 수 있는 한 비슷한 일들을 잘 묶어서 처리하고 다음 장소로 이동하면 그만큼 시간을 절약할 수 있다. 또한 자연스럽게 순서에 의해 업무를 처리할 수 있기 때문에 자투리 시간도 활용이 가능하다. 계획을 잘 짜면 하루가 엉킴이 없고 불필요한 시간낭비도 없다. 처음 단계인 계획시간을 잘 활용하는 것이 시간활용의 첫 번째 실천이다.

2) 뭐부터 해야 하지? 우선순위를 정하라!

업무를 처리하다보면 두 가지 일 사이에서 선택해야 할 때가 있다. 이때 일을 잘하는 사람들은 일의 우선순위를 잘 가려낸다. 중요한 일과 급한 일 중에서 거의 고민할 것도 없이 급한 일을 먼저 처리하는데, 실제로는 중요한 일에 더 많은 비중을 두고 노력해야 한다. 그러나 자신이 원하는 대로 자신의 업무를 처리하지 못할 때가 있다. 급한 일은 바로바로 문제를 해결해주지만 장기적인 문제를 해결해주진 않는다. 급한 일을 중심으로 생활하면 시간이 지난 후 분명 후회하게 마련이다. 정작 자신이 중요하게 생각하고 꼭 처리해야 할 일은 하지 못하고, 급한 일에 쫓겨서 업무를 처리하다 보니 핵심은 빠져 있기 때문이다. 이때 활용할 수 있는 것이 바로 업무 리스트이다. 리스트에 작성한 업무들은 모두 해야 할 일이지만 먼저 처리해야 할 것과 후에 처리해도 되는 일이 있다. 우리가 처리해야 할 일을 중요도 순과 긴급성 순으로 나눈다면 '급한 일, 덜 급한 일, 중요한 일, 덜 중요한 일'들이 섞여 있다. 누구도 우리에게 먼저 해야 할 일을 가르쳐주지 않는다. 스스로 알아서 처리해야 한다. 인정받는 직원은 우선순위를 정할 줄 아는 사람이다.

많은 사람들이 급하고 중요한 일부터 하려고 하고 덜 급하고 덜 중요한 일은 뒤로 미룬다. 하지만 우선순위를 정할 때 쉽게 정하지 못하는 것이 급하긴 한데 덜 중요한 것과 중요한데 덜 급한 것이 섞여 있을 때이다. 성공적으로 업무를 마치고 성공하기 원한다면 '중요하지만 덜 급한 일'부터 해야 한다. '급하긴 하지만 덜 중요한 것'은 급하게 처리하지 않아도 큰 문제를 일으키지 않기 때문에 급한 일과 중요한 일 중 '중요한 일'부터 먼저 하는 훈련을 해야 한다. 매일 아침 리스트를 만들고 우선순위를 정하는 데에 약간의 시간만 투자한다면 하루에 한두 시간은 더 알차게 쓸 수 있다는 점을 잊지 말자.

구분	긴급함	긴급하지 않음
중요함	I.	II.
중요하지 않음	III.	IV.

3) 언제까지 해야 하지? 데드라인을 정하라!

직장에서의 데드라인은 퇴근시간이다. 업무에도 데드라인이 있다. 그러나 그것이 상사의 데드라인인지 자신이 정한 데드라인인지가 중요하다. 마감시간을 정할 때는 상사가 정한 마감시간은 정확하게 지키지만 자신이 정한 마감시간은 잘 지키지 못한다.

우선순위를 정할 때 업무의 마감기한을 설정해두면 계획을 세우기 쉽다.

다이어리나 일정표에 체크하고 매일 출근과 동시에 확인하는 것도 좋은 방법이다. 혹시라도 마감기한 내에 100% 완벽하게 하지 못하더라도 끝내고자 하는 습관을 갖는 것이 좋다.

한 달이 넘는 방학기간 동안 전혀 진도가 안 나가던 방학숙제가 방학 말미에는 마술처럼 해결된다. 이틀을 앞두고 재촉한 보고서가 한 달 전에 요청한 보고서보다 먼저 나오는 일도 많다. 급한 일일수록 가장 바쁜 사람한테 시켜야 결과가 바로 나온다. 시간이 없어서 성과를 올리지 못하는 것이 아니라, 시간이 있기 때문에 성과가 오르지 않는 것이다. 데드라인을 정할 때는 날짜만 정하는 것이 아니라 시간까지 정확하게 정해두면 시간단위의 시간관리가 가능해진다.

4) 오늘 일은 오늘 안에 끝내라

마감기한이 남았다고 생각하는 사람일수록 오늘 끝마칠 수 있는 일도 다음날로 미루는 경향이 있다. 그렇다고 다음날 완벽하게 끝내는 것도 아니다. 또 다음날로 미뤄진다. 오전에 끝내야 할 일을 오후로 미룬다면 그 일은 또 다음날로 넘어간다. 퇴근시간은 미루지 않으면서 업무를 미루는 사람이 의외로 많다. 더군다나 칼퇴근을 위한 업무 미루기는 상사의 눈 밖에 나는 이유 중 하나다.

5) 시간관리 체계

계획을 세우고 시간을 관리하기 위해서는 시간관리 체계에 대해서도 인식하는 것이 좋다. 직장에서는 직장의 비전과 미션을 중심으로 우선순위를 매기면 되지만, 기본적으로 개인의 우선순위 및 개인의 입장에서 시간관리를 할 때는 자신의 가치관에 부합하는가를 먼저 생각해야 한다. 그 후에 목표와 사명의 맥락에서 업무의 우선순위를 작성하면 된다. 목표를 장기목표, 중기목표, 단기목표로 나누고, 목표를 달성하기 위해서 시간관리를 시작해야 한다. 장기목표에 따라 장기계획이, 중기목표에는 중기계획이, 단기목표에는 단기계획이 함께 세트로 묶여 다닌다. 단기목표를 1년으로 생각한다면 1년 계획, 상·하반기 계획, 한 달 계획, 주간계획, 일일계획, 시간계획이 나온다. 이 작은 1분 1초까지도 가치관과 목표, 사명의 맥락에서 관리하면 우선순위가 결정된다.

6) 일일 계획서 작성순서

일일 계획서를 작성할 때 가장 먼저 하는 것이 가치관과 목표에 부합하고 긴급성과 중요성 목록에서 상위를 차지하는 순서대로 업무과제를 선정하는 것이다. 두 번째로 할 일이 각 항목당 업무 소요시간을 기입하는데, 모든 업무의 소요시간을 기입하는 것이 좋다. 업무시간을 너무 타이트하게 작성하면 예측할 수 없는 상황이 왔을 때 대비를 못 할 수도 있으니 각 업무마다 여유시간을 설정해두는 것이 좋다. 만약 다른 사람에게 위임이 가능하고 생략이 가능한 것이 있다면 과감하게 넘기는 것이다. 그리고 일일 계획서에 기입한 내용을 바탕으로 업무를 얼마나 처리했는지 평가하고 반성한다.

어떤 시간관리 전문가에 대한 이야기입니다. 하루는 이 전문가가 경영학과 학생들을 대상으로 강의를 하면서 자신의 주장을 명확히 하기 위해, 어떤 구체적인 예를 들어 설명했습니다. 경영학과 학생들 앞에 선 이 전문가는 말했습니다.

"자, 퀴즈를 하나 풀어봅시다."

그는 테이블 밑에서 커다란 항아리를 꺼내 테이블 위에 올려놓았습니다. 그러고 나서 주먹만 한 돌을 꺼내 항아리 속에 하나씩 넣기 시작했습니다. 항아리에 돌이 가득하자 그가 물었습니다.

"이 항아리가 가득 찼습니까?"

학생들이 이구동성으로 대답했습니다.

"예."

그러자 그는 "정말?" 하고 되묻더니, 다시 테이블 밑에서 조그만 자갈을 한 움큼 꺼내들었습니다. 그러고는 항아리에 집어넣고 자갈들이 깊숙이 들어갈 수 있도록 항아리를 흔들었습니다. 주먹만 한 돌 사이에 조그만 자갈이 가득 차자, 그는 다시 물었습니다.

"이 항아리가 가득 찼습니까?"

눈이 동그래진 학생들은 "글쎄요."라고 대답했고, 그는 "좋습니다." 하더니, 다시 테이블 밑에서 모래주머니를 꺼냈습니다. 모래를 항아리에 넣어 주먹만 한 돌과 자갈 사이의 빈틈을 메운 후 다시 물었습니다.

"이 항아리가 가득 찼습니까?"

학생들은 "아니요."라고 대답했고, 그는 "그렇습니다." 하면서 물을 한 주전자 꺼내 항아리에 부었습니다.

Q 이 실험의 의미는 무엇일까?

A 만약 당신이 큰 돌을 먼저 넣지 않는다면, 영원히 큰 돌을 넣지 못할 것이다. 시간을 관리할 때도 마찬가지이다. 큰 영역을 차지하는 시간을 먼저 배치하지 않는다면 절대 많은 시간을 뺄 수 없다. 큰 돌을 먼저 배치하고 그것보다 작은 것들 순으로 넣는 것처럼 시간을 관리할 때도 시간을 많이 차지하는 것, 중요한 것들 순으로 배치해야 한다.

자기점검 포인트

1. 업무 리스트를 모두 쓰세요.
2. 업무 리스트 중에서 긴급하지 않지만 중요한 것을 쓰세요.
3. 내일 당장 시작해야 하는 중요한 일을 쓰세요.

자기점검 그 후

요즘 유쾌해 대리는 회사 다니는 것이 즐겁다. 일에 치여서 쩔쩔 매고 있는 신입사원의 등을 큰 소리가 나게 '딱' 때리며 물었다.

"퇴근시간에는 퇴근을 해야지. 언제 퇴근하려고 그래?"

"저… 오늘도 야근입니다. 도와주세요."

"그렇게 업무시간 내에 제대로 끝냈어야지!"

신입사원은 다크서클이 턱 끝까지 내려온 불쌍한 얼굴로 도와달라는 표정을 지으며 유 대리를 보고 있다. 유쾌해 대리는 휘파람을 불면서 신입사원에게 인사한다.

"내일 보자!"

CHAPTER 5

유쾌 씨로 거듭나는
커뮤니케이션 방법

성 과장이 나서고 대리에게 운송업무를 추가로 하라는 지시를 내렸다. 그 얘기를 듣고 나 대리는 유쾌해 대리와 커피를 마시면서 하소연을 시작했다.

"유 대리님, 이번에 운송업무가 추가됐는데, 가뜩이나 일도 많은데 큰일입니다."

"나 대리 힘들겠네. 안 그래도 성 과장님이 나한테 그 업무를 하라고 하셨는데, 다른 일정이 있어서 못하게 됐거든."

"전에 이 업무를 하던 직원이 그만뒀다던데, 인수인계 할 시간도 없이 급하게 그만둔 것 같더라고요. 지금 상황이 어떤지도 모르고 있습니다. 파일만 잔뜩 쌓여 있는데, 어느 회사하고 거래하는지도 모르고, 원⋯."

"그럴 경우에는 할 수 없지, 맨땅에 헤딩해야지. 성 과장님에게 물어보고 모르면 파일에 적혀 있는 회사에 전화해서 알아봐야지."

"휴, 진짜 그 방법밖에 없을까요? 아까 성 과장님께 여쭈어봤는데, 최근에 바뀌어서 잘 모르겠다고 하시던데⋯."

나 대리는 자리로 돌아와 운송관련 파일을 뒤적거리면서 보고 있다. 운송회사 이름이 다섯 개가 있고, 입찰관련 파일도 보인다. 이제 하나씩 전화해서 물어보는 것만 남았다. 각 운송회사에 전화해서 물어보니 오히려 입찰하라고 전화하는 걸로 받아들이는 것 같았다. 통화가 끝날 때마다 제안서가 메일로 들어오고, 회사로 찾아오겠다는 운송회사 직원도 있었다. 현재 거래하는 운송회사와 연락이 닿고 하루 정도 지났을까, 갑자기 비서실 고독해 대리한테 전화가 왔다.

"네, 감사합니다. 고객만족팀 나서고 대리입니다."

"안녕하세요? 비서실의 고독해 대리입니다."

"안녕하세요? 우리 고 대리님이 전화를 다 주셨네요?"

"네, 잘 지내셨죠? 다름이 아니라 혹시 운송회사 다시 재입찰하나요? 무슨 문제가 생겼나 해서요."

"아니요. 그런 일 없는데, 왜 그러시죠?"

"지금 운송업체들한테서 전화가 많이 오네요. 왜 입찰하는 것처럼 말해놓고 공지가 안 나오냐고요."

"아, 그래요? 이것 참."

공감해요!

직장생활을 하다보면 의도하지 않았는데 서로 오해가 생기는 경우가 있죠. 그 이유는 상대방이 이해가 가능하도록 설명하지 않고 말하는 사람 위주로 말하기 때문입니다. 그래서 듣는 사람 입장에서 오해가 생기는 것이지요.

공감전개

1. 말하는 상사, 듣는 부하직원

최근 입찰이 된 운송회사에서 전화가 왔다. 담당자가 정중하게 하고 있지만 당황한 기색이 역력했다.

"안녕하세요? 한성운송입니다."

"네, 안녕하세요?"

"혹시 저희가 뭔가 실수한 일이라도 있습니까? 사고가 나거나 계약사항에 위배되는 일이 있었습니까?"

"아니요. 전혀 그런 일 없습니다. 왜 그러시죠?"

"왜 운송회사가 변경된다는 소문이 돌고 있죠? 지금 업체가 바뀐다는 소문 때문에 회사에 타격이 많습니다."

"아, 이런! 지난번에 업무 담당자가 바뀌면서 와전이 된 것 같습니다."

"입찰 끝난 지 얼마 안 됐는데 벌써 교체한다는 소문 때문에, 저희 회사에 문제가 있는 것 아니냐는 소문이 도나봐요. 지금 거래업체들이 거래를 끊고 다른 곳으로 옮기려 하고 있습니다. 왜 이런 소문이 났는지 원인을 찾던 중 나 대리님이 다른 업체에 전화하셨다고 하더라고요."

"진심 죄송합니다. 업무를 맡은 지 얼마 안 돼서 현재 운송회사가 어딘지 알아보려고 전화한 건데, 제가 설명을 잘 못했나봅니다."

기업은 직원들의 업무평가를 성과에 초점을 맞추는 경우가 많다. 하지만 표면적으로는 업무의 성과이지만 자세히 뜯어보면 성과의 이면에서 전혀 다른 것들이 튀어나온다. 일반적으로 기업에서 말하는 성과는 인간관계에 크게 좌우된다. 실제로 인간관계에 문제가 생길 경우, 업무성과가 현저히 저하될 수밖에 없다. 협업을 할 때 같이 일하는 담당자와 관계가 나쁘면 업무 과정에서 서로 도와주지 않는 불상사가 발생할 수도 있기 때문이다. 그런데 이런 인간관계의 문제는 커뮤니케이션 부족과 에러에 그 원인이 있는 경우가 많다. 함께 성과를 이루어내야 하는 동료끼리 상호이해가 부족하면 서로 오해하고 헤매면서 성과도 낮아진다.

1) 커뮤니케이션의 정확한 의미

송신자와 수신자가 어떤 유형의 정보를 교환하고 공유하려는 과정으로 커뮤니케이션은 사람들 간에 정보, 아이디어, 이해 또는 느낌을 전달하고 교환하는 것이다. 의사소통은 송신자(개인, 집단, 조직)가 수신자(개인, 집단, 조직)에게 어떤 유형의 정보를 전달할 뿐만 아니라 정보나 아이디어, 감정 등 어떤 의미를 송신자와 수신자 간에 피드백을 통하여 교환하거나 공유하는 것이다.

2) 커뮤니케이션의 기능

✖ 정보전달 기능

커뮤니케이션은 개인과 집단 또는 조직에 정보를 전달해주는 기능을 함으로써 촉매제 역할을 한다. 의사소통은 여러 가지 대안을 파악하고 평가하는 데 필요한 정보를 제공해줌으로써 의사결정을 원활히 이루어지게 한다.

✖ 동기유발 기능

커뮤니케이션은 조직 구성원들의 동기유발을 촉진시키는 데 사용한다. 조직 구성원이 해야 할 일, 직무성과를 개선하고 달성하기 위해서 어떻게 해야 하는지, 다른 구성원들과 어떻게 협동해야 하는지 등을 구체적으로 알려주는 매개체 역할을 한다.

✖ 통제기능

커뮤니케이션은 조직 구성원의 행동을 조정·통제하는 기능을 갖고 있다. 즉, 의사소통은 조직 구성원들의 행동이 특정한 방향으로 움직이도록 통제하는 기능이 있다.

✖ 정서기능

커뮤니케이션은 조직 구성원들이 자신의 감정을 표현하고 사회적 욕구를 충족시켜주는 역할을 한다. 구성원들은 자신이 속한 집단이나 조직에서 이루어지는 자신의 고충이나 기쁨, 만족감이나 불쾌감 등을 토로한다. 의사소통을 통하여 자신의 심정을 표출하고 다른 사람들과의 교류를 넓혀 나간다.

3) 커뮤니케이션의 중요성

커뮤니케이션은 인간의 사회생활 그 자체이다. 사회생활을 하면서 사람들과 대화를 하지 않고 살아간다는 것 자체가 불가능한 일이다. 커뮤니케이션은 사회적 존재로서의 인간이 사회성을 습득해 공동체의 일원으로서 살아가는 데 필요한 수단이자 요소로, 인간이 서로를 이해하고 관계를 맺고 살아가도록 인간과 인간을 이어주는 매우 중요한 것이다. 이는 인간의 궁극적인 행복과 직결되는 본질적인 요소다. 일반적으로 직장생활에서의 능력이라고 하면 업무를 하는 기술적 능력을 떠올린다. 그러나 기술적인 업무능력이 아무리 뛰어나도 함께 일하는 능력이 부족하면 제대로 인정받을 수 없다.

"저 사람과는 일하고 싶지 않아요."

이런 말을 듣는 사람은 아무리 기술적인 능력이 뛰어나도 주위로부터 소외되어 높은 성과를 거두기 어렵고 직장생활에 어려움이 발생한다.

커뮤니케이션 능력은 기술적인 능력에 비해 뚜렷하게 눈에 띄지는 않지만 원만한 관계형성을 위해서는 꼭 필요하며 직장생활과 사회생활의 토대를 형성한다.

기업의 경영조직은 점점 더 커지고 복잡해지고 있다. 조직의 구성원들이 서로 시너지를 낼 수 있도록 커뮤니케이션을 명확히 해야 한다.

✖ 필요성

- 신뢰와 공감대 형성

- 조직 간 갈등해소

- 사업장의 실상파악과 현장정보의 신속한 입수

- 경영방침의 철저한 침투 및 이행

- 방침과 업무의 연계성 도모

- 중점사업 추진결과의 피드백

- 구성원의 자발적 참여에 의한 일체감 조성

✖ 방법

- 다양한 대화경로의 개발

- 마음과 마음의 교류를 위한 활동전개

- 조직 간 정보교류의 활성화(정보 및 자료교환)

- 함께 알고, 함께 이야기하고, 함께 일할 수 있는 여건조성

- 구성원 상호 간의 다양한 팀활동 전개

- 중요과제 발생 시 부서 간 공동참여 체제확립

4) 대화는 언제 어디서든지 주고받음이어야 한다

상대에게 내가 아무리 좋은 것을 주면 무엇하랴. 내가 주려고 할 때 상대 방이 받을 준비가 되어 있지 않으면 아무 소용이 없다. 먼저 상대가 받아들일 준비가 되어 있는지 살펴보자.

✖ 커뮤니케이션 상황확인 절차

- 말하기 전에 상대방의 상황을 파악하라

  말하기 전에 반드시 상대방의 현재상황이 어떤지를 파악한 뒤에 대화를 시작해야 된다. 바쁜 업무시간 중에 전달되는 내용이나 퇴근시간, 식사시간 직전에 전달되는 내용은 특히나 상황파악이 중요하다. 즉 상대방이 귀 기울여 들을 수 있는 상황인지를 확인하는 것이다.

- 말을 하면서 상대방의 반응을 살펴라

  상대방이 말을 잘 듣느냐 듣지 않느냐는 물론 내용전달의 어려움으로도 결정될 수 있지만 그보다 기본적인 건 말하는 사람의 속도조절 능력이다. 그래서 말이 빠른 사람은 천천히 각 단락마다 사이를 띄어가며 상대방의 반응을 확인하는 것이 좋다. 대화에서도 쉬는 시간을 두어 반응을 확인한다. 쉬는 시간은 서로 아무 말도 하지 않는 시간을 뜻하는 것이 아니라 상대방의 반응을 살피는 시간을 말하는데, 상대에게 직접 묻기도 하면서 말의 주고받음이 원활하게 이루어지도록 주의를 기울인다.

- 커뮤니케이션은 주고받는 공과 같다

  멀리서 누군가가 공을 던져 갑자기 창문이 깨진다면 쨍그랑, 큰 소리가 날 것이다. 그러나 그 방 안에 아무도 없고 그 주변에 아무도 없다면 그 소리를 들을 사람은 없다. 소리란 들어주는 사람이 있어야 성립되는 것이고, 그렇기 때문에 이런 경우에는 소리가 나지 않았다고 표현해도 잘못된 것이 아니다. 커뮤니케이션도 마찬가지다. 듣는 사람이 있어야만 성립된다. 그러므로 말하기 전, 말하는 도중, 말하고 난 후 반드시 상대방이 잘 들었는지 확인하는 절차가 필요하다. 큰 금액이 오고가는 기업에서는 커뮤니케이션의 오류는 곧 큰 손실로 이어진다.

5) 커뮤니케이션의 오류는 어디서 생기는 것일까?

프로젝트를 진행하다보면 수많은 커뮤니케이션의 오류를 발견하게 된다. 문서화되지 않은 의견과 결정들에 대한 오해는 대화하면서 발생하는 표현의 오류에서 시작된다. 따라서 프로젝트를 진행하면서 오가는 대화는 기록으로 명확히 해야 한다. 미사여구보다는 직설적인 화법으로 핵심을 정확하게 말한다. 또한 자신이 하고 있는 말이 사실인지, 의견인지, 추측인지, 가정인지, 결정사항인지, 단순정보인지 명확하게 전달해야 한다. 그렇지 않으면 오해가 오해를 낳는다. 특히, 의견이나 추측을 사실처럼 이야기한다거나 단순한 정보를 결정사항으로 말한다면, 프로젝트나 업무가 전혀 엉뚱한 방향으로 흘러갈 수 있다. 이러한 커뮤니케이션 오류를 제거하려면 자신들의 대화내용을 기록할 때 문장이 사실인지 의견인지를 정확하게 구분하여 적는 것이 좋다. 특히 누구의 의견이라고 적을 수도 있고, 누구의 결정이라고 표현할 수도 있다.

✖ 조직 내 커뮤니케이션 장애요인

- 전달자 관련요인
  - 목적결여 : 소통이 일어나려면 목적이 있어야 하는데 그 목적과 핵심이 없어서 소통의 효율성을 저하시킨다.
  - 권위적 태도 : 리더의 권위적 태도는 지시나 명령 등으로 나타나며 부하직원의 생각과 의견을 무시하게 된다.
  - 기술부족 : 서투른 발음이나 부족한 문장력, 어휘력 등으로 메시지의 이해를 어렵게 한다.
- 듣는 사람 관련요인

- 말하는 사람에 대한 신뢰의 결핍 : 말하는 사람의 신뢰도가 낮을 경우 메시지 역시 신뢰도가 낮아진다.
- 선택적 지각과 기억 : 메시지를 듣는 사람들은 자신의 욕구, 기호, 경험, 환경과 같은 자신의 관심영역에 따라 선택적으로 듣고 선택적으로 기억한다. 예를 들어 동일한 신문을 보고 있어도 보는 사람에 따라 읽는 면이 다른 것과 마찬가지이다. 따라서 동일한 메시지가 전체 구성원에게 동일하게 전달되었으리라 생각하는 것은 커다란 오류이다.
- 선입관 : 수신자가 가지는 메시지에 대한 고정관념은 그 의미를 왜곡시킬 수 있다.
- 수용태세의 미비 : 수신자의 정서상태나 기분이 안정된 상태인지 아니면 매우 격앙된 상태인지에 따라 해석에 영향을 준다. 매우 기쁜 상태에서 수신한 메시지와 화가 나서 마음이 심란한 상태에서 수신한 메시지는 해석이 다를 수 있다.

- 메시지 정보 관련요인
  - 정보의 과다 : 너무 많은 정보, 너무 빠른 전달속도, 해석이 너무 복잡한 정보는 모두 장애를 일으킨다.
  - 언어해석의 다의성에 의한 장애 : 하나 이상의 의미를 가지는 언어와 표현들은 의미전달을 왜곡시킬 수 있다.

한국의 수직적인 구조에서는 여러 번의 커뮤니케이션 중간 전달자가 생기게 마련이다. 이럴 때 사소한 단어의 차이나 표현의 차이로 인해 크게 와전될 수가 있다. 이런 오류를 극복하기 위해서 구체적으로 말하는 것이 중요하다.

2. 듣고, 듣고 또 듣자

나 대리가 전화를 끊자 다른 운송업체에서 전화가 걸려왔다.

"안녕하세요? 나 대리님이시죠? 저희는 최고해운입니다."

"네, 안녕하세요? 무슨 일로…?"

"이번에 운송회사 다시 재입찰하신다면서요?"

"아닙니다. 와전된 것 같습니다."

"그럴 리가요. 지금 다른 업체로 확정하신 건가요? 저희 업체 회사소개서도 보시고, 그 후에 결정하세요."

"죄송합니다. 저희는 이미 업체선정이 끝났습니다."

"업체선정 끝난 것은 아는데, 다시 바꾼다고 하지 않으셨습니까?"

"그것이 업무처리를 하면서 와전된 것 같습니다."

"그럴 리가요. 저희 회사의 소개서를 보내드리겠습니다."

나 대리는 답답함을 느꼈다. 도저히 말이 통하지 않는다. 겨우 설명을 끝내놓으면 다시 원점이다. 꼭 내 말을 못 들은 것처럼 말한다.

기업에서 원하는 인재는 IQ보다 EQ나 NQ가 높은 사람이다. IQ로 대변되는 기억력이나 계산력 등은 컴퓨터가 대신할 수 있지만, 컴퓨터가 절대로 할 수 없는 것이 있다. 감성, 아이디어, 창의력 등 감성전략이 주요한 마케팅으로 자리 잡은 요즘 시대에는 다양한 아이디어 창출이 필수이며, 그런 의미에서 EQ가 중시되고 있다. 그러한 분위기에서 직장동료와 협력하여 최상의 상품을 개발하려면 무엇보다 중요한 것이 쌍방향 커뮤니케이션이다. 원활한 커뮤니케이션은 즐거운 직장 분위기를 조성하여 직원들의 자발적 행동과 의욕을 이끌어내기 때문이다.

1) 일단, 들어야 살아남는다

흔히 말을 잘하는 사람은 남의 말을 잘 들어주는 사람이라는 이야기가 있다. 누군가가 나의 말에 진심으로 귀를 기울여줄 때 우리는 스스로가 특별한 존재라고 느낀다. 이러한 커뮤니케이션은 상호 간의 이해를 촉진시킬 뿐 아니라 상대에 대한 믿음과 존경에서 진심으로 상대를 대할 수 있는 분위기를 만든다.

남의 말을 듣는 것은 말하는 것에 비해 세 배 이상의 에너지가 필요하다. 인간의 집중력을 테스트한 결과 한 가지에 쏟아 붓는 집중력이 지속되는 시간이 45초 내외였다. 실제로 진지하게 듣는 것처럼 보여도 사실 속으로는 다른 생각을 하는 경우가 생각보다 많다. 행동이나 표정을 진지하게 하면 속으로 어떤 생각을 하는지 모르기 때문이다.

우리가 다른 사람의 말을 잘 듣지 못하는 근본적인 이유는 말의 속도와 생각의 차이 때문이다. 일반적으로 말은 1분에 150개의 어휘를 처리할 수 있는 데 반해 생각속도는 무려 600개의 어휘를 처리해낼 수 있다. 따라서 상대방이 이야기를 시작하면 듣는 사람은 이미 결과를 궁금해한다는 것이다.

그러나 무엇보다도 많은 사람들이 듣는 일을 그다지 중요하게 생각하지 않고 듣는 사람은 말하는 사람보다 적극적인 입장이 아니라는 생각을 하는데, 듣는 역할로 돌아서야 할 타이밍을 잘 맞춘다면 듣는 행동도 얼마든지 적극적인 표현의 주역이 될 수 있다.

✖ **듣는 역할로 포지션을 바꿔야 할 타이밍을 알자**

• 상대방이 말을 걸어왔을 때 우선 듣는 역할을 한다.

- 상대방이 침묵할 경우 곧바로 말하지 말고 열심히 듣겠다는 태도부터 보여준다.
- 상대방이 할 말이 있는 듯한 표정이나 동작, 시선 등을 보냈을 때는 그것을 놓치지 않는다.
- 상대방이 이야기를 시작했을 때 적극적으로 호응해주는 법을 연구한다.
- 이야기 중에 '자네', '부장님' 등의 호칭을 사용하여 대화에 참여하기 쉽도록 한다.
- 경우에 따라서는 상대방이 질문을 하면 곧바로 대답하지 말고 "부장님은 어떻게 생각하세요?"라고 되물어본다

2) 기본적인 경청기술

✖ 소극적 경청(침묵 등)

대화 중 침묵도 커뮤니케이션의 한 방법이다. 상대방이 대화를 하고 있을 때는 그냥 조용히 지켜보는 것만으로도 충분하다.

✖ 인정하는 반응(끄덕임 등)

침묵을 적절하게 사용하면 좋지만 계속 침묵하면 대화를 듣고 있지 않다는 인상을 줄 수 있다. 말이 잠시 끊어질 때에는 잘 듣고 있다는 사실을 알리는데, 고개를 끄덕이거나 몸을 앞으로 약간 수그리기 혹은 미소, 찌푸리기 등 표정을 적절히 사용하면 잘 듣고 있다는 의미가 된다.

✖ 적절한 질문

대화를 하는 중간에 적절한 질문을 하면 대화의 이어짐이 더 수월하다. 상사가 부하직원의 말을 들어줄 때, 거래처 직원과 대화를 할 때도 적절한 질문은 힘을 발휘한다.

✖ 적극적 경청

상대방이 말한 메시지를 다시 한 번 반복해서 말하거나 상대방의 말을 확인하는 등 상대에게 적극적으로 듣는다는 표시를 하면서 수용하는 것을 적극적 경청이라고 한다.

3) 적극적 경청기술의 단계

✖ 제1단계 : 주의를 끄는 초대의 단계로 신체적 자세와 얼굴표정, 목소리, 어투 등의 준비 자세를 의미하며 클라이언트가 편안한 마음으로 말할 수 있도록 분위기를 조성하는 것이다.

✖ 제2단계 : 경청의 단계로 클라이언트의 말을 듣고, 관찰하고, 격려하고, 기억하는 등의 과정으로, 클라이언트의 메시지를 수용하고 보유하기 위해 귀와 두뇌를 활용하는 것을 의미한다.

✖ 제3단계 : 반영의 단계로 클라이언트의 진술에 대해 주기적으로 해석하는 것을 의미한다. 제3의 귀를 사용하라는 말로 대신할 수 있는데, 이는 클라이언트가 하는 진실한 말 속에 숨겨져 있는 의미를 파악해내는 것을 의미한다.

4) 적극적 경청의 구분

상대방의 메시지나 정보에 대한 이해를 전달하기 위한 감정의 이입기술로서 상대방이 말한 내용을 부연하고 다시 상대방에게 표현하는 것을 의미한다.

- 상대방의 말 속에 담긴 주된 생각을 다시 한 번 따라서 말한다.
- 상대방의 말의 의미에 덧붙이거나 의미를 바꾸지 않는다.
- 상대방의 말을 앵무새처럼 따라만 하지 않는다.

5) 정리하면서 듣기

정리하면서 듣기 위해 필요한 커뮤니케이션의 핵심은 바로 질문이다. 우리는 하루에도 수없이 많은 질문과 대답을 주고받는다. 개인적인 일이든 회사 일이든 물어보는 것으로 상대에게 접근하고 상대를 파악한다. 질문들을 원활하게 주고받는 사람들은 즐겁게 일할 수 있다. 사람과 사람과의 커뮤니케이션을 바꿀 수 있는 것이 곧 질문이다.

- 먼저 주제를 분명하게 이해한다. 말하는 사람이 무엇을 말하려고 하는지를 주의하면서 듣는다.
- 전체와 부분의 관계를 이해한다. 말을 하면서 지금 이 말을 왜 하는지도 모르면서 듣기보다는 전체의 맥락 안에서 이해해야 한다.
- 현재 상대방이 하는 말이 이해가 되지 않을 때, 혹은 들으면서 머릿속으로 정리한 내용을 재확인하고 싶을 때 질문을 활용하라.
- 주제와 이야기의 윤곽을 머릿속에 넣어둔 뒤에는 개별적인 설명이 전체의 어디에 해당되는가를 생각하며 설명을 듣는다. 그리고 정리한 말을 질문하면서 '예'

라는 대답을 유도할 수 있는 것을 질문하라.

6) 정리하며 듣는 방법 세 가지

✖ **버리기** : 상대방이 말하는 주제와 관계없는 불필요한 설명, 늘어지는 부분, 지루하게 긴 전제, 반복된 설명 등은 머릿속에서 버린다.

✖ **분류하기** : 정리의 핵심은 자신의 머릿속에 카테고리를 만들어서 각 카테고리에 맞게 분류한다. 말하는 사람은 생각나는 대로 두서없이 이야기하는 경우가 있는데 이런 경우 유용하게 활용된다.

✖ **순서 정하기** : 상대방의 이야기를 들으면서 시간의 순서대로, 장소의 흐름대로, 나이의 흐름대로 머릿속으로 정리하면서 들으면 기억하기 쉽고 흥미 있게 들을 수 있다.

3. 온몸으로 표현하라

운송회사 사건으로 회사 안팎이 시끄러웠다. 그러던 차에 성 과장이 나 대리를 호출했다.

"이번 일은 어떻게 된 거야?"

"오해가 있었습니다."

"설명해봐."

나서고 대리는 사건의 발단부터 이제까지 있었던 일을 열심히 설명했다. 나 대리는 긴장으로 땀이 삐질삐질 흘렀다. 그러자 성 과장이 물었다.

"그럼, 운송회사들과는 어떻게 커뮤니케이션했지?"

"모두 전화통화로 했습니다."

"직접 만난 적은 없나?"

"네."

"오해가 생길 만하군."

말하는 사람은 자신이 잘 이야기하고 있다고 생각해도 듣는 사람은 이해하기 어려운 경우가 있다. 우리는 말 외에도 말하는 사람의 표정이나 태도, 손짓, 발짓을 보며 이야기를 종합적으로 이해하기 때문인데, 이런 기호나 몸짓을 보디랭귀지Body Language라고 한다. 이것은 비언어에 속하고 말과 같은 효과를 보인다. 보디랭귀지는 매우 중요한 의사전달 도구이지만, 이것을 정확하게 이해하는 사람은 드물다.

- 두손 쥐기 : 두손이 높이 위치할수록 그 사람의 실망이 크다.
- 팔짱 끼고 다리 꼬기 : 자신을 방어하고 보호하고자 하는 의미. 이런 사람은 상대방을 무시하는 것은 아니지만 정보를 걸러내고 있다는 의미이기도 하다.
- 있지도 않은 옷의 보푸라기를 떼어내기 : 상대방의 말이나 태도에 대해 찬성하지 않지만 자신의 의견을 내놓는 것을 거북해한다.
- 눈가 문지르기 : 거짓말을 하고 있다는 의미. 거짓말을 크게 할 경우, 여자는 대개 눈가를 가볍게 문지르며 천장을 보는 경향이 있고, 남자는 눈가를 세게 문지르며 바닥을 보는 경향이 있다.
- 목 긁기 : 상대방이 거짓말을 하고 있다고 의심할 때, 사람들은 자주 목 뒷부분을 5회 정도 긁는다.
- 손을 뺨에 갖다 대기 : 평가를 하거나 흥미를 느끼는 것을 의미.
- 손을 뺨에 대고 엄지손가락은 턱 아래 두기 : 정말로 흥미를 느끼고 있으나 약

간은 부정적인 생각이나 의심을 포함한다.

- 고개 끄덕이기 : 여자는 당신이 하는 말을 듣고 있다는 의미로 고개를 끄덕이는 경우가 많고, 남자는 상대에게 동의할 때만 고개를 끄덕이는 경향이 있다.

1) 태도로 이야기하라

대화를 할 때 가장 중요한 것은 전달하고자 하는 메시지와 보디랭귀지와 어조를 말과 함께 맞추는 것이다. 말을 하는 동안 다른 곳을 본다든지 휴대폰 메시지를 보내면서 대화하는 것은 상대의 말을 듣고 싶지 않다는 표현이다.

보디랭귀지는 말하려는 내용의 93%를 반영하는데, 거의 모든 것을 반영한다는 것과 같다. 그럼에도 불구하고 자신이 어떤 형태로 말하는지 깨닫지 못하는 경우가 많다. 만약 다른 사람의 말에 진심으로 귀를 기울이는 사람으로 보이기를 원한다면 시선을 마주치고, 미소를 지어라. 대화 중에 고개를 끄덕이고, 상대를 향해 머리를 기울여라. 만약 눈이나 몸을 돌려버리거나 시선을 자주 피하거나 한숨을 쉬거나 침착하지 못하고 불안해한다면, 당신은 상대방이 하는 말에 주의를 기울이지 않는 것으로 보일 것이다.

자신감 있는 리더로 보이고 싶다면, 똑바로 서서 시선을 마주치고 미소를 지어라. 이러한 신호는 신뢰와 에너지의 이미지를 줄 것이다. 그러나 어깨가 처지고 고개를 떨군 상태로 걷거나 힘없는 어조로 이야기하거나 자주 불안정하게 군다면 당신은 우유부단하고 소극적이고 미숙한 사람으로 보일 것이다.

자신이 어떻게 보이는가는 바로 자신의 문제이다. 따라서 매일 자신이 동료나 친구들에게 보내는 메시지를 다시 생각해보라. 당신의 보디랭귀지가 당신에 대해 무엇을 말해주는지 신뢰할 만한 사람에게 물어보라.

2) 효과적인 보디랭귀지로 의사전달 효과를 극대화하라

우리는 흔히 그 사람이 말하는 표정이나 제스처, 움직임만 보고도 상대방이 무슨 말을 하는지 잘 알 수 있다고 여길 만큼 보디랭귀지는 제2의 커뮤니케이션 도구이다.

보디랭귀지는 앨버트 메라비안^{Albert Mehrabian} 박사의 『침묵의 메시지^{Silent Message}』라는 저서에 따르면 의사전달에서 가장 큰 영향력을 주는 요소 중의 하나다. 우리가 흔히 표현하는 의사전달을 100%로 하였을 때 보디랭귀지가 55%, 목소리가 38%, 말이 7%를 차지한다고 한다. 말이 차지하는 7%를 제외한 전달하고자 하는 메시지의 93%가 바로 우리의 몸짓이나 표정 등 비언어적 요소에 의하여 결정된다는 것이다. 이처럼 보디랭귀지는 성공적이고 효과적인 의사전달이라는 측면에서 매우 중요하다.

3) 누구에게나 호감을 일으키는 아이콘택트 기술

✖ 상대방과 같은 높이로 시선을 유지한다

상대방과 조화로운 이야기를 나눈다는 것은 그 사람의 수준으로 돌아가 말을 한다는 의미를 내포한다. 사회의 전반적인 분야에서는 말을 통해 상대방에게 의사가 전달된다. 의사전달이 잘 되는 사람들의 공통점은 효율적이고 합리적이며, 명쾌한 의사소통 능력이 있어 자기가 생각하고 있는 의사를 잘 전달하는 것은 물론 상대방이 그 말에 따라 움직이도록 주도권을 행사한다. 그 비결은 곧 상대방과 같은 눈높이로 생각하고 시선을 유지하면서 가장 이해하기 쉽도록 효과적으로 이야기한다는 것이다.

✖ 얼굴의 보는 방향과 눈의 방향을 일치시킨다

본인이 이야기하고자 하는 초점은 잊어버리고 상대방을 향한 본인의 의도만을 알아주기 원하는 타입의 의사소통은 일방적이다. 상대방과의 의사결정은 아예 남의 일인 것처럼 강 건너 불구경 하듯 보고 있는 것이다. 스피치와 커뮤니케이션을 잘하는 사람은 대화 시 항상 상대방의 얼굴과 눈의 방향을 일치시켜서 서로 공감을 형성하고 맞장구치듯 대화를 이끌어나가는 사람이다.

✖ 따뜻하게 포옹하듯 주위를 살핀다

사람의 모습은 늘 주위의 영향을 받으면서 얼굴과 행동에 변화를 가져온다. 사람을 대하고 이야기할 때 관심의 정도는 감정과 기분을 통하여 바라보기 때문에 우리는 상대방에게 따뜻하고 정겨운 모습을 나타내는 데 역점을 두어야 한다. 상대를 배려하는 마음은 상대에게 반드시 감동을 준다. 따뜻한 마음으로 포옹해주는 대화는 상대방을 내 편으로 끌어들이는 데 충분한 효과가 있다.

✖ 부드러운 눈의 표정을 생각한다

흔히들 눈은 마음의 창이라고 이야기한다. 눈을 통하여 마음이 전달되고, 그 사람의 진실한 모습이 전달되기도 한다. 눈은 사람의 마음을 이끌어 들이기도 하고 밖으로 몰아내기도 한다. 사람의 눈은 이처럼 무서움을 전달하는 매체가 되기도 하고 때로는 부드러움을 표현해주는 중매가 되기도 한다. 상대방과 이야기를 나눌 때 중요한 수단 중 하나가 눈을 통한 감정의 전달이다. 대화할 때 상대방의 눈이 어떤 모습과 표정으로 나타나고 있느냐에 따라 이야기의 중심이 잘 전달되기도 하고 엉뚱한 방향으로 흘러가기도 한다. 상대방을 내편으로 이끌 수 있는 좋은 방법은 부드러운 마음의 창을 열어놓고, 눈을 통한 표정으로 전달력을 높이는 방법을 잘 활용하는 것이다.

✖ 눈을 통한 윙크를 활용한다

서로의 눈만 보아도 서로를 알 수 있는 그런 사이는 윙크로 시작된다. 상대방의 마음을 잘 읽고 본인이 뜻하고 있는 의사전달을 잘하기 위한 수단으로서 윙크 작전이 크게 도움될 것이다. 나는 당신에게 큰 관심이 있습니다. 윙크작전을 한번쯤 감행해보기 바란다.

✖ 눈을 통하여 독촉하고 수긍하는 모습을 갖는다

스피치를 할 때 보디랭귀지는 너무나 소중하다. 왜냐하면 앞에서 이야기한 보디랭귀지를 통하여 전달되는 의사전달 효과는 전체의 55%에 해당되며, 목소리를 통한 의사전달 효과 역시 38%에 해당되기 때문에 보디랭귀지만 잘 표현해도 93%의 의사전달 효과가 있다. 그러므로 눈을 통하여 상대방의 이야기에 완전히 빠져들 수 있도록 하는 보디랭귀지의 활용은 훌륭한 커뮤니케이터로 성장시켜줄 것이다.

✖ 때로는 강한 시선으로 결의를 나타낸다

대화를 할 때 상대방의 눈을 바라보면서 이야기하는 스킬은 상당히 중요하다. 시선처리는 내가 당신을 세세히 알고 꿰뚫어보고 있다는 표현이며, 당신이 이야기하고자 하는 모든 이야기를 이미 내가 알고 있다라는 의미의 표출이다. 상대에게 자신감 있는 의사표현을 할 때 얼굴에서 표현되는 강한 열의와 열성적인 모습은 상대를 내편으로 끌어들이려는 강하고 활기찬 모습으로 비칠 수 있다. 강한 눈빛의 결의에 찬 모습을 상대방에게 보여줌으로써 확신에 차 있는 커뮤니케이터로서의 인상을 줄 것이다.

✖ 눈으로 말하는 습관을 보인다

사람의 눈은 마음의 창이다. 마음속에 담고 있는 모든 모습이 사람의 눈을 통하여 표출되기 때문에 그 사람의 눈만 보아도 마음속에 담고 있는 모습이 고스란히 보인다. 그래서 눈을 사용하는 아이콘택트가 보디랭귀지의 중요한 의사전달 수단으로 활용된다. 자기의 의견을 말하면서 눈으로 동의를 구하고, 그 동의에 대하여 수긍한다. 그렇게 하지 않으면 설득력은 생기지 않을 것이다. 일반적으로 눈을 통해 나타나는 모습으로 상대방과의 의사소통 및 사귐의 정도를 가늠한다고 한다. 나를 잘 알아볼 수 있는 사람에게는 나의 모든 것을 주고 싶고, 함께하고 싶다는 생각을 한다. 그리고 눈을 잘못 사용한 사람이라면 저 사람은 아니라는 꼬리표를 평생 가지고 다닌다. 우리가 커뮤니케이션을 할 때에도 마찬가지이다. 눈으로 말하는 습관을 가지고 활용함으로써 상대방에게 내 뜻을 전달하는 좋은 매체로 활용할 수 있다는 것은 큰 수확이 아닐까.

✖ 두리번거리는 모습은 자제한다

두리번거리는 모습은 마이너스가 될 뿐만 아니라 신뢰를 받지 못하는 주요원인이다. 눈의 표정을 능숙하게 활용하는 스킬을 가짐으로써 말 이상의 무엇인가가 상대방에게 전달되는 경우가 많다는 점을 기억해야 한다. 그러므로 대화를 할 때 상대방에게 혼란을 야기하는 두리번거림이 심하거나 일정한 이유도 없이 혼선을 야기하는 대화를 하게 되면 모든 청중은 의아해할수밖에 없고, 분위기는 순식간에 어지럽게 바뀔 것이다.

✖ 표정관리, 아이콘택트, 핸드제스처, 움직임에 역점을 둔다

일반적으로 보디랭귀지의 4요소를 이야기할 때 표정관리, 아이콘택트, 핸드제스처, 움직임의 극대화를 말한다. 상대방의 몸짓을 통하여 그 몸짓이 무엇을 나타내고 있는지 알아맞히는 게임은 흥미롭기도 하고 때로는 아슬아슬한 스릴을 준다. 훌륭한 커뮤니케이터의 핵심사항 중 하나는 커뮤니케이션 수단으로 상대방이 감동을 받을 수 있는 보디랭귀지를 활용하여 전달하는 기술이다. 이것 역시 평소에 연습하지 않고, 훈련되지 않으면 쉽게 나타나지 않는 핵심 커뮤니케이션 스킬이라는 점을 상기해야 한다.

실전 Q & A

Q 동료가 본인의 아이디어가 채택되어 포상을 받았다며 점심을 샀다. 그리고 점심 먹는 내내 자기가 새로 맡은 일에 대해 웃으며 떠들었다. 당신은 동료의 아이디어가 채택된 것은 기쁘지만 오후에 결재받아야

할 서류 때문에 머리가 복잡하다. 어떻게 할 것인가?

A 동료가 나에게 아주 중요하면 동료가 하는 이야기에 집중하려고 노력한다. 몸을 바싹 당겨 앉고 시선을 동료의 얼굴로 집중하는 태도를 보인다.

자기점검 포인트

1. 나는 일방적으로 말한 적이 있는가?
2. 이야기 도중 화제를 돌려 대화가 단절된 적은 없는가?
3. 대화 도중 이것만은 꼭 지키겠다고 생각한 것이 있는가?

자기점검 그 후

나서고 대리는 거래처에 가서 직접 설명했다. 이번에 인수인계를 제대로 받지 못하는 바람에 거래처를 직접 알아보려고 전화를 한 것이 오해를 불러일으켰다고 말이다. 나 대리의 얼굴은 죄송한 표정이 역력했고, 고개를 숙여 진심으로 사과했다. 그러자 거래처에서도 이번에 오해가 조금 있었지만 이렇게 직접 찾아와서 설명해주어 감사하다면서 상황이 더욱 악화되기 전에 해결할 수 있어서 다행이라는 말도 빼놓지 않았다.

CHAPTER 6

매너쟁이로
탈바꿈하라

Intro

비서실의 안방마님 고독해 대리는 벌써 5년째 비서실에서 없어서는 안 될 존재로 사장님의 신임을 한 몸에 받고 있다. 그런데 문제는 한참 바쁜 시기에 같이 일하던 파트너가 개인사정으로 회사를 그만둔 것이다. 그래서 기획실에서 가장 웃는 얼굴이 눈에 띄는 이싹싹 주임을 한 달 간 비서실에서 일하도록 지원을 신청했다. 이싹싹 주임이 워낙 눈에 띄게 잘 웃고 상냥해서 일을 잘하리라고 기대했다. 이싹싹 주임과 일을 시작한 첫날, 비서실로 출근한 이싹싹 주임을 보고 고독해 대리는 그만 입이 벌어지고 말았다.

"안녕하세요? 고독해 대리님! 호호호호, 저 오늘 너무 예쁘지 않아요? 오늘 데이트가 있거든요. 좀 예쁘게 보이고 싶었어요."

저녁에 데이트가 있어서 예쁘게 입고 왔다는 이 주임의 옷차림이 너무 샤방샤방한 나머지 외곽에 소풍이라도 가야 할 듯했다. 기가 막힌 얼굴로 이싹싹 주임을 보면서 고독해 대리는 말했다.

"오늘 그렇게 출근한 거예요?"

"네, 예쁘죠? 역시, 고 대리님 패션센스가 남다르다는 것은 예전부터 알고 있었어요. 오늘 데이트 성공할 것 같죠?"

"네, 예쁘긴 한데… 어디 소풍 가야 할 복장인데요?"

첫날부터 차림을 갖고 뭐라고 하기 싫어서 돌려서 이야기를 해본다.

"네, 오늘 콘셉트가 소풍 가는 날이에요. 내일 콘셉트는 큐트로 해볼까 하는데 어떻게 생각하세요?"

고 대리는 점점 화가 났지만 첫날이라 참고 오후에 조용히 주의를 주리라 마음먹고 업무준비를 했다. 준비를 마치고 얼마 지나지 않아 손님이 오셨다.

고 대리는 언제나처럼 "안녕하세요? 안에서 사장님이 기다리고 계십니다."라고 인사하는데, 이싹싹 주임은 업무준비 삼매경이다. 고 대리는 이싹싹 주임이 못

봤나 싶어서 헛기침을 하는데, 이싹싹 주임은 여전히 업무준비에만 열중했다.
'그래, 첫날이라 익숙하지 않아서 그럴 거야.'
이렇게 생각하고 손님이 오셨으니 이 주임에게 차를 내가라고 했다. 그러자 이
싹싹 주임은 "대리님, 커피를 타야 하나요? 녹차를 타야 하나요?" 묻는다.
고 대리가 들어가서 물어보고 나오라고 하자, 이 주임은 "아! 그러면 되겠구나!"
하면서 부랴부랴 사장실로 들어간다. 들어가는 뒷모습을 보고 있자니 꽃무늬
원피스가 눈에 거슬린다.
기획실에서 눈에 띄게 상냥하던 이 주임과 막상 비서실서 함께 일하려고 하니
기초에 '기' 자도 모르는 그녀의 상황에 어이가 없다. 대체 기획실에서는 이런
기본적인 비즈니스 매너도 모르고 어떻게 지금까지 회사를 다닌 것일까 싶다.
한참 잔소리를 하자 이 주임은 훌쩍거리면서 달려나간다. 고 대리는 한 달 동안
신입사원 가르치듯 이 주임을 가르쳐야 한다는 생각에 눈앞이 캄캄하다.

공감전개

1. 보여지는 것으로 판단되는 나의 이미지

이 주임은 화장실에서 실컷 울었는지 눈이 빨갛게 돼서 자리로 돌아왔다. 고 대
리는 이 주임을 달래면서 이야기했다.

122

"앞으로 한 달 간 우리 둘이 잘 해내야 할 텐데, 내가 조금 잔소리가 심했죠? 나는 이 주임이 싫어서 그런 게 아니라는 것을 알아줬으면 좋겠어요. 첫날이라서 잘 모를 테니 앞으로 천천히 잘 알려줄게요. 우리 잘할 수 있겠죠?"

그러자 이 주임은 마음이 조금 풀렸는지 고개를 끄덕인다.

"고 대리님, 그런데 우리 회사는 자율복장으로 알고 있는데, 아까 저 혼내실 때 제 옷차림에 대해서도 말씀하시던데….

"요즘 자율복장으로 바뀌어서 편하게 입고 오는 사람들이 많긴 하죠. 그렇지만, 지켜야 하는 기본적인 사항이라는 게 있습니다. 직장은 놀러오는 곳이 아니니까요. 아무리 직장으로 찾아오는 손님이 없다고 해도 우리는 회사의 얼굴이기 때문에 옷차림이나 행동 등 사소한 것까지 신경을 써야 합니다."

"그럼, 정장을 입고 다니라고 하면 될 텐데 왜 자율복장이라고 했을까요?"

"전에 신입사원 연수 때 보니까 어떤 사람이 혼자 청바지를 입고 왔더라고요. 그 많은 신입사원 중에서 그 한 명만 입고 왔다는 거예요. 아무리 자율복장이라고 하지만 정장은 공식복장이라는 뜻이죠."

예전에는 직원들의 복장공식은 정해져 있었다. 남자는 넥타이에 양복, 여자는 치마 또는 바지정장이었다. 그러나 복장을 자율화하는 기업들이 늘면서 사원들의 복장은 상당히 복잡해졌다. 정장의 경우, 넥타이에 양복이라는 정해진 공식만 따르면 문제될 일이 없지만, 자율복장의 경우 그리 간단하지만은 않다. 자율복장은 말 그대로 복장의 선택은 자율에 맡긴다는 뜻이지만, 입고 오는 사람 마음대로 편안하게 입으라는 뜻만은 아니다. 양복이 유니폼의 역할을 했을 때는 옷을 어떻게 입느냐는 크게 문제되지 않았지만 자율복장 추세로 제대로 된 옷을 입는 것도 사회생활을 위해 요구되는 능력이다.

1) 패션, 목소리 등으로 경쟁력 있는 이미지를 만들어라

직장이라는 틀 안에서 함께 생활하다보니 직장에서는 어떤 복장을 해야 하는지에 대한 고정관념이 있다. 물론 자율복장을 권한다고는 하지만 지금까지 해온 것들을 일순간에 파괴할 수 없기 때문이다. 또한 직장생활에서 가장 중요한 것은 상대방에 대한 신뢰감인데 이런 신뢰감은 복장 하나로도 큰 차이가 있다.

TV 프로그램에서 외모에 관련된 실험을 했다. 빨간불일 때 횡단보도를 건너는 실험으로, 정장을 입은 사람과 편한 복장을 한 사람을 구분해서 실시했다. 편한 복장으로 빨간 불에 횡단보도를 건널 때는 혼자만 차들을 피해 건너야 했지만, 정장을 입은 사람이 빨간 불일 때 횡단보도를 건너면 많은 사람들이 따라서 건넌다는 것을 알 수 있었다. 즉, 서로 전혀 모르는 사람들은 정장을 입은 사람을 더 신뢰한다는 사실을 발견할 수 있다. 그 이유는 간단한 데에 있다. 사람이 정보를 받아들일 때 시각적으로 55%, 청각적으로 38%, 말의 내용으로 7% 받아들이기 때문에, 사람들은 본의 아니게 상대방의 모습을 보면서 판단한 것이다.

직장에서도 마찬가지이다. 평소에 잘 알고 있는 사람이지만 입고 온 복장에 따라서 상대방에 대한 신뢰도에 영향을 미친다. 직원 개개인의 이미지가 기업의 이미지가 되고, 기업의 이미지가 기업의 신뢰도와 장기적으로는 기업의 이익과 실적에도 영향을 미치기 때문에 기업의 최소단위 구성요소인 직원 개개인의 바람직한 이미지 구축이 필요하다.

2) 외모가 경쟁이 된 시대

21세기를 3D^{Digital · Design · DNA} 시대라고 부를 정도로 하루가 다르게 새로운 기능을 강화한 디지털 제품들이 쏟아져 나온다. 기능뿐만 아니라 더 예쁜 디자인을 찾기 때문에 디자인 경쟁이 한층 더 눈에 띄고 있다.

기업에서도 인재를 찾을 때 우리가 가전제품을 구입하는 것과 비슷한 면이 많다. 핵심역량은 있지만 거의 모든 일을 처리할 수 있는 인재를 많이 찾는데, 우리가 가전제품을 볼 때 디자인을 보듯이 기업에서도 업무처리 능력뿐만 아니라 직원의 이미지를 눈여겨본다. 개인의 이미지는 개인의 자기관리 능력을 대변하기 때문에 단순히 외모만 본다는 것과는 차원이 다르다.

외모가 미치는 영향은 직장뿐만 아니라 모든 직종에서도 발휘된다. 외모와 무관하다고 생각되는 스포츠계에서도 이미지는 많은 영향을 미친다. 사라포바는 미모의 테니스 선수라고 해서 더욱 주목을 받았다. 미모가 뛰어난데 실력까지 좋아 인정받으니 역량과 이미지 면에서 모두 성공했다고 할 수 있다.

직장인의 이미지가 경쟁인 시대이기도 하다. 한국 사람들은 겉으로 드러나는 표정, 보디랭귀지 등의 연출에 미숙하다. 동료들을 둘러보면 무표정한 얼굴, 우중충한 차림, 경직된 제스처로 대화를 하고 있는 모습을 볼 수 있을 것이다. 직장인의 능력으로 평가되는 역량은 이미지라는 스크린을 통해서 외부로 투사되기 때문에, 반드시 갖추어야 할 필수 성공요인이다.

3) 연습하라! 그러면 바뀔 것이다

이미지는 교정이 불가능하다고 생각한다면 그것은 오산이다. 장기적인 안목으로 연습과 훈련을 한다면 교정이 가능한데 많은 사람들이 효과가 금방 나타나지 않는다고 포기하고 만다. 하지만 분명한 것은 3개월 정도만 꾸준히 해도 자연스럽게 원하는 이미지로 바뀔 수 있다는 것이다.

✖ 어떤 이미지를 원하는지 선택하라

자신이 어떤 이미지를 원하는지 선택하고 자신이 원하는 이미지를 갖고 있는 사람이 있다면 그 사람을 모델로 선택한다. 자신이 선택한 모델의 이미지를 분석하는데, 첫 번째는 머리끝에서 발끝까지 외적인 부분을 분석한다고 생각하라. 헤어스타일, 옷차림, 전체적인 조화 및 전달하고자 하는 이미지를 분석한다. 두 번째는 모델의 평소 태도나 말투 등 모델의 사고방식을 중심으로 내면의 모습 역시 모델링하는 것이다. 외적인 모습은 비슷하게 꾸밀 수는 있지만 실제 이미지는 외적인 모습만으로 만들어지는 것이 아니라 평소 중요하게 생각하는 가치관에 따라서 생각과 행동, 말투 및 표정이 달라지기 때문이다.

✖ 때와 장소에 맞는 패션과 이미지를 구축하라

직장에 맞는 이미지와 복장을 갖추는 것이 당연한 것처럼 비즈니스에서도 때와 장소에 따라서 이미지를 연출해야 한다. 특히 공식적인 자리에서는 비즈니스 정장을 입어야 하고, 수트의 색은 진감색, 청회색, 회갈색의 어두운 색이 신뢰감을 주기 때문에 베스트 컬러이다. 이때 입는 드레스 셔츠는 상대회사가 보수적이라면 흰색셔츠가 적당하고, 진보적이라면 블루셔츠가 적절하다. 회색이나 브라운 계열의 셔츠는 비즈니스 이미지와 상반되는 색상이므로 피하는 것이 좋다.

2. 안녕하십니까! 인사는 나의 첫인상

마침 사장님과 약속을 하신 손님이 들어왔다. 이 주임과 고 대리가 인사를 하는데, 이 주임이 90도로 인사하자 손님이 당황을 했다. 이 주임은 아까의 실수를 만회하려는 듯이 안내를 하려고 나선다. 그런데 손가락으로 사장실을 가리키는 게 아닌가! 고 대리는 옆에서 안절부절못할 뿐이다.

'이거 이 주임 또 실수하는 거 아냐?'

아니나다를까, 전화하러 다시 나온 손님에게 또 90도로 인사하는 것이다. 손님은 크게 당황하는 눈치다. 손님이 들어가자마자 고 대리의 잔소리는 또 시작된다.

사회생활을 하다보면 생각보다 상황별 인사를 잘 못 하는 사람들이 의외로 많다. 직장에서 신뢰감과 원만한 인간관계를 형성하기 위한 가장 간단한 방법은 인사이다. 일반적으로 상황별 인사방법은 다르다. 그런데 알고 있어도 정확히 어떻게 해야 하는지는 구체적으로 잘 인지하지 못하는 경우가 많다.

1) 인사의 종류와 상황별 인사

✖ 목례 : 인사는 5도 정도로 한다.

좁은 장소인 엘리베이터나 복도, 화장실에서 상사나 동료를 만났을 때, 회의나 면담의 시작과 종료 시에는 눈인사 혹은 목례를 한다.

✖ 보통례 : 인사는 15도 정도로 한다.

하루에 두 번 이상 로비나 영업장 등에서 고객이나 동료, 상사를 만났을 때, 로비나 영업장 등에서 상사를 재차 만났을 때, 외국인 고객을 처음 맞이하거나 배웅할 때, 고객을 재차 만났을 때, 결재를 얻기 위해 상사의 집무실을 출입할 때.

✖ **정중례** : 인사각도는 30도 정도로 한다.

고객을 처음 맞이하거나 배웅할 때, 출근하여 상사를 처음 만났을 때, 감사의 뜻을 표할 때, 잘못된 일에 대해 사과할 때.

✖ **악수** : 상사가 먼저 부하직원에게 청한다. 남성과 여성이 있을 때 여성이 악수를 청한다. 왼쪽 손으로 상대의 손등을 덮어 쥐는 것은 실례이다.

✖ **손님응대 시 소개순서** : 지위가 낮은 사람을 높은 사람에게 소개한다. 나이가 어린 사람을 나이가 많은 사람에게 소개한다. 남성을 여성에게 먼저 소개한다. 친한 사람을 새로운 사람에게 먼저 소개한다.

2) 손님이 방문했을 때 상황별 대처

✖ **방문객이 방문부서를 못 찾는 경우** : 방문객이 방문부서를 못 찾고 머뭇거리고 있을 경우, 자신의 일이 아니라고 생각하는 경우가 많다. 먼저 손님에게 "무엇을 도와드릴까요?" 묻고, 안내를 하는 것이 중요하다. 만약 해당 부서의 담당자가 회의 중이나 통화 중일 경우 "잠시만 기다려주시겠습니까?" 하고 메모를 전달하고, 만약 손님이 오래 기다려야 할 상황이 되면 좌

석을 안내하고 난 후 차를 대접하는 것이 좋다. 또한 기다리는 시간에 읽을 수 있는 사보가 있다면 준비해주는 게 좋다.

✖ **급한 업무 중 손님이 찾아왔을 때** : 급한 업무를 수행하는 중에 손님이 찾아왔을 경우 우선순위는 손님을 맞이하는 것이 먼저이다. 그러나 업무가 급한 것이기 때문에, 손님의 용건을 맞이한 후 자리를 권하고 일처리를 해도 늦지 않다. 아무리 바쁘더라도 일을 처리하면서 손님과 대화를 하면 손님이 불쾌하기 때문에 한 번에 하나의 일처리만 하는 것이 좋다.

✖ **약속되지 않은 상사의 손님이 찾아올 때** : 상사에게 약속이 되어 있지 않은 손님이 찾아오면 상사에게 만날 의향이 있는지를 물은 후 결정하면 된다. 만약, 상사가 만나지 않겠다고 하는 경우에는 "대단히 죄송합니다. 조금 전에 갑작스런 회의가 소집되어 참석하셨는데 제가 확인하지 못했습니다. 죄송합니다. 회의가 오래 걸릴 것 같습니다. 나중에 제가 전화드리면 어떻겠습니까?라고 정중히 말한다.

✖ **손님을 안내할 때** : 손님을 밖으로 안내하거나 좌석으로 안내할 때는 손님의 두어 걸음 앞에서 고객을 의식하면서 걸으며 안내한다.

✖ **상석의 위치 및 순서**
- 좌석의 상석 : 고객을 좌석으로 안내할 때는 손님을 상석으로 안내하는데, 상석의 위치는 문에서 먼 쪽일수록, 긴 의자와 팔걸이 의자가 있을 때 긴 의자일

수록 상석이다.

- 엘리베이터에서의 상석 : 엘리베이터의 좁은 공간에서도 상석은 있다. 문에서 가장 먼 쪽, 엘리베이터 버튼에서 가장 먼 곳이 상석이다. 즉, 버튼의 대각선 안쪽이 상석이 된다.

- 승용차에서의 상석 : 승용차의 상석은 운전석의 오른쪽 뒤의 자리가 상석이다. 그러나 승용차의 상석은 운전자가 누구냐에 따라서 바뀐다. 운전사가 있을 때의 상석은 운전석 대각선 뒤편이지만, 자가운전을 하는 경우의 상석은 운전석 바고 옆의 조수석이 상석이다. 운전자와 부부가 있을 경우, 차의 앞자리는 운전자의 남편이나 아내의 자리이다. 아무리 이 자리가 상석이라 할지라도 웃어른이 먼저 이 자리에 앉는 것은 실례가 된다. 차의 앞자리를 비워놓고 뒷자리를 타는 것은 운전하는 사람을 전문 운전기사로 판단하는 것이기 때문에 만약 지인이 운전을 할 경우는 뒷자리에 타는 것은 실례. 뒷자리일수록, 오른쪽일수록 상석인 이유는 안전 때문이다. 앞쪽은 사고 시 더 위험하다고 생각하기 때문이다.

✖ **차를 내줄 때의 순서** : 고객과 상사가 함께 앉아 있을 때, 차는 고객에게 먼저 내려놓아야 한다. 즉, 고객이 우선이라는 뜻이다. 자신에게 상사이지 고객에게도 상사는 아니기 때문이다. 이때 잔은 마시기 좋은 쪽으로 손잡이를 돌려주는 센스를 발휘하자.

3. 매너가 사람을 만든다

이 주임이 한참 고 대리한테 혼나고 있는데, 타 부서의 직원이 와서 인사를 한다. 고객만족팀에서 내부고객을 대상으로 고객만족도 조사를 한다면서 나중에 도움을 받고자 연락을 하겠다며 고 대리와 이 주임에게 명함을 주었다. 이 주임은 명함을 받고 나서 대화를 하는데, 명함을 확인하니 고객만족팀 나대고 대리이다. 설문조사를 할 겸 여러 가지 질문이 오고 가는데, 이 주임은 나대고 대리의 명함을 빙빙 돌리고 잡고 꼼지락거리면서 대화를 했다. 이 모습을 본 나 대리의 얼굴이 약간 찡그려졌다. 고 대리는 나 대리가 명함 때문에 약간 불쾌해하는 것을 느꼈다. 이 주임에게 조언을 할 틈도 없이 전화가 걸려오고, 고 대리는 잠시 화장실에 갔다.

"나 장상문데 고 대리 바꿔줘요."

이 주임은 고 대리가 자리에 없기 때문에 "지금 자리를 잠시 비우셨습니다. 메모 남겨드리겠습니다."라고 말하고 전화를 끊었다.

고 대리는 화장실에 갔다 와서 누구에게 전화가 왔냐고 물으니 장상문 씨라는 분의 전화였다고 말했다. 하지만 고 대리는 장상문 씨는 모르는 사람이라며 갸우뚱거렸다. 다시 '장상문' 씨한테 전화가 왔다. 여전히 "여보세요"라는 말은 안하고 조금 전과 같은 말을 반복할 뿐이다.

"나 장상문데 고 대리 좀 바꿔줘요."

이 주임은 다소 짜증이 난 목소리로 "장상문 씨 또 전화왔습니다."라고 고 대리에게 연결했다.

고 대리도 대수롭지 않다는 투로 "네, 여보세요."라고 전화를 받았다. 곧이어 들려오는 고 대리의 목소리 "네 상무님…. 바로 올라가겠습니다!" 알고 보니 장상문 씨는 장 상무님이었던 것이다. 장 상무님에게 불려갔던 고 대리가 자리로 돌아오고 있었다.

1) 명함을 주고받을 때 어떻게 하는 것이 좋을까?

명함은 자신의 얼굴이나 마찬가지이다. 그래서 상대방의 명함을 함부로 구기거나 접거나 찢는 것은 상대방을 가볍게 여기고 있다는 표시로 생각하면 된다.

✖ **명함을 줄 때** : 명함을 줄 때는 일어서서 두 손으로 아랫사람이나 방문자가 먼저 상대방에게 준다. 이때 상대방이 읽기 쉬운 방향으로 글씨를 가리지 않고 준다. 또한 자신의 소속과 이름을 말하면서 주는 것이 좋다.

✖ **명함을 받을 때** : 명함을 받을 때 역시 두 손으로 받는데, 명함을 받고 바로 집어넣는 것은 실례다. 명함을 받은 후에 상대방의 명함을 보면서 관심을 보여준다. 명함은 상대방과 대화를 할 때는 상대방의 이름을 보고 읽을 수 있도록 책상 위에 놓은 채 이름을 외우는 것이 좋고, 대화를 할 때는 이름과 직함을 활용하여 대화한다.

✖ **명함을 맞교환 할 때** : 오른손으로 상대방에게 자신의 명함을 상대방이 읽기 쉬운 방향으로 건네고, 받을 때는 왼손으로 받는다.

✖ **상대방을 기억하고 싶을 때** : 주고받은 후에 명함에 간단한 인상착의나 상황을 메모해두는 것이 상대방을 기억하는 데 좋다.

✖ **명함을 주고받지 않을 때** : 파티석상에서는 명함을 주고받지 않는다.

✖ **절대 하지 말아야 할 것** : 명함을 주고받은 후에 대화를 하면서 상대방의 명함을 손에 쥐고 가리키거나 명함을 접거나 명함을 훼손하는 등의 행동, 받은 명함을 보지도 않고 주머니나 명함지갑에 넣는 행동, 상대방이 보고 있을 때 명함에 메모하는 행동 등은 바람직하지 않다.

2) 전화를 받는 것에도 방법이 있다고?

비즈니스는 처음 만나는 것에서 결정이 되는 것이 아니라 만남을 약속하는 전화에서 결정된다. '전화, 그까짓 거'라고 생각한다면 오산이다. 나를 모르는 사람은 목소리 하나로 나의 모든 것을 평가한다. 뿐만 아니라 무심결에 내뱉은 말 한마디 때문에 자신의 이미지뿐만 아니라 회사의 이미지가 바닥을 칠 수 있다. 전화통화에서 좋은 인상을 주지 못한다면 비즈니스를 잘 못하는 것이다. 아무리 패션감각이 하늘을 찌르고 얼굴이 잘생기고 예쁘더라도 비즈니스에서는 상대방에게 좋은 인상을 심어줄 수 없다면 좋은 외모는 소용이 없다. 자신의 매너 또한 이미지의 한 부분이기 때문이다. 전화의 기술, 우리가 생각하는 것만큼 쉽지 않지만 어렵지도 않다. 이제, 전화에도 기술이 필요한 시대다.

전화는 언제나 노출되어 있음에도 불구하고 제대로 된 방법을 잘 모르는 경우가 많아서 실수를 할 수 있다. 전화라는 특성상 눈에 보이지 않는 대상과 대화를 하기 때문에 자칫하면 실수로 연결될 경우의 수가 많기 때문에 더욱 조심해야 한다. 또한 외부에서 걸려오는 전화만 중요한 것이 아니라 직원들 사이의 전화연결에서도 외부고객과 마찬가지로 생각하는 것이 좋다. 자신이 속해 있는 부서에서만 업무를 처리하는 것이 아니라, 다른 부서와 업무가 연결되어 있거나 협력을 해야 할 경우가 많은데, 전화라는 매체를 통해 대화를 하다보면 자신이 원하지 않는 방향으로 내용이나 의미가 전달될 수 있다. 다른 부서에서 자신에게 업무협력을 요구하면 자신도 나중에 업무협력을 부탁할 경우가 있다. 전화가 왔을 때 방법을 제대로 알고 실행한다면 업무뿐만 아니라 기본도 됐다는 평가를 받을 수 있다.

✖ 전화, 기본을 알면 편하다

• 전화를 걸 때

– 상대방의 전화번호와 소속, 성명을 확인한 후 메모지와 필기구를 준비한다.

– 자신의 통화용건을 간단히 정리한 후 전화를 건다.

– 자신의 소속과 이름을 밝힌 후 상대방이 전화를 받을 수 있는 상태인지 확인한다. "안녕하세요? 비서실의 고독해 대리입니다. ○○업무 관련 전화드렸습니다. 전화통화 가능하세요?"

– 자신의 용건을 설명한다. 잘 알고 지내는 사람일 경우 인사나 친근한 대화를 간단히 한다.

– 용건이 끝나면 통화한 내용 중에 중요하게 전달한 내용이 있거나 합의된 내용이 있으면 다시 한 번 확인한다.

– 통화를 끝내면서 "감사합니다." 혹은 "안녕히 계세요."라는 인사를 한다.

– 수화기를 놓을 때는 상대방이 끊는 것을 확인한 후 조용히 놓는다. 통화가 끝나자마자 바로 내려놓는 것은 실례다. 전화를 나중에 끊는 이유는 상대방이 혹시 잊어버린 용무가 있어서 "아, 잠시만요."라고 말할 수 있도록 배려하는 성의를 보여주기 위해서이다.

• 전화를 받을 때

– 전화벨이 두 번 울렸을 때 받는 것이 좋고, 전화를 받을 때는 왼손으로 받되 오른손으로는 메모할 준비를 한다.

– 밝은 목소리로 인사한 후 자신의 소속과 이름을 밝힌다. "감사합니다. 비서실의 고독해 대리입니다."

– 통화내용을 메모하면서 듣고, 잘 듣고 있다는 표시를 한다. 통화 중간 중간에

"네, 그렇군요." 등의 말을 하면서 통화를 한다.

– 전화통화가 끝난 후 자신이 들은 내용이 정확한 내용인지 다시 한 번 확인한다.

– 통화가 끝나면서 "감사합니다." 혹은 "안녕히 계세요."라는 인사를 한다.

– 수화기를 놓을 때는 상대방이 끊는 것을 확인한 후 조용히 놓는다. 통화가 끝나자마자 바로 내려놓는 것은 실례. 전화를 나중에 끊는 이유는 상대방이 혹시 잊어버린 용무가 있어서 "아, 잠시만요."라고 말할 수 있도록 배려하는 성의를 보여주기 위해서이다.

- **전화를 연결할 때**

– 전화를 받는 사람이 부재중일 때는 부재중인 상황을 말하고 상대방의 용건과 이름, 연락처를 메모한다.

– "죄송합니다. ○○○ 대리는 지금 부재중입니다. 30분 후에 연락이 가능한데 메모를 남겨주시면 오시는 대로 연락드릴 수 있도록 하겠습니다."

– 전화를 받는 사람이 있을 때는 자신이 담당부서가 아님을 밝히고 담당부서에 연결해준다. 전화를 한 사람이 용건을 말한 경우 담당자에게 상황을 10초 내로 간단히 요약해서 전달한다. "저는 담당부서가 아닌데, 담당부서인 ○○○ 씨에게 연결해도 될까요?"

– 연결된 전화를 받을 때는 전화가 연결된 것임을 말한 후 자신의 소속과 이름을 말하고 인사한다. "전화 바꿨습니다. 비서실 고독해 대리입니다. 무엇을 도와드릴까요?"

✖ 발음이 꼬이면 다른 의미로 전달되는 전화

전화통화는 얼굴을 보면서 대화하는 것이 아니기 때문에 쓰는 단어나 말의 의미 외에 억양이나 목소리, 정확한 발음 등에 유의하면서 통화해야 한다. 같은 말을 쓰는데도 불구하고 다른 의미로 받아들여지는 경우가 비일비재한데, 그 이유는 자신도 모르게 다른 의미의 억양을 사용했을 때이다. 또한 정확한 발음이나 좋은 목소리가 나오지 않을 경우에는 앉아 있는 자세가 좋지 않을 수 있기 때문에 자세를 가다듬는 것도 좋다.

- 자다가 일어난 목소리로 받지 말라

전화를 하다보면 어떤 사람은 밝은 목소리로 힘차게 받는 사람이 있는가 하면, 언제나 힘이 없는 목소리로 받는 사람이 있다. 만약 내가 전화통화를 한다면 어떤 사람하고 통화하고 싶은가? 사람 마음은 다 비슷하기 때문에 열이면 아홉 명은 목소리가 밝고 힘이 있는 사람과 통화하고 싶을 것이다. 자신의 목소리는 어떤지 이제는 체크를 해야 한다. 또한 전화를 할 때 전화하는 순간만큼은 목소리 톤을 약간 높여서 오버하는 듯이 말하고, 목소리의 억양 또한 리듬감 있게 말하는 것이 밝고 친절하다는 느낌을 준다.

✖ 전화, 이제는 전국이 아니라 전 세계에서 걸려온다

이제는 인터넷으로 마음만 먹으면 지구 반대편에 있는 사람과도 실시간으로 만날 수 있다. 그러나 이러한 글로벌 시대의 장점이 직장인에게는 가슴이 덜컥 내려앉는 사건으로 변할 수도 있다. 외국에서 전화가 걸려오면 직장인들은 얼음이 되고 만다. 폼이 나게 발음을 굴리면서 통화하고 싶지만, 실제로 닥치면 혀가 얼어버리기 때문에 외국에서 걸려오는 전화에 대처하는 우리의 자세도 점점 진화해야 한다.

- 외국어라고 해서 완벽할 필요는 없다

 한국으로 전화를 걸 때 모든 한국인이 외국어를 유창하게 잘할 것이라는 기대를 걸고 전화하는 외국인은 없다. 쓰는 언어가 다를 뿐, 전화를 건 목적은 누구나 동일하다. 전화를 건 사람이 노란머리든 빨간머리든 상관이 없다. 영어로 전화를 받을 때 당황하지 말고, 상대방의 말이 빠르면 느리게 말을 해달라고 짤막한 단어로 표현한다. 그리고 차분하게 아는 단어를 모아서 의사를 전달하면 일단은 성공이다.

- 'May I help you?'는 기억하라

 회사에서 받는 전화는 대부분 비즈니스와 관계된 영어이기 때문에 'May I help you?'같이 평소에 자주 쓰이는 말을 사용하면 된다. 영어로 전화가 왔기 때문에 당황한 나머지 멋있는 표현을 찾거나 문장을 만들려고 하는데 그러다 당황하면 더 기억나지 않기 때문에 간단하게 대화할 수 있는 문장을 외워두는 것이 좋다. 영어에 대한 공포가 있다면 영어를 잘하는 사람을 바꿔주면 된다. 당황한 나머지 전화를 끊어버리면 회사에 어떤 손실이 갈지는 알 수 없는 법이다.

- 확인, 또 확인하라

 직장 내에서도 이름이나 전화번호를 메모해놓고 전달하는 것이 당연한 것처럼 해외에서 걸려온 전화 역시 마찬가지이다. 다만, 외국어에 능숙하지 않을 경우에는 더욱 당황해서 메모하는 것을 잊어버릴 수 있기 때문에, 어떤 내용인지 잘 모르겠더라도 전화를 건 사람의 이름과 연락처는 확실히 알아두어야 한다. 또한 메모를 받을 경우 이름과 연락처, 시간 등은 다시 한 번 물어서 재확인해야 한다. 보통 철자나 숫자에서 실수를 많이 하기 때문이다.

✖ 영업사원, 전화로 성공하자

영업을 하는 데는 여러 가지 방법이 있다. 방문, 우편물, 이메일, 전화. 이들 중에서 빠른 시간 안에 큰 효과를 거둘 수 있는 것이 무엇일까? 효율성으로 따졌을 때 가장 높은 것은 전화를 통한 영업이다. 하지만 무작정 전화를 한다고 해서 효과를 높일 수 있는 것은 아니다. 영업을 잘하는 사람들은 과연 전화를 어떻게 활용할까? 먼저 상대방이 언제 통화가 가능한지, 언제 전화를 자주 받는지를 체크해두면 쉽게 통화할 수 있다.

- 눈치로 상대방의 마음을 잡아라

영업을 잘하는 영업사원과 경험이 없는 영업사원의 가장 큰 차이는 바로 상대방의 상황을 금방 알아채는 눈치이다. 상대방의 목소리를 통해서 상대의 상황과 감정을 읽는다면 이미 반은 성공했다. 상대방의 목소리에 왠지 힘이 없으면 먼저 위로의 말을 건네라. 만약 주위가 시끄럽고 짜증이 담긴 목소리라면 빨리 통화를 마무리하는 것이 좋다. 언제나 같은 상황으로 전화를 받는 것이 아니기 때문에 전화받을 때의 목소리나 상황을 재빨리 판단하는 것이 비즈니스에서 성공하는 방법이다.

- 안부를 묻고 또 안부를 물어라

업무상 전화를 거는 경우에 가장 많이 하는 실수가 안부인사는 간단히, 영업은 길게 하는 것이다. 하지만 사람들이 바보가 아닌 이상 영업을 목적으로 오는 전화가 반가울 리 없다. 영업이나 업무가 목적이라도 잠시 잊자. 일 때문에 전화하는 것이라고 생각하면서 통화하지 말아야 한다. 우선 상대의 기념일, 사건, 사고, 안부 등을 이야기하라. 영업은 물건을 파는 것이 아니라 자신을 파는 것이고 관계를 판매하는 것이다.

- 따라쟁이가 되어라

일을 하다보면 언제나 좋은 결과가 나타나는 것은 아니다. 특히 고객을 상대하는 경우에는 더더욱 그렇다. 아무리 잘한다고 해도 모든 고객을 만족시키기란 거의 불가능하기 때문에 클레임이 걸리는 상황이 발생할 수도 있다. 고객이 어떠한 불평을 하든 이성적으로 대처해야 한다. 가장 좋은 방법은 따라하기이다. 고객이 했던 말 중에서 포인트가 되는 단어를 고객이 사용한 단어 그대로 따라하는 것이다. 자신이 고객의 상황을 얼마나 잘 이해하고 있는지, 얼마나 잘 듣고 있는지를 다시한 번 보여줌으로써 고객에게 도움을 주려는 인상을 줄 수 있다.

- 고객과는 친하게, 그러나 매너 있게

영업은 자신을 판매하는 일이기 때문에 고객과 어느 정도 관계가 형성되면 서로 마음을 열고 친하게 지내는 경우가 있다. 하지만 이런 경우 실수가 생기고 만다. 많이 하는 실수 중 하나가 고객과 친하게 지내기 때문에 친구라고 착각하는 것이다. 그래서 약간의 반말이나 비속어를 쓰기도 하는데, 한순간의 착각으로 이제까지 쌓아온 신뢰를 무너뜨려서는 안 된다. 친한 고객일수록 적절한 선과 예의를 지키고, 반말이나 비속어보다는 재치와 유머로 무장한 배려와 예의가 있어야 한다.

3) 비즈니스 이메일, 공개된 문서나 다름없다

이메일로 업무를 처리하는 경우가 많다. 이메일도 전화통화와 별반 다르지 않다. 하지만 이메일은 글로만 작성되기 때문에 편하기도 있지만 그만큼 더욱 심혈을 기울여야 한다.

✖ 말하고자 하는 핵심이 무엇인가?

자신이 전달하고자 하는 핵심이 무엇인가를 확인하는 것이 중요하다. 내용이 무엇인지도 모른 채 메일을 보낸다면 오해가 생길 우려가 있다. 또한 메일을 보낼 때 통계자료나 전문자료를 첨부해서 전문성을 확보하는 것은 중요하지만, 인터넷에서 쉽게 구할 수 있는 정보나 연관성이 떨어지는 정보는 첨부하지 않는 게 좋다. 내용을 부풀려서 알려준다고 오해할 소지가 있기 때문에 무엇 때문에 메일을 보냈고, 계획이 성사됐을 때 상대방이 얻게 될 이익에 대해서 정확하게 안내하라.

✖ 전문용어, 우리 회사에서만 쓰는 전문용어는 아닌가?

직장생활에서는 전문용어가 존재한다. 같은 업무를 하는 사람들끼리, 같은 업계의 사람들끼리 공통적으로 사용하는 단어가 있다. 하지만, 이런 단어들이 익숙하다고 해서 상대방의 회사에서도 같은 단어를 쓴다고 확신할 수 없다. 상대방이 이해하기 쉽고 편안해야 하기 때문에, 같은 업계에서 통용되는 말이라고 해도 비즈니스 이메일에서는 다시 한 번 생각해보고 작성해야 한다.

✖ 이미지를 사용할 때는 이해를 돕는 이미지를 사용하라

비즈니스 이메일임에도 불구하고 자신의 개인적인 취향대로 그래픽 이미지를 남발하는 경우가 있다. 자신이 전달하고자 하는 메시지를 표현하거나 증명하는 이미지가 아니라면 오히려 역효과를 유발한다. 그래픽 이미지 때문에 오해가 생길 수 있으니 메시지에 맞는, 메시지의 이해를 돕는 이미지를 사용하라.

✖ 이메일, 신중하고 신중하라

이메일을 다 작성하고 나서 '보내기' 버튼을 클릭하기 전에 다시 한 번 꼼꼼하게 살펴봐야 한다. 이메일은 문서나 다름없기 때문에 자신이 전달하고자 하는 내용 외에 부가적으로 넣은 문구가 나중에 문제가 된다면, 그때 가서 후회해도 소용없다. 중요한 메시지를 담고 있을수록 정성을 기울이고, 동료나 지인에게 보여주고 조언을 구하라. 전화통화의 내용은 복구할 수 없지만, 이메일의 내용은 복구할 수 있다는 사실을 명심하라. 더욱 자세한 내용을 메일에 링크시키고자 한다면 회사 홈페이지를 링크해서 전달하는 것이 좋다.

✖ 이메일, 언제 보낼까?

이메일이 가장 많이 오는 요일이 언제인지 아는가? 바로 월요일이다. 금요일 오후부터 주말 내내 스팸 메시지들이 가득하다. 많은 기업들은 월요일 오전에 메시지가 전달될 수 있도록 자동예약 시스템이 되어 있기 때문에 출근하자마자 확인하는 이메일은 거의 스팸메일일 경우가 많다. 오랜 시간 동안 공들여서 쓴 메시지가 스팸메일과 함께 쌓여 있길 원하는가? 메일을 보내고 난 후 휴대폰 메시지를 통해서 메일발송 사실을 알리는 것이 좋다. 업무에 중요한 메일을 받아야 하는데, 언제 보냈는지도 모르고 기다린다면 이런 휴대전화 메시지 한 통으로도 신뢰를 얻을 수 있다.

4) 외국에서도 기본으로 통하는 글로벌 에티켓

✖ 로마에 가면 로마법을 따르라

글로벌 시대에 걸맞게 직장인들의 자기계발은 영어학원 등록이 일순위다. 하지만 외국어만 능통하다고 해서 해외에서의 비즈니스를 성사시키고 온다는 보장이 없다. 선진국의 문화는 각종 매체나 여행, 어학연수 등으로 익숙한 편이지만, 해외출장은 익숙한 곳으로만 가는 것이 아니기 때문에 글로벌 비즈니스 시대에서는 글로벌 에티켓이 필요하다.

문화의 차이 때문에 벌어지는 문제들을 미리 차단하기 위해서는 현지의 전통과 습관에 대해서 미리 연구하는 것이 좋다. 외국의 바이어와의 거래가 성사되느냐는 상대방이 갖고 있는 독특한 문화에 맞게 어떻게 만나서 어떻게 행동하느냐에 따라 성공과 실패가 갈린다.

먼저, 외국에서 비즈니스 상대를 만났을 때 반드시 피해야 할 대표적인 행동들에 대해서 알고 가는 것이 좋다.

- 나라별 절대 하면 안 되는 것들
  - 일본 : 일본에서는 '스미마셍(미안합니다)'이라는 말을 달고 살아야 한다. 별로 미안한 일이 없어도 미안하다는 말을 많이 해야 공손한 것으로 생각하기 때문이다. 또한 명함을 중요하게 생각한다. 명함을 받아서 바로 뒷주머니나 명함지갑에 넣어버리면 자신을 무시하는 것으로 받아들이기 때문에, 두손으로 받아 정성껏 읽고, 모르는 단어가 있다면 물어보는 것이 예의이다. 일본의 이름은 같은 한자라도 다르게 읽는 경우가 많기 때문에 이름은 꼭 확인하는 것이 좋다.
  - 중국 : 중국의 바이어와 식사를 할 일이 있다면 젓가락 사용에 주의해야 한다.

대화를 돕기 위해서 젓가락을 과도하게 사용하거나 젓가락을 든 손으로 제스처를 하면 자신을 해치려는 것으로 받아들이기 때문에 식사할 때는 젓가락을 든 손은 식사하는 용도로만 사용해야 한다.

- 인도 : 인도인들은 소를 성스러운 동물로 생각하기 때문에 소가죽으로 만든 선물을 하면 얼굴색이 바뀐다. 또한 윙크는 성행위를 전제로 한 신호이기 때문에 함부로 윙크를 했다가는 오해를 받기 쉽다.

- 도미니카 공화국 : 상대방과 대화할 때 상대의 눈을 바라보고 눈을 떼지 말아야 한다. 눈을 마주치지 않고 한눈을 팔면 진심으로 이야기하지 않는 것으로 생각하기 때문이다.

- 싱가포르 : 선물을 할 때 주의하라. 선물을 주고 싶다면 개인적인 선물을 하면 안 된다. 개인적으로 선물을 주면 뇌물을 주는 것으로 받아들이기 때문이다. 이는 회사대표에게 주는 선물도 포함된다.

- 베트남 : 상대가 이성일 때 신체적 접촉은 절대금물이다. 그것이 악수이더라도 여성에게 악수를 청하면 베트남 남자들은 성적인 것으로 받아들이기 때문에 여성에게는 신체적 접촉을 피하는 것이 좋다. 그러나 남자인 상대방이 악수를 청한다면 응하라.

- 캄보디아 : 캄보디아인들은 머리를 성스러운 것으로 여기기 때문에 함부로 만지면 안 된다. 상대방이 어린이라도 말이다.

✖ 로마에서도 통용되는 글로벌 매너

문화적 차이를 아는 것은 매우 중요하다. 전 세계의 비즈니스인들이 공통적으로 중요하게 생각하는 기본적인 에티켓은 존재한다. 세계 여러 사람들이 공통으로 지켜야 하는 매너에 대해 알아보자.

- 정중하게, 그러나 긍정적으로!

  국가와 상관없이 문화와 상관없이 인간관계에서 중요한 것은 상대방과 긍정적인 관계를 만드는 것이다. 즉, 때와 장소에 맞는 행동을 말한다. 정중하게 하는 행동의 표현에는 여러 가지가 있지만, 중요한 것은 긍정적이고 밝은 사람을 싫어하는 사람은 없다는 것이다. 한국이나 외국이나 사람들은 비즈니스를 할 때 밝고 긍정적인 사람을 좋아한다. 긍정적인지 부정적인지는 목소리나 표정을 통해 직접적으로 전달되기 때문에, 이왕이면 긍정을 나타낼 수 있도록 얼굴에 미소를 띠는 것이 좋다. 미소는 세계공용의 확실한 커뮤니케이션 수단이니 미소를 통해 문화 간의 차이에서 오는 오해를 극복할 수 있다.

- 비즈니스는 인간관계이다

  인간관계에서 상대방이 나에게 관심을 보여주는 것만큼 상대방에게 호감 가는 것이 없다. 사람이면 누구나 같은 생각이다. 다만, 문화적인 차이에 의해 개인적인 것을 물어보면 싫어하는 민족이 분명 존재하지만, 개인적인 차원을 넘어서 상대방의 이름을 기억하고 사소한 좋고 싫음을 기억해낸다면 좋은 관계를 구축할 수 있다.

- 코리안 타임을 버려라

  더운 지방일수록, 더운 나라일수록 시간에 대한 관념이 철저하지 못하다. 그리고 국가의 발전차이로 봤을 때 선진국일수록 시간관념은 강하게 나타난다. 그러나 비즈니스에서는 지역과 문화와 상관없이 시간이라는 개념이 약속에 포함되기 때문에 사소한 시간약속을 지키지 않는 사람과는 비즈니스를 하고 싶어 하지 않는다.

실전 Q & A

신입사원과 한세월 부장은 함께 외근을 했다. 나서고 대리가 매장에 나가서 시장조사를 하고 있었고, 거래처에 가기 전에 시장조사 결과가 필요하기 때문에 나서고 대리와 합류해서 함께 거래처에 가기로 했다.

신입사원이 운전을 하고 한세월 부장이 조수석에 앉았는데, 차가 많이 막혀서 어쩔 수 없이 매장을 둘러볼 여유는 없고 바로 거래처로 출발했다. 나서고 대리는 비어 있는 뒷자리에 자연스럽게 앉아 갔는데, 거래처에 도착하자마자 당황스런 상황이 닥쳤다. 거래처 직원들이 기다리고 있다가 뒷문을 열어준 것이다.

Q 과연 한세월 부장이 앉아야 하는 자리는 어디인가?

A 승용차에서 상석은 운전석의 오른쪽 뒷자리이다. 신입사원이 운전하기 때문에 처음 앉았을 때의 좌석이 상석이 맞으나, 나서고 대리가 승용차에 타면서 상석은 바뀌었다. 나서고 대리가 타게 되면 승용차의 상석은 오른쪽 뒷자리이다. 뒷자리일수록, 오른쪽일수록 상석인 이유는 안전 때문이다. 앞쪽은 사고 시 더 위험한 자리로 여겨지기 때문이다.

자기점검 포인트

1. 나의 매너 점수는 몇 점일까?

2. 내가 잘못하고 있는 비즈니스 매너는 무엇인가?

3. 내일부터 바꿔야 할 점은 무엇인가?

자기점검 그 후

이싹싹 대리와 함께 업무를 한 지 일주일이 지났다. 한 가지를 알려주면 두 개를 알고, 두 개를 알려주면 열 개를 이해하고 행동하는 이싹싹 대리를 흡족하게 바라보고 있다. 함께 일할 수 있다면 기획부서에서 빼내오고 싶은 생각이다. 처음에는 마음에 안 드는 것투성이였는데, 잘 몰랐기 때문에 실수했다는 사실을 이제는 알고 있다. 이제는 비서실에 새로운 신입사원이 올 때마다 정확하게 알려줄 수 있을 것이다.

CHAPTER 7

스트레스,
성과에 영향을 미치다

Intro

이깔끔 대리는 요즘 의욕이 떨어지고 재미있는 얘기를 해도 그 사람의 얼굴이 얄밉게만 보이고 짜증이 난다. 지하철을 탔을 때 지나가는 사람이 살짝만 건드려도 화가 나고, 아무것도 아닌 일에 화를 내고 있는 이유를 자신도 모르겠다. 주변에서 부쩍 예민해진 것 같다고 걱정을 해주지만, 한편으로는 그들과의 관계도 나빠지고 있다.

성취감 과장도 이깔끔 대리가 요즘 성과도 잘 못 내고 직장 내 인간관계가 안 좋아서 협력을 얻어내지 못하는 일을 자주 목격했다.

"이깔끔 대리, 요즘 무슨 문제 있나?"

"아니요, 없는데요?"

"요즘 성과가 떨어지고, 팀원들하고도 안 좋아 보이던데?"

"그냥 저도 모르게 의욕이 떨어집니다."

공감해요!

 사람이라면 누구나 짜증이 날 때가 있습니다. 아무것도 아닌 일에 화가 나고, 실수하고, 관계가 악화되기도 하지요. 그런데 이런 일들의 원인이 다 스트레스라고 하네요.

공감전개

1. 혹시! 나도 스트레스?

이깔끔 대리는 출근하려고 지하철을 탔는데 지나가는 사람들이 다 괴물 같아 보이고, 왜 이렇게 사람들이 많은지 짜증이 스멀스멀 올라오고 있었다.

아침부터 자신의 하루 일정을 큰 소리로 보고하는 사람이 있는가 하면, 지하철 쩍벌남도 보이고, 내 옆에 앉아 있는 사람은 신문을 넓게 펼쳐보고 있었다. 지하철에서 내리려고 하는데 내리기도 전에 타는 사람들, 밀치면서 지나가는 사람들, 모두가 다 보기 싫었다.

회사에 도착해 반갑게 인사하는 이싹싹 주임을 보고 마음이 조금 풀어져 업무를 시작하려는데, 오늘따라 제자리에 있는 것이 없어서 또 화가 났다.

커피를 뽑으러 갔는데, 커피도 맹물만 나왔다. 짜증을 내고 있는데 이 모습을 보고 있던 성 과장이 다가왔다.

"요즘 들어 웃는 얼굴보다는 굳어 있는 얼굴이 더 많이 보이네?"

"아, 안녕하세요? 요즘 왜 이렇게 무기력하고 화가 나는지 모르겠어요."

"업무가 많은가?"

"네. 업무가 많기도 하지만, 능률도 잘 오르지 않아서요."

일하는 것이 힘들다고 느껴본 적이 있을 것이다. 항상 스트레스를 받고, 퇴근하고 집에 와서도 마음이 답답하고 피곤함에 지쳐 있는 경우도 있다. 꿈에서도 업무를 보고 있고, 아침에 일어나면 몸이 늘어진다. 스트레스가 없는 곳이 있을까라는 질문에 쉽게 대답이 나오지 않을 것이다. 직장에 다니면 업무 스트레스, 인간관계 스트레스 등 많은 스트레스에 시달리고, 스트레스 받기 싫으면 회사를 그만두라는 말에 관두려 해도, 백수들의 스트레스는 뭐니 뭐니 해도 돈이나 취직일 테니, 어떤 선택을 하든 안 받을 수가 있을까 싶다.

어떤 사람은 이렇게 말할지도 모른다. 월세 꼬박꼬박 나오는 건물 하나 갖고 있으면, 혹은 돈이 아주 많으면 스트레스를 안 받을지도 모른다고. 하지만 재벌들도 이렇다 저렇다 말하는 것을 보면 스트레스는 누구에게나 있는 것이다. 그런데 모두 다른 형태로 나타나기 때문에 사람마다 해법도 다를 수밖에 없다.

스트레스는 무조건 나쁜 것이라고 생각하는데, 과연 스트레스가 나쁜 것만 있는지 스트레스란 것이 무엇인지 알아야 한다..

1) 스트레스가 뭐지?

스트레스는 살다보면 자연스럽게 나타나는 것이다. 직장생활을 하다보면 피할 수 없는 업무를 해야 하는 경우가 있다. 이 상황은 누구에게나 있는 일인데도 불구하고 어떤 사람은 스트레스 받는다면서 투덜거리고, 어떤 사람은 이왕 하는 것 열심히 해야겠다고 말한다. 스트레스는 그 상황을 받아들이는 당사자가 어떤 마음가짐으로 어떻게 인식하느냐에 따라서 달라진다.

스트레스란 원래 물리학이나 공학용어로 외부의 힘에 의해 생겨나는 고체 내부의 틀림이나 일그러지는 현상을 일컫는 말로 어느 고형물체가 외부의 힘에 압도되어 물체표면의 속성을 잃게 된 상태라고 정의한다.

이것을 유기체에 적용해서 이론화한 사람이 캐나다의 내분비의학자인 셀리에Selye로, 셀리에는 다양한 외부로부터의 자극이 생명체에 부담이 될 때 그 생명체에 나타나는 기능적인 반응을 '스트레스'라 불렀다.

2) 스트레스는 모두 나쁘지 않다

사촌이 땅을 사면 배가 아프다는 속담이 있다. 사촌이 땅을 샀을 때 진심으로 축하해준다면 스트레스가 되지 않겠지만 심리적으로 상대적 빈곤감을 느끼기 때문에 배가 아픈 것이다. 같은 상황에서 상황을 어떻게 받아들이느냐에 따라 스트레스가 나쁜 것이 될 수도, 좋은 것이 될 수도 있다. 결혼같이 즐겁고 좋은 일에도 스트레스가 상당한 것을 보면 스트레스가 꼭 나쁜 것에만 나타나는 것이 아님을 알 수 있다.

사촌이 땅을 샀을 때 진심으로 축하해주고 자신도 곧 땅을 사겠다고 결심하고, 저축도 더 많이 해야겠다고 생각하면 긍정적인 스트레스가 될 수 있지만, 단순히 질투심이 강해지고 압박감을 느낀다면 부정적인 스트레스가 된다. 우리가 적응해야 할 외부의 자극이나 변화, 대인관계 갈등으로 인해 야기되는 생리적, 심리적, 행동적 반응 스트레스를 받아들이는 사람의 주관적 해석에 따라 삶의 활력소가 되는 스트레스를 긍정적인 스트레스[Eustress], 괴로움과 고통을 안겨주는 스트레스를 부정적 스트레스[Distress]로 나눈다.

✖ 스트레스 충격도 사례

스트레스 지수를 100으로 봤을 때 사건에 대해서 사람들이 느끼는 스트레스 충격지수를 나타냈다.

남편/아내의 사망	100	이혼	73
부부별거	65	형무소의 구류	63
근친자의 사망	63	사고 혹은 질병	53
결혼	50	해고	47
부부화해	45	퇴직	45
가족의 질병	44	임신	40

성생활의 불화	39	가족의 증가	39
재정상태의 변화	38	친구의 사망	37
전근	36	부부싸움	35
5천만 원 이상의 저당권	31	강제집행	30
업무상 새로운 책임분야	29	자녀의 가출	29
시가 또는 처가와의 불화	29	자신이 올린 발군의 성적	28
아내가 밖의 일을 시작 또는 그만둠	26	자녀의 입학 또는 졸업	26
습관의 변화	24	윗사람의 불화	23
근무시간이나 노동조건의 변화	20	이사	20
전학	20	휴가변경	19
교우관계의 변화	18	가족여행	15
식생활의 변화	15	휴가	13
작은 법률위반	11		

3) 왜 회사만 오면 답답하지? 직무 스트레스!

직무 스트레스Job Stress에 대한 정의는 내리기 어려운데, 그 이유는 직무 스트레스를 직장환경 자극으로, 직장환경에 대한 개인반응으로, 직장환경과 개인반응 사이에서 생기는 상호작용으로 생각할 수도 있기 때문이다.

직무 스트레스는 직무상 일어나는 개개인의 심리적 갈등을 부정적인 부분뿐만 아니라 긍정적인 부분까지 포함한다. 직장에서 일관성 없는 지시나 다수의 상사로부터 받은 서로 다른 업무지시, 자신의 의지와 반대되는 업무 수행에 대한 역할갈등, 불명확한 책임한계 및 업무의 불명확성 등 심리적인 긍정적, 부정적 갈등을 말한다. 이처럼 직무 스트레스는 내가 맡은 일로 인해 심하게 압박감을 느낄 때 나도 모르게 나타나는 신체적, 정신적 반응이다. 하지만, 직무가 원인이라고 해서 개인적 사유로 인해 생기는 스트레스와 특별히 다른 반응을 보이는 것은 아니다. 다만 스트레스의 원인이 업무에 있는 것인지 개인적인 상황에 따른 것인지의 차이일 뿐이다. 일에서 생기는 스트레스는 개인의 정신적 건강을 위협할 뿐만 아니라 집중력이 떨어지기 때문에 신체적 정신적 상해를 일으키기도 한다.

그러나 같은 사건이나 상황에 처하더라도 누구나 스트레스를 받는 것은 아니다. 어떤 사건이나 상황이 자신에게 위협이 된다고 생각하면 스트레스를 느끼는 것이다. 예를 들어, 승진시험 및 경쟁, 그동안 했던 적이 없는 새로운 임무를 맡거나 다른 지역으로 전출됐을 때 스트레스 상황인 것은 맞지만, 사람에 따라서 두 가지의 다른 태도를 보일 수 있다. 어떤 사람에게는 몹시 불안하고 불만스러울 수 있지만, 어떤 사람에게는 즐겁고 기대하는 마음이 들기도 한다. 똑같은 업무조건이 주어지더라도 그것을 받아들이는 태도에 따라 즐겁게 일할 수도 있고 심한 압박감을 느낄 수도 있다.

보통 스트레스는 걱정이나 근심, 일에 대한 불만족 또는 과로 등으로 생겨나는 것이라고 여기지만 실제로는 결혼이나 여행 등 기분 좋은 흥분이나 행복감까지 스트레스로 분류된다. 그중에서 직무 스트레스는 자신에게 주어진 업무의 과도한 압박감이나 업무적 요구에 대해 갖게 되는 부정적인 반응을 뜻하며, 없애야 하는 것으로 간주된다.

4) 왜 회사만 오면 스트레스를 받을까?

직장인의 열에 아홉은 직무로 인해 스트레스를 받고 있다고 대답했다. 그 결과 직장인들이 스트레스를 받는 주된 요인으로 과도한 업무가 가장 많았고, 이어 불확실한 비전, 업무책임감, 상사와의 관계 순으로 조사됐다.

사람들이 받는 스트레스는 자신이 처해 있는 상황에 따라 매우 다양하다. 직장은 직원들에게 보다 높은 생산성 향상과 업무능력 향상을 요구한다. 이에 따라 직원들은 업무를 빨리 처리해야 한다는 조급함과 업무를 완벽하게 해내야 한다는 책임감에 시달리고 있어 몸이 피곤하다. 업무수행 능력에 부족함을 느낄 때 자신감이 상실되고, 연봉책정 문제, 동료와의 업무갈등 등 수많은 상황이 직장인들을 긴장시킨다. 이런 조급함, 긴장감, 두려움, 갈등, 불안 등을 제대로 관리하지 못하면 스트레스로 인해 자신의 역할을 제대로 수행할 수 없다.

직무 스트레스의 가장 큰 요인은 업무에서 요구하는 것과 나에게 주어지는 재량이 서로 불균형을 이룰 때, 혹은 자신이 쏟아 부은 노력에 비해 보상이 적절하지 않을 때 발생한다. 예를 들어 의사소통이 잘 되지 않을 때, 실행에 대한 이견이 발생했을 때, 직무나 보직과 관련해서 업무가 과다할 때, 의사결정 시 재량권이 부족할 때 등이다. 상황적 물리적인 환경 모두를 포함해서 직무 스트레스가 발생한다.

스트레스의 주요 원인으로는 시간 스트레스, 대인관계 스트레스, 상황 스트레스, 예상 스트레스, 이상 네 가지를 꼽을 수 있다.

✖ 시간 스트레스(업무과다, 통제부족)

직장에서는 짧은 시간에 많은 업무를 효율적으로 해야 할 일이 많다. 이렇게 시간으로 인한 스트레스는 기업 내 가장 흔하고 널리 퍼져 있다. 일반적으로 시간에 대해서 얼마나 많은 이야기를 하는지 생각해보면 알 것이다.

시간을 지키다, 시간을 사다, 시간을 절약하다, 시간을 표시하다, 시간을 소비하다, 시간을 팔다, 시간을 낭비하다, 시간을 죽이다, 시간을 보내다 등 많은 이야기를 한다. 마감기한이 있기 때문에 많은 일들을 한꺼번에 처리하기도 하지만, 마감기한이나 약속 등 시간에 관련해서 업무를 할 때 적지 않게 스트레스를 받는다. 시간 스트레스가 직무 불만족, 긴장, 인식위협, 심박수, 콜레스테롤 수치, 피부저항 등 기타 다른 스트레스 요인 사이에 상당한 관계가 있음이 밝혀졌다. 일시적인 스트레스의 존재는 일을 진척시킬 수 있으나 스트레스가 장시간 지속될 시에는 해롭다. 그러나 시간 스트레스는 나라마다 문화마다 다르게 느껴진다. '바쁘다', '빨리빨리' 문화가 익숙한 우리나라나 바쁘게 움직인다는 이미지를 갖고 있는 일본의 경우 시간 스트레스가 높지만 필리핀, 태국 등 따뜻한 나라 등지에서는 시간에 대한 개념이나 스트레스가 낮게 나타난다.

✖ 대인관계 스트레스(역할갈등, 문제갈등, 상호작용 갈등)

직장에서 직장 만족도에 가장 많은 영향을 미치는 것은 대인관계로 조직 내 생산성과 직무 만족도에 상당한 영향을 미친다. 사람들과 싸웠거나 관계가 나쁠 때 혹은 직장에서 수용적인 마음이 인간관계에 주요한 요소가 아닐 때, 긍정적인 에너지를 유지한다는 것은 어려운 일이다. 대인관계 스트레스는 이렇게 대인관계에서 발생하는데, 일반적으로 역할갈등, 문제갈등, 상호작용 갈등 등 세 가지 형태의 갈등에서 발생한다. 이 스트레스 원인이 장비나 기계를 다루는 사람보다 일반직원을 다루는 일을 하는 관리자들 사이에 특히 많이 발생한다는 연구결과가 나왔다. 직장인들에게 가장 큰 직무 스트레스의 원인은 사람과의, 특히 직속상사와의 불만족스런 관계이다. 이러한 대인관계 스트레스는 갈등, 불만족스런 관계에서 기인한다. 대인관계 스트레스는 조직 내 생산성과 직무 만족도에 상당히 부정적 영향력이 있다. 신뢰 부족은 의사소통, 정보공유, 의사결정 능력, 문제해결 능력 등을 막을 뿐 아니라 굉장히 높은 수준의 스트레스를 발생시킨다.

✖ 상황 스트레스(형편없는 근무조건, 급격한 변화)

상황 스트레스는 환경 또는 개인의 상황에서 발생하는데 개인이 받아들이고 있는 상황에 대한 인식의 차이에서 시작한다. 기업 구조조정의 결과로 상황 스트레스의 증가가 굉장히 많아졌다. 또한 직장 내에서 자신이 원하는 보상을 얻기 위해서 노력해야 하는 것이 지나치게 많을 경우 스트레스가 쌓인다. 보상이라고 하면 월급, 인센티브뿐만 아니라 인정, 존중, 직업의 안정성, 경력개발 등 여러 가지 측면을 모두 포함한 것이다. 자신이 받는 보상에 비해 노력이 적절하다면 그만큼 스트레스가 덜하다는 것이다. 직장 내에서, 부서 내에서의 상황을 이해한다고 해서 스트레스를 해소할 수 있는 방법이 바로 나오는 것은 아니다. 스트레스를 주는 환경에 자기도 모르게 빠져버리면 원인이 무엇인지도 모른 채 스트레스가 쌓여 있다.

✖ 예상 스트레스(불쾌한 예상, 두려움)

예상 스트레스는 아직 일어나지 않은 일이나 사건에 대한 결과가 예상되거나 두려움이 있을 때 발생한다. 급격한 변화, 구조조정, 조직축소 등을 경험한 조직에 예상 스트레스가 많다. 그 외로 동료 앞에서 망신당할 것을 미리 두려워하거나, 업무를 실패했을 때 생기는 사항에 대해서 결과를 예상할 때 예상 스트레스에 시달린다. 또한 퇴직에 대한 불안감 또는 활력을 잃어가는 것 등이 또 다른 일반적인 스트레스 생성원인이다.

5) 스트레스가 직장인에게 미치는 영향

스트레스가 직장인에게 미치는 영향을 보면 업무수행 능력과 업무능률이 떨어지고, 근무태도가 부실해지고, 하고 있는 일에 대한 자신감과 열정이 떨어진다. 또한 맡은 일을 소홀히 다루게 되고, 동료들과의 인간관계가 원만하지 않다. 정신이 맑지 않기 때문에 안전사고의 위험에 노출될 수도 있다.

스트레스를 제때에 해결하지 못하면 조직과 직원 개개인에게 업무상 많은 피해를 줄 수 있다. 특히 개인적으로는 병이 생기고 가정에도 영향을 미칠 수 있다. 스트레스 관리는 직원 개개인이 겪게 되는 일이기는 하지만, 개인이 혼자서 해결해야 할 문제는 아니다. 조직 내에서 함께 적극적으로 해결해 나가야 한다.

2. 요즘 화가 많이 나요!

성 과장은 이깔끔 대리가 요즘 스트레스가 많은 것 같다는 생각을 하고 있었다. 업무가 많은 것인지, 자꾸 악순환이 되는 것 같아서 뭔가 대책이 필요해 보였다.

"이 대리 요즘 스트레스가 많은가봐. 업무가 많은가? 잘 안 풀리는 게 있으면 말해봐."

"네, 원인은 잘 모르겠는데 스트레스가 너무 많습니다."

"무슨 일이 있나?"

"그냥 무기력하고, 아무 이유 없이 화가 납니다."

"꼭 원인이 눈에 보여야 스트레스가 있는 것은 아니지."

"사실 짜증이 많이 나고, 주변에 사람들이 어떤 이야기를 해도 다 보기 싫습니다.
지나가는 사람들도 아무 이유 없이 싫고요."

"그럴 수 있지. 스트레스가 심하다보면 나타날 수 있는 현상이라네."

"또 우울해집니다. 사실 다른 것보다 더 심각한 것이 바로 이 부분입니다."

1) 나의 스트레스 지수는 어느 정도인가?

분야	항목	체크
신체상	두통이 있다.	
	입술에 각질이 심하게 생기거나 갈라진다.	
	밤에 잠을 잘 못 잔다.	
	숨이 막힌다.	
	눈이 쉽게 충혈된다.	
	목이나 어깨가 자주 결린다.	
	가슴이 답답하다.	
	식욕이 떨어진다.	
	변비나 설사가 있다.	
	몸이 무겁고 쉽게 피로를 느낀다.	
행동상	불평. 말대답이 많아진다.	
	업무실수를 자주한다.	
	주량이 증가한다.	
	필요 이상으로 일에 몰두한다.	
	말수가 적어지고 웃음이 없어진다.	
	말수가 많고, 말도 되지 않는 주장을 펼칠 때가 있다.	
	사소한 일에도 화를 잘 낸다.	
	무기력해서 화장이나 복장에 관심이 없어진다.	
	사무실에서 개인적인 전화를 하거나 화장실에 가는 횟수가 많아진다.	
	결근, 지각, 조퇴가 많아진다.	

	쉽게 초조해하는 편이다.	
	자주 흥분하거나 화를 낸다.	
	집중력이 저하되고 인내력이 없어진다.	
	건망증이 심하다.	
심리 · 감정상	우울하고 쉽게 침울해진다.	
	뭔가를 하는 것이 귀찮다.	
	매사에 의심이 많다.	
	하는 일에 자신이 없고 쉽게 포기한다.	
	무언가 하지 않으면 진정할 수가 없다.	
	짜증이 늘었다.	

각 부분에서 네 개 이상이면 스트레스가 심각한 정도이다.

2) 스트레스를 해소할 수 있을까?

✖ 상황에 대한 통제력이 있을 때 스트레스는 줄어든다

'나의 스트레스는 상대방의 잘못으로 생긴 일이다.' '나의 스트레스는 상대방의 잘못으로 생긴 일이지만, 내가 조금만 조심했더라면 상황이 악화되지는 않았다.' 이 두 가지 중에서 평소 어떤 생각을 많이 하고 있는가? 바로 이 점이 스트레스를 어떻게 해결을 할 수 있는가에 대한 열쇠가 있다.

'나의 스트레스는 상대방의 잘못으로 생긴 일이다.'를 선택했다면 스트레스가 심하다고 하더라도 어쩔 수 없다. 스트레스가 생기는 이유는 자신이 무기력하다고 느낄 때 가장 커지기 때문이다. 이렇게 다른 사람이 잘못한 것으로 인해 자신의 상황이 악화됐다고 느낀다면 절대 스트레스에서 벗어날 수 없다. 일시적인 해소방법은 있겠지만 근본적으로는 어떤 해결책도 없다. 상대방이 해결하지 않는 이상 스스로 해결할 수 없는 일뿐이기 때문이다.

'나의 스트레스는 상대방의 잘못으로 생긴 일이지만, 내가 조금만 조심했더라면 상황이 악화되지는 않았다.'를 선택한 경우는 희망적이다. 직무 스트레스 모형으로서 유명한 것은 요구-통제모형이다. 이것은 '업무가 주어진 만큼 그에 대응할 만한 통제력이 없기 때문에 스트레스가 발생한다.'는 것이다. 업무요구에는 여러 가지가 있다. 자신이 스트레스 요인이라고 생각하는 것들 중 많은 것들이 여기에 속한다. 스트레스 요인에 대해 자신이 스스로 결정할 수 있는 의사결정 권한이 있을 때, 자신만의 고유한 기술을 갖고 있을 때 통제력이 생기고, 스트레스는 줄어든다.

✖ 긍정적인 시각일 때 스트레스는 줄어든다

같은 사건이 많은 사람에게 동시에 일어날 수는 있지만 스트레스를 느끼는 것은 사람에 따라 다르다. 학창시절, 같은 반 학생들이 같은 시험을 보는데 어떤 친구는 시험이 끝나면 놀러나가고 어떤 친구는 단 한 개만 틀렸어도 울면서 억울해하는 경우가 있다. 자신이 어떻게 상황을 대비했는지, 어떻게 풀어가는지, 어떻게 받아들이는지에 따라서 다른 것이다. 즉, 같은 사건을 긍정적인 시각으로 보는지 부정적인 시각으로 보는지에 따라서 달라진다. 긍정적인 사람들은 스트레스를 적게 받고, 부정적인 사람들은 스트레스를 상대적으로 더 많이 받는다. 또한 직장에서 빈번하게 발생하는 업무, 갈등, 클레임 등의 상황에서도 스트레스를 받는 강도가 차이가 나는데, 개인의 성격에 따라 스트레스의 강도가 달라진다.

3) 직장인들의 정신적 스트레스의 원인은 감정에서 시작한다

실제로 스트레스는 감정적으로 어떻게 반응하느냐에 따라서 강도가 달라진다. 대부분의 사람들은 자신이 스트레스를 받고 있는지조차 잘 모르는 경우가 있다. 자신은 잘 지내고 있다고 생각하고, 심지어 자신은 스트레스를 받고 있지 않다고 생각한다. 하지만 실제로는 스트레스를 많이 받고 있음에도 말이다. 실제로 스트레스는 자신이 인식하는 정도에 따라 달라진다. 인식에 따라 짜증이나 분노 등 여러 가지 심리상태로 나타나는데, 자신이 이유 없이 화가 나거나 짜증이 나고, 다른 사람들과의 관계가 급격히 나빠지거나 무기력하다면 스트레스가 있다는 것이다. 현대인의 스트레스의 원인은 다양하지만 사건에 대한 감정에서부터 시작한다고 볼 수 있다. 이런 스트레스를 피하거나 도망가려고 할 때, 즉 스트레스를 유발하는 상황을 인정하지 않고 수용하지 않을 때 스트레스는 더욱 커진다. 심리적인 스트레스 때문에 지나친 음주와 흡연을 하고, 매사에 의욕을 상실하고, 업무 집중력까지 떨어진다. 사소한 일에 짜증과 공격성을 드러내며 만성적으로 피로감을 느끼는 등의 여러 증상이 나타난다. 그래서 스트레스를 해소하고자 할 때는 스트레스 상황에서 느끼는 감정을 해소하는 것이 가장 먼저이다.

3. 이유 없이 아픈 것은 모두 신경성?

이깔끔 대리는 계속 두통이 심해지고 있다. 그래서인지 몸도 무겁고 온몸이 쑤신다. 병원에 가봐야겠다는 생각이 들어서 진단을 받아봤지만, 병은 아니고 신경성이라는 대답만 들었을 뿐이다.

성 과장이 다시 이깔끔 대리를 찾았다.

"병원에 갔었다면서? 어디가 안 좋대?"

"그저 신경성이라는 얘기만 들었습니다."

"스트레스 때문인가보군."

"두통이라서 어딘가 몸이 아픈 줄 알았는데….”

"스트레스 때문에 두통이 생길 수도 있어."

1) 스트레스는 왜 몸을 아프게 하나?

어두운 길에서 누군가가 나를 따라온다고 느낄 때 신체적으로 어떤 증상이 나타나는지를 보면 그 이유를 알 수 있다. 우선 두려움이 생기고 심장이 뛸 것이다. 땀이 나면서 호흡이 가빠지고 근육이 긴장하면서 우리의 몸은 도망갈 준비를 끝낸다. 즉, 외부의 위험에 대비해 몸은 준비를 해야 하기 때문에 위험을 감지할 때 신체반응이 과도해지면 스트레스가 생기는 것이다.

스트레스로 나타나는 생리적인 반응은 심박수 및 혈압의 증가, 근육긴장, 소화기계 활동저하 등이 있다. 같은 스트레스인데도 다른 반응이 나타나는 이유는 자율신경계의 반응과 신체기관 중 취약한 부분이 개인마다 다르기 때문이다. 스트레스에서 시작되는 질병은 이렇게 각 개인마다 취약한 부분에서 가장 먼저 문제가 발생한다.

스트레스를 부정적인 측면에서 보면 뇌에서 아드레날린이라는 물질이 분비되어 혈관을 수축시키고, 혈액의 흐름장애를 일으켜서 인체의 저항력을 약화시킨다. 결국 스트레스가 제때에 해소되지 않고 쌓일 경우 인체의 저항력이 약해져서 질병에 걸릴 수 있다는 것이다. 육체적으로는 몸이 무거

워지고, 근육이 긴장되고, 두통이 생길 수 있다. 식욕이 떨어지고, 소화가 잘 되지 않고, 수면장애와 성기능 장애 등의 여러 증상이 나타난다.

2) 스트레스로 인한 질병

바쁜 탓인지 몰라도 사람들은 스트레스를 대수롭지 않게 생각하고 방치하는 경우가 많다. 성격상 참고 견디면서 무시하기도 하지만 자신도 모르게 스트레스가 쌓일 경우도 있다. 스트레스가 쌓인 채 장시간이 지나면 면역체계에 장애가 생길 수 있다. 결국 이로 인해 사람에 따라 차이는 있겠지만 여러 가지 증세가 나타난다.

면역체계가 잘못됐다는 것은 스트레스성 질환이 드러났다는 것을 말한다. 그리고 스트레스가 축적되면서 동양학으로 말하면 기혈氣穴의 흐름을 막게 된다. 이로 인해 사혈死血이 쌓이게 되어 산소의 공급이 원활하지 못하기 때문에 스트레스성 질환이 생기는 것이다. 스트레스가 많은 사람들이 암에 걸릴 위험이 높다는 것은 이제 기정사실화되었다. 그래서 이런 질병들의 원인을 스트레스로 보기 때문에 '스트레스는 만병의 근원'이라고 하는 것이다.

✖ **산재요양 환자증가** : 직무 스트레스와 밀접한 정신질환 및 뇌심혈관계 질환으로 산재요양 환자가 늘어나고 있다.

✖ **심혈관계 조심** : 스트레스를 받으면 우선 몸의 생리기능을 담당하는 교감신경계가 흥분하여 가슴이 두근거린다든지 호흡이 가빠지는 등의 반응이 나타난다. 그 다음은 저항단계로 신체도 시간이 지나면 자극에 대해 여

유를 갖게 되고 적응하게 된다. 이때 부신피질 호르몬 등의 스트레스 호르몬이 분비되어 신체가 변화에 적응할 수 있도록 준비한다. 그러나 스트레스가 계속되면 지금까지 방어하면서 유지했던 것들이 붕괴된다. 이때 신체적으로 문제가 발생하는 소진단계로 진행되는데 소진까지 오면 신체의 어느 기관이 고장이 나 각종 질병이 발생할 수 있다. 직무 스트레스와 관련된 정신질환으로는 불안장애, 우울증, 수면장애, 공황장애 등이 있다. 그 밖의 질병으로 요통, 당뇨병, 두통, 천식, 갑상선 질환 등을 들 수 있다.

3) 신체적 스트레스 예방법

✖ **휴식하라** : 쉬는 것 자체를 두려워하지 말고, 적극적으로 휴식을 취한다. 충분한 휴식과 수면을 취한다. 흡연, 과음 등 자신의 생활습관에서 신체를 필요 이상으로 혹사시키지 않는다.

✖ **건강한 음식 먹기** : 규칙적으로 적당한 식사를 하고 야채와 과일을 많이 먹고 육식은 최소화, 카페인이 있는 음식을 피하고, 적당한 음주는 괜찮지만 음주과잉은 좋지 않다. 푸른 생선, 복합 탄수화물(현미, 완두), 식물성 기름 등은 스트레스에 좋은 음식이다. 반면 제과류, 고기류, 모든 종류의 술은 오히려 스트레스를 증가시킨다.

✖ **적당한 운동** : 하루에 30분씩 일주일에 두세 번 이상 운동을 한다. 운동이 스트레스를 이기는 데 좋은 이유는 스트레스로 생긴 해로운 물질인 아드레날린을 운동이 소모시키기 때문이다. 신체가 강화되고 스트레스 대처능력이 향상되며 심폐기능이 강화된다.

✖ **요가, 명상** : 명상은 심적 고요상태를 유도한다. 또한 뇌파의 변화로

알파파를 증가시킨다. 주의집중 기능이 증가해서 업무 효율성도 높아진다.

✖ **천천히 행동하기 :** 스트레스가 심해지면 일상적 행동들이 필요 이상으로 빨라진다. 천천히 하려고 애쓰면 스트레스 받는 느낌을 줄일 수 있다.

✖ **거절하기 :** 자신이 하기 싫은 일을 억지로 하게 되는 상황 중에 거절을 못 하고 일을 떠맡을 때 상황이 악화된다. 자신이 하지 못할 상황이면 거절해야 스트레스를 덜 받는다.

✖ **전문가의 도움받기 :** 스트레스로 인해 우울증이나 강박증을 느낀다면 반드시 전문가의 도움을 받는 것이 좋다. 전문적인 정신과 치료 이외에도 음악치료, 미술치료, 아로마치료 등 치료법이 상당히 많다.

✖ **스트레스 해소용 차**

- 대추 산조인차 : 대추는 심장을 안정시켜 마음을 평안하게 하는 효과가 있고, 산조인(멧대추씨)은 불면증에 효과적이다. 씨를 뺀 대추 4~5개를 잘게 썰고, 산조인은 센 불에 살짝 볶은 뒤 물을 붓고 중간 불에 30분 정도 끓여 마시면 효과가 있다.
- 감국차 : 스트레스로 두통이 심할 때 들국화(한약재 시장에서 '감국'이라는 약재명으로 판매하고 있다) 끓인 물을 차처럼 마시면 머리가 개운해지고 시원해진다.
- 오미자차 : 정신적, 육체적으로 지쳐 있을 때는 오미자로 차를 끓여 꿀을 조금 타서 마시면 금세 회복된다. 오미자는 뇌를 자극하는 성분이 있어 집중력이 떨어지거나 기억력이 감퇴하는 것을 회복시키고, 유기산이 풍부해서 근육에 쌓이는 피로물질을 분해해 신체적인 피로도 풀어준다.

실전 Q & A

Q 한 심리학자가 사람들의 걱정거리를 모아 분류했다. 결코 일어나지 않을 일, 이미 일어난 일, 아주 사소한 일, 우리가 전혀 손을 쓸 수 없는 일, 그리고 우리가 정말로 걱정해야 하는 일 이렇게 다섯 가지였다. 과연 우리가 정말로 걱정해야 하는 일의 비율이 몇 퍼센트였을까?

A 4%. 우리가 걱정하는 것들의 40%는 결코 일어나지 않을 일이다. 즉, 하늘이 무너질까 걱정하는 것이다. 30%는 이미 일어난 일들에 관한 것들이다. 이미 엎어진 물을 걱정하는 것처럼 바보 같은 일이 어디 있을까? 그러나 의외로 많은 사람들이 지나간 일들에 대해 쓸데없는 걱정을 한다. 22%는 아주 사소한 일들에 관한 걱정이다. 정말 '걱정도 팔자'인 일들에 관해 우린 너무 많은 시간을 보낸다. 우리가 걱정하는 일의 4%는 우리가 전혀 손을 쓸 수 없는 일들에 관한 것이다. 결국 걱정해봐야 자신만 손해 보는 일인 것이다. 이제 4%만 남았다. 이 4%만이 우리가 정말로 걱정해야 하는 일들이다. 그러나 우리는 나머지 96% 걱정거리 때문에 이 4%의 일들을 그냥 지나치는 경우가 너무나 많다. 진짜로 걱정해야 할 일들은 걱정하지 않고, 엉뚱한 일들을 걱정하느라 정력을 낭비한다는 뜻이다.

자기점검 포인트

1. 내가 진짜로 걱정해야 할 일은 무엇인가?

2. 나만의 스트레스 해소방법은 무엇인가?

3. 스트레스를 덜 받기 위한 나만의 방법은 무엇인가?

자기점검 그 후

이깔끔 대리는 요즘 일주일에 두세 번은 운동을 하고, 스트레스로 인해 화가 나거나 짜증이 심해질 때는 손으로 손날을 두드리는 것을 일상화하고 있다.

성 과장이 이깔끔 대리를 보면서 말했다.

"요즘은 스트레스가 심하진 않나?"

"네, 괜찮습니다."

"그래, 전문가의 도움을 받았다면서?"

"네, 덕분에 능률도 오르고 좋습니다. 과장님도 스트레스 있으면 말씀하세요. 소개해드릴게요."

"알았어."

이깔끔 대리가 스트레스를 잘 해소하고 나니, 팀 분위기도 금세 좋아졌다.

CHAPTER 8

시너지와 상생효과로
팀 프로젝트
성공시키기

Intro

회사에서 주력제품의 판매실적이 조금씩 떨어지면서 최근에는 회사에서도 이런 상황을 심각하게 받아들이기 시작했다. 제품이 많지만 주력제품 이외에는 특별히 판매가 잘 되는 것이 없었기 때문에 새로운 제품을 만들라는 명령이 떨어졌다.

이번 프로젝트 지휘는 성취감 과장이 맡았고, 각 부서에서 한 명씩 프로젝트 팀에 편성됐다. 회계부서의 이깔끔 대리, 영업부서의 유쾌해 대리, R&D부서의 안경태 주임, 고객만족 부서의 나서고 대리, 기획부서의 이싹싹 주임, 교육을 위해 신입사원도 함께 합류하면서 프로젝트 팀이 꾸려졌다.

공감해요!

새로운 팀을 꾸려 프로젝트를 성공시킨다는 것이 쉽지만은 않은 일입니다. 게다가 여러 부서의 사람들이 모여 손발을 맞추어야 하기 때문에 더 어렵지요. 그래도 팀원의 강점을 활용해 잘 해나가야 하지 않을까요?

공감전개

1. 우리 팀의 특성을 이해하라

팀이 꾸려지고 나서 성 과장이 가장 먼저 한 일은 회사의 현 주력제품의 상황을 분석하고 환경을 분석하는 것이었다. 성 과장은 자신이 세부적인 사항까지 지시하면 제대로 된 결과가 나오지 않을 것이라고 판단하고 주제를 던져주고 회의를 시작했다. 나서고 대리가 회의진행을 했다.

"환경분석을 먼저 해야 하는데, 어떻게 자료를 조사하는 것이 좋을까요?"

경직된 가운데 의견이 몇 개 나왔다. 이미 다른 사람들도 다 알고 있는 평범한 내용이었는데, 신문검색, 인터넷검색, 언론자료 등을 검토해보자고 했다. 가만히 듣고 있던 유쾌해 대리가 갑자기 웃으면서 장난기 가득한 얼굴로 말했다.

"우리 회의도 한번 재미있게 해봅시다. 다들 떨고 있잖아."

다른 사람들의 얼굴을 보면서 "그렇지? 그렇지?" 동조를 구하고 있는 유쾌해 대리. 나서고 대리는 통제가 되지 않는 이 상황에 기분이 상했다. 하지만 자신보다 나이도 많고 입사도 먼저 했기 때문에 뭐라고 말도 못 하고 있었다. 나서고 대리가 회의를 진행하면 번번이 유쾌해 대리가 농담을 하거나 장난을 치기 때문에 나 대리는 유 대리만 보면 고개를 돌려버렸다. 그러다 참다 못한 나 대리는 유 대리에게 한마디 던졌다.

"유 대리님, 회의할 때는 집중 좀 해주십시오. 회사에 놀러온 것은 아니지 않습니까?"

이 한마디에 순간 분위기는 썰렁해졌다.

1) 조직구조가 점점 수평으로 변하고 있다

기업은 주기적으로 경쟁력을 회복하고 유지하며 새로운 수준으로 발전시킬 필요성을 느낀다. 기업은 효과성과 효율성이라는 측면에서 여러 가지 조직개편을 해왔다. 최근에는 수직적 조직에서 수평적인 팀이라는 개념을 도입하였다. 기존의 수직적인 구조에서는 일상업무 처리에는 효율적이지만 급변하는 환경변화에 신속하게 대응하는 데는 효율적이지 않다는 것을 발견하고 변화에 대응하기 좋은 조직형태를 고민했고, 그 결과 다양한 형태의 팀제를 만들었다.

과거의 바람직한 조직의 모습은 조정경기나 오케스트라같이 리더가 강력한 리더십으로 팀원을 통솔하여 일사불란하게 움직이는 것이었다면, 현대사회 조직의 모습은 리프팅이나 재즈같이 조직의 목표와 기본방향이 있어서 구성원이 각자의 역량을 최대한 발휘하여 시너지를 이끌어내야 생존할 수 있다.

요즘처럼 치열한 경쟁에서 기업이나 조직이 살아남기 위해서는 개개인의 능력을 단순히 합쳐놓은 것보다 더 큰 힘을 발휘하는 팀의 시너지에 주의를 기울여야 한다. 평범하지만 다양한 기술을 갖고 있는 팀원들이 공동의 목적을 위해 헌신과 협조를 바탕으로 시너지를 발휘할 수 있는 것이 바로 팀이다.

✖ 사람이 곧 팀이다

수직적인 조직과 팀 조직은 차이가 있다. 수직적인 조직은 분업화되어 있고 권한이 관리자나 상위 관리자에게 집중되어 있다. 반면 팀 조직은 수평적인 조직으로 자율성을 갖고 있는 소집단으로 운영되고 권한도 상위 관리자에서 팀원들에게 위임되어 있다. 조직 속에 있는 팀은 소속된 구성원들이 공동으로 갖고 있는 목적이나 업무목표를 달성하기 위해 팀의 규칙을 만들고 실행하게 된다. 구성원의 자발적인 참여를 이끌어내서 적극적으로 동참시켜야 경쟁력을 확보할 수 있다. 조직의 팀단위 구성이 확산되면서 팀워크가 더욱 중요시되고 있다.

✖ 관리자의 역할이 변하고 있다

직원의 능력을 최대한 발휘해서 스스로 갖고 있는 능력 이상의 효과가 나타날 수 있게 하는 코치의 역할이 필요하다. 또한 구성원의 문제에 대한 해결안을 찾아주는 것이 아니라 직원이 처한 상황을 올바로 인식하고 스스로 문제를 해결하도록 촉진해주는 리더로 변하고 있다. 직원에게 지시하기보다 목표를 설정할 수 있도록 도와주고 목표를 어떻게 달성할지 찾아가도록 도와주는 역할이 필요하다.

✖ 적재적소에 인재를 포지셔닝하라

기업이 최종적으로 달성하고자 하는 목표에 따라 팀의 관점에서 어떻게 인력운영을 해야 할지 장기적인 목표를 마련해야 한다. 큰 방향이나 목적 없이 상황에 따라 인재를 배치하다보면 장기적인 관점에서 전략적인 인재를 배치하기 어렵다. 팀원이 잘할 수 있는 것이 무엇인가를 판단기준으로 해서 팀원의 단점을 최소화하기 위해서가 아니라 강점을 최대화하기 위해서 인재를 재배치해야 한다. 조직원들이 갖고 있는 강점을 최대한 발휘하도록 적합한 자리에 인재를 배치하는 것은 매우 중요한 활동이다. 적절한 시기에 적합한 사람을 적절한 위치에 투입하는 것이 조직에서의 성공요소이다.

✖ 용병술도 포지셔닝이 좌우한다

기업은 전쟁을 생각나게 할 정도로 치열해지고 있다. 전쟁에서 군사를 지휘하여 전투를 승리로 이끌기 위한 여러 방법이나 기술을 용병술이라고 하는데 기업도 치열한 경쟁에서 살아남기 위해 여러 기술을 사용해야 한다. 용병술의 성공여부는 인재 포지셔닝이 좌우한다. 마케팅에서 소비자의 마음 속에 자사 제품이나 브랜드 이미지가 자리 잡을 수 있도록 하는 활동을 '포지셔닝Positioning'이라고 한다. 구성원의 적성과 역량을 고려하여 가장 성과를 잘 낼 수 있는 자리에 인재를 배치하는 것을 인재 포지셔닝이라고 한다. 우수한 인재들로만 구성된 팀보다는 다양한 이력을 갖고 있고 다양한 관점을 갖고 있는 사람들로 이루어진 팀이 성공확률이 더욱 높다. 다양한 능력을 갖고 있는 사람들로 구성된 팀은 시너지를 창출할 수 있도록 인재를 적재적소에 배치하는 것이 성공의 핵심이다. 많은 기업에서 우수한 인재를 확보하기 위해 많은 노력을 쏟고 있는 데 반해서 힘들게 뽑아 놓은 인재를 제대로 배치를 못 하고 있다.

✖ 팀에게 임파워먼트 하라

클라우스 슈바프 세계경제포럼WEF 회장은 "우리는 새로운 생활방식과 의무, 규칙 등이 요구되는 네트워크 세상에 살고 있다. 서로에 대한 의존도가 높아졌기 때문에 더욱 더 많은 협력이 필요하다. 새로운 세상에선 과거와 같은 문제해결 방식이 더 이상 통하지 않는다."고 하면서 협력의 중요성을 강조했다. 기업의 규모가 커지고 경영환경의 변화가 심할수록 경영자나 관리자 몇 사람이 모든 의사결정을 한다는 것이 거의 불가능하기 때문에 권한위임은 필수이다. 임파워먼트는 자율과 통제를 동시에 추구하는 것으로 궁극적 목적은 조직 내 통제에서 오는 생산성과 자율성에서 오는 창의성이 동시에 이루어졌을 때 가능해진다. 자신의 업무에 대한 결정권을 갖는다는 것은 직원들에게 더 많은 책임감을 느끼게 한다. 또한 책임을 느끼면 더욱 주도적으로 일하고 더 많은 보람을 느낀다.

2) 팀은 어떤 요소로 이루어질까?

팀이란 상호보완적인 기술이나 지식을 가진 둘 이상의 구성원들이 공동의 목표달성을 위해 신뢰하고 협조하며 작업결과에 대해 상호책임을 공유하는 과업 지향적인 집단이라는 뜻이다. 팀은 공동의 목표, 공통의 문제해결 방법, 소수의 인원, 공동책임, 상호보완적 기술을 가진 팀원들로 구성되어 있다.

✖ 공동의 목표를 갖고 있다

팀은 공동의 목표를 공유하고 목표를 위해서 몰입하는 사람들로 구성되어야 한다. 상위조직의 전략과 전체목표를 염두에 두고 팀원들이 스스로 목표를 설정해야 한다. 실제로 업무를 할 때 성과와 실행여부를 확인할 수 있도록 구체적이어야 하며, 또한 이 목표가 팀원들이 자부심을 가질 수 있도록 충분히 의미를 갖고 있는 목표여야 한다.

✖ 공통의 문제해결 방법이 있다

팀에서 업무를 진행하거나 문제를 해결하거나 의사결정을 위해서는 규칙을 정해서 운영해야 한다. 또한 같은 접근방법을 사용하기 때문에 팀이 효과적으로 운영되기 위해서는 업무의 배분과 작업방법, 일정계획, 문제해결 방법 등과 같은 업무수행에 대한 합의가 필요하다. 이렇게 합의가 되지 않는다면 팀원들 간에 잠재적인 불만이 생길 수 있는 여지가 생길 수 있다.

✖ 소수의 인원으로 운영된다

팀의 특징상 팀원은 소수의 사람들로 구성되어 있다. 팀원들 간 상호작용을 긴밀히 하고 팀의 유연성을 위해서 필요한 요건이다. 팀의 규모는 팀의 목적에 따라 운영이 다른데 대체로 5~7명 정도가 적절하지만 경우에 따라서는 30명 정도가 되는 경우도 있다.

✖ 팀이 공동책임을 갖는다

팀에서 낸 성과와 결과는 함께 책임을 공유해야 한다. 팀은 팀원들 간에 긴밀한 협조를 통해 성과를 내기 때문에 이런 팀의 취지가 업무수행 평가에 반영되어야 한다. 즉, 팀의 업무결과에 대해서는 팀 전체가 공동 책임의식을 가져야 한다. 이런 공동 책임감은 팀 구성원 간의 신뢰형성과 협조를 향상시키는 역할을 한다.

✖ 팀원들의 기술과 역할이 상호보완된다

팀의 기능상 적은 인원을 효율적으로 대처하기 위해서 각 팀원들이 갖고 있는 역량과 기술은 상호보완적이어야 한다. 팀의 성과가 상승효과를 갖기 위해서는 문제해결에 필요한 다양한 기능을 가진 사람들로 구성되어야 한다. 팀의 효과를 최대한으로 높이기 위해서는 팀의 형태를 팀 스스로 성과를 창출할 수 있는 능력을 보유하게끔 해야 한다. 팀의 효과를 제고하기 위해 요구되는 기능으로는 기능별 전문성, 문제해결 및 의사결정 능력, 대인관계 기술 등을 들 수 있다.

3) 다양한 팀의 형태

✖ 문제해결팀 Problem Solving Team

문제해결팀이란 팀 리더와 5~20명 정도의 팀원들로 구성되어 있으며, 해결과제를 스스로 파악하고 실행가능한 해결방안을 개발하는 팀을 말한다. 문제해결팀은 조직 내에서 비교적 장기간 유지될 수 있다. 거의 대부분의 조직이 문제해결팀을 이용하고 있는데 팀원들은 자신이 조직 내에 갖고 있는 원래의 업무에 문제해결팀에서 요구하는 직무를 더해서 두 가지의 직무를 수행하도록 복수직무의 형태를 갖는다. 작업현장에서 종업원들과 정기적으로 만나 품질상의 문제와 원인을 분석하여 해결책을 찾아 나가는 작업그룹 형태이다.

- 같은 부서의 서로 다른 역할의 사람들로 구성
- 팀원은 5~20명 정도
- 일주일에 몇 시간 정도는 문제해결을 위한 품질향상, 생산성 향상, 작업환경 개선 등에 대한 문제분석 및 실행회의
- 회의를 통해 팀원 간 아이디어를 공유하고 개선되어야 할 대안제시
- 문제해결팀이 제시한 대안에 대한 실행권한은 없음

✖ 자율관리팀 Self-managing Team

자율관리팀이란 팀이 해야 할 업무를 자율적으로 통제하는 것뿐만 아니라 팀의 목표설정 및 목표달성 방법, 팀원충원 등 완전한 자율권을 갖는 팀이다. 즉, 목표에서부터 사소한 업무일정까지 팀원 스스로 관리하도록 권한을 부여받은 사람들로 구성된 집단으로 자율경영팀이라고 한다.

- 자율관리팀은 약 10~15명으로 구성

- 직무와 전혀 별개의 일 또는 아주 밀접하게 관련 있는 일을 수행

- 자율관리팀은 선임으로부터 권한을 위임받기 때문에 많은 자유재량권을 구사

- 자율적으로 작업 스케줄, 작업할당, 작업통제, 의사결정, 문제대처 등에 대한 권한을 위임

- 관리계층이 줄어듦

✱ 다기능팀Cross-Functional Team

다기능팀은 팀 내에서 연구개발, 생산, 기획, 마케팅 등의 기능을 모두 수행할 수 있도록 구성하는 팀을 말한다. 이러한 형태의 팀은 문제해결에 필요한 관련부서의 전문가를 한데 묶어놓은 것이다. 회사의 전 조직을 전부 이런 식으로 운영할 수는 없고 일부 부서의 특정 프로젝트에 대하여 운영한다. 특히 신제품 개발의 경우, 제품개발 기간을 단축하여 고객요구에 신속히 대응하고 시장을 선도함으로써 제품의 시장경쟁력을 확보하는 경우에 매우 적합한 조직이다.

- 다기능팀은 팀원에게 많은 자율권이 부여

- 일시적인 조직목표 달성을 위하여 한시적으로 만들어졌다가 목표가 달성되고 나면 곧바로 해체

- 팀장이나 팀 구성원들은 강력한 권한위임을 받고, 팀 스스로 목표를 추진할 수 있도록 도움

- 새롭게 구성된 팀 업무는 기존 조직의 각 기능별 부서의 동일직급에서 모인 각기 다른 업무의 전문가들이 추진

- 한시조직이기 때문에 대부분 비공식 조직으로 운영되고 있으나 공식적인 조직의 형태를 띠기도 함(예 : 태스크 포스 팀$^{Task Force Team}$, 프로젝트 팀$^{Project Team}$ 등).

✱ 가상팀$^{Virtual Team}$

가상팀은 실제로 얼굴을 맞대지 않고 화상회의, 이메일 등을 활용해서 온라인에서 함께 일한다. 일반적인 팀과 마찬가지로 정보공유, 업무처리, 의사결정 등 모든 일을 수행할 수 있다. 가상팀의 작업기간은 문제해결을 위한 며칠 간만 유지할 수도 있고 프로젝트를 유지하는 수개월 동안 지속될 수도 있다. 실제로 얼굴을 맞대지 않기 때문에 문제점도 있지만 반대로 이런 특성 때문에 장점이 많다. 비용을 줄일 수 있고, 한 자리에 모이기 힘든 사람들을 모이게 한다. 팀의 의사결정 정보를 컴퓨터라는 매체를 통해서 전달한다. 하지만 가장 중요한 것은 가상팀도 팀원의 노력과 헌신이 필요하다는 것이다. 가능하다면 가상팀과 실제팀의 장점이 결합된 형태가 가장 이상적이다.

- 시간과 공간의 제약이 거의 없음
- 온라인의 한계로 비언어적인 표정, 목소리, 억양 등을 활용할 수 없음

2. 완벽한 팀은 단계별로 성장한다

팀의 이상기온을 감지한 성 과장이 회의를 소집했다.
"팀원끼리 빨리 친해지고 편하게 일하라고 시간을 주고 회의하게 했더니 안 좋은 소리가 들려!"
조금 화가 난 듯한 목소리로 말했다.

"몇 명이나 있다고 벌써 안 좋은 소리가 나는지 모르겠군!"

성 과장은 팀원들이 얼마나 문제해결을 잘하는지 살펴보려고 자율적으로 진행했던 것이다.

"앞으로 어떻게 하고 싶은지 말해봅시다."

무거운 분위기에서 성 과장이 재촉하자 나 대리가 머뭇거리면서 말했다.

"팀원끼리 규칙을 만들어서 지키도록 하는 것은 어떨까요?"

팀은 공동으로 업무를 수행하는 사람들의 집단이다. 팀으로 사람들을 조직화하는 이유는 구성원 개개인들이 하는 일의 총합보다 팀으로 했을 때 생산성이 더 높기를 기대하기 때문이다.

사람이 태어나 성장하듯이 팀도 만들어지면서 성과를 내기까지 몇 단계를 거쳐 형성되는데, 일반적으로 4단계로 나눌 수 있다. 팀이란 살아 있는 생명체와 같아서 초기단계부터 성숙단계로 진화한다. 대부분의 팀은 '형성기→갈등기→규범기→성취기'의 4단계를 거쳐 성숙해간다. 그러나 때때로 새로운 구성원이나 업무, 외부로부터의 변화에 당면할 때 이전단계로 되돌아갈 수도 있다.

1) 1단계 형성기 : 제 역할은 뭔가요?

새로운 팀을 구성하거나 기존조직을 팀 체제로 전환하고, 팀의 방향을 모색하는 시기로서 구성원이 서로 알게 되고 어떻게 행동해야 하는지 시험해보는 단계이다. 형성기의 팀의 과업이 무엇인지 아직 명확하지 않지만, 팀원들이 서로를 조심스럽게 탐색하고 서로에게 예의 바르게 대하지만 누구도 위험을 감수하기를 바라지 않는다. 이 단계에서는 팀의 목표를 확인하고, 목표를 설정하고, 팀의 자원을 확인하고 지지적인 분위기를 형성하기 위해 노력한다. 이 시기 리더의 역할은 팀원에게 권한을 부여하고, 목표를 수행하는 데 필요한 지침을 주어서 팀원을 돕는 것이다. 팀은 각 구성원의 역할이 있고, 활동방향이 있다.

✖ 팀장의 역할

- 팀의 타당하고 의미 있는 목적과 목표, 목표의 접근방법을 개발해야 한다.
  - 리더가 하려는 일과 하지 않으려는 일에 대해서 밝혀야 한다.
  - 팀원과 일정거리를 유지하고, 팀원 사이에서 균형을 유지해야 한다.
- 팀원에게 동기부여를 해야 한다.
  - 팀원에게 위협과 강제를 하면 안 된다.
  - 성과를 낼 때 긍정적인 피드백을 한다.
- 팀원의 팀워크를 향상시키고 업무역량을 향상시켜야 한다.
  - 교육기회 제공과 자기개발 기회를 제공해야 한다.
  - 팀원의 장애를 해결하기 위해서 노력해야 한다.
- 팀원 개개인에게 업무할 수 있는 기회를 부여한다.
- 실질적인 일을 수행한다.
- 팀 리더는 실패에 대해 특정한 개인을 비난하면 안 된다.

✖ 팀원의 역할

- 긴급하고 중요한 의미 있는 목표와 방향개발에 참여한다.

- 개인의 능력향상을 위해 노력한다.

- 팀원 간에 명확한 커뮤니케이션을 위해서 규칙을 설정한다.

- 업무목표와 성과지표를 설정한다.

- 팀의 업무성과를 위해서 정보를 모은다.

- 초기의 팀에서 팀 전원과 함께 시간을 보낸다.

- 긍정적인 반응과 팀원에 대한 인정을 한다.

- 팀 활동에 능동적이고 적극적으로 참여한다.

2) 2단계 갈등기 : 전 이렇게 일하고 싶어요!

이 단계가 되면 팀원들이 자신의 의견을 표현하기 시작한다. 자신들이 팀 내에서 얼마만큼의 영향을 발휘할 수 있는지 알고 싶어 하며 팀 내에서 서로 도전하면서 경쟁한다. 또한 팀 리더의 역량이 어느 정도인지도 확인하고 싶어진다. 이 기간에는 논쟁, 제안, 제안에 대한 반대, 불만 등이 많다.

이 시기에 리더는 갈등을 관리해서 생산성이 높은 팀을 만들어야 하며, 가능한 갈등의 성격을 명확히 하고 팀 내에서 해결을 할 수 있도록 팀원 간의 기준을 설정하기 위해 업무수행의 원칙과 절차를 확립하는 것이 좋다. 갈등기에서 팀원들은 가장 많은 어려움을 겪는다.

✖ 팀이 곤경에 처하는 이유

팀을 운영하다보면 많은 이유들로 팀 업무가 진행되지 않기도 한다. 그중에서 어떤 것이 우리 팀을 방해하고 있는지 알고 있기만 하더라도 문제가 생겼을 때 갈등을 해소하기 쉽다.

- 불확실한 목표

사소한 업무들을 처리하다보면 팀원들이 팀의 목표를 잊어버릴 수도 있다. 또한 팀의 업무는 구성원들 모두가 같은 목표를 가지면서 진행되기 때문에 목표가 불확실하면 어쩔 수 없이 갈등이 생길 수밖에 없다.

- 팀원의 잘못된 태도

팀에서 가장 필요한 것이 팀워크이다. 단순히 자신의 역할과 업무를 잘하고 나면 팀에서 자신의 할 일은 끝났다고 생각하는 것은 잘못된 생각이다. 팀워크의 기본은 팀원의 업무가 자신의 업무와 연결되어 있음을 인식하고 팀원이 업무를 훌륭하게 했을 때 자신의 업무도 효과적임을 이해하고 있어야 한다.

- 팀원의 핵심기술의 결여

팀은 핵심역량을 갖고 있는 팀원이 모여서 기간 내에 프로젝트를 성공시키는 것이다. 각 팀원이 갖고 있어야 하는 핵심역량이 없으면 팀의 목표를 달성하기 어렵다.

- 팀 구성원의 변화

장기간의 프로젝트가 진행될 경우 부득이하게 팀원이 교체될 수가 있다. 새로운 팀원이 생길 때마다 기존 팀원과 새로운 팀원들이 빠른 시일 내에 팀과 조화롭게 적응할 수 있도록 해야 한다. 특히 팀에서 리더가 바뀐다면 프로젝트의 진행이 일반팀원이 교체될 때보다 훨씬 더 어려워질 수 있다.

- 프로젝트의 시간제한

어느 프로젝트나 시간의 제약이 있다. 시간에 대한 압력이 심해질수록 리더의 리더십이 필요하다.

• 규율과 공동책임 부재

팀제에서는 일반 수직적인 구조와 달리 팀원들의 자율적인 업무진행과 성과가 중요하다. 팀제라 프로젝트 팀이라는 상황이나 환경에 관계없이 팀원들은 갈등과 좌절, 장애 및 곤경에 처하기도 한다. 이렇게 문제가 생겼을 때 팀원들 스스로가 문제를 해결해 나가면 이전보다 더욱 팀워크가 단단하고 성과도 높은 팀이 될 가능성이 높다. 그러나 팀에서 문제를 해결할 수 없다면 외부의 도움을 받을 수 있다. 하지만 어떤 노력과 도움으로도 문제를 해결하지 못하면 팀을 재구성하거나 해체해야 한다.

✖ 장애요인 극복을 위한 대안들

팀에서 갈등이 생기는 이유는 다양하다. 특히 팀이 형성되고 난 후 얼마 가지 않아서 팀원들을 탐색하거나 자신의 역량을 시험하면서 다른 팀원과 충돌이 일어나기도 한다. 이런 충돌과 갈등을 효과적으로 대처하면 후에 팀원들의 팀워크가 더욱 좋아지는 계기가 되지만, 효과적으로 대처하지 못하면 팀워크도 안 좋아진다. 효과적으로 갈등을 관리하기 위해 리더가 집단을 어떻게 평가할 것인가를 생각해야 한다.

• 팀에서 업무의 목적과 목표를 명확히 인식시켰는가?

• 팀의 목표를 결과 중심적으로 설정했는가?

• 팀의 작업방식은 팀의 상황 및 여건에 맞추어 결정되었고, 팀원 전원에게 명확히 전달하고 이해시켰는가?

• 팀원 전원은 업무를 진행하고 목표를 달성하는 데 필요한 핵심기술을 갖추고 있는가?

• 구성원들은 서로에 대해서 공동 책임감을 확실하게 갖고 있는가?

팀 내에서 자율적인 평가를 거친 후에도 갈등이 해소되지 않는다면 목표를 변화시켜 보는 것도 좋은 방법이다. 한번 목표를 성취하고 나면 두 번째 세 번째는 첫 번째보다 쉬울 수 있기 때문에 목표를 한 단계 낮춰서 팀이 성취할 수 있도록 만들어주는 것도 좋은 방법이다. 또한 팀에서 팀의 성취를 돕는 팀원이 있는가 하면 팀의 성취를 방해하는 팀원이 있다. 개인적인 역량이 높을지라도 팀워크를 불안하게 만들거나 팀의 사기를 저하시키는 비효율적인 팀원은 교체하거나 제외시키고 업무를 진행하는 것이 낫다.

3) 3단계 규범기 : 팀 규칙을 정하자!

규범기에서는 실제로 팀의 규칙과 절차, 정책 및 실적평가, 커뮤니케이션 방법 등이 새로 생기기도 하고 삭제되기도 하면서 팀의 집단규범이 형성되어서 갈등이 해소되고 팀워크와 응집력이 강화된다.

갈등기에서의 경험을 바탕으로 건설적인 방법으로 자신의 감정을 표현하고, 팀과 팀에서 운영하는 업무에 더욱 관심을 보이기 때문에 팀에 대한 신뢰가 높아진다. 또한 높은 신뢰로 업무에 임하고 팀 내의 행동규범이 명확히 정착되어 간다. 이 시기에 리더는 팀의 신뢰감을 조성하고 팀이 목적과 목표를 성취한 후의 모습을 팀원에게 전달해주고 바람직한 모습을 보여줘야 한다. 또한 팀원들이 목표를 달성하기 위해서 팀원들에게 개별적인 업무 피드백과 함께 도움을 주어야 한다.

조직 내에서의 우선순위 및 의사결정 등을 팀원들이 자체적으로 해결해

나갈 수 있는 갈등관리 능력도 키워가도록 도와야 한다.

✖ 장기적인 목표에 맞는 규칙을 만들어라

집단의 업무 효율성을 높이기 위한 체계적인 활동으로 구성원 스스로가 팀의 문제를 인식하고 인식된 문제를 팀원 모두가 합의할 수 있는 해결안을 마련하고, 실제로 이것을 실행하고, 달성여부를 평가하기 위해서는 장기적인 관점으로 목표를 실행해야 한다. 실제로 팀의 해결안이나 규칙을 정했는데 단기적으로 효과가 보이지 않는다고 다시 새로운 방법을 시도한다면 효과를 보기 전에 새로운 시도만 하다가 끝나고 만다. 팀이 발전하기 위해서는 장기적인 관점에서 바라봐야 한다.

✖ 팀의 새로운 행동규범을 개발하라

팀이 공통적으로 추구하는 가치를 말한다. 팀원들 각자가 기대하는 것을 모든 팀원들이 서로 확실히 알아야 한다.

- 팀원들의 요구와 팀의 요구 사이에서의 합의점을 찾는다.
- 팀의 기능과 평가의 기준을 마련한다.
- 새로 참여한 팀원이 자신에게 기대되는 것이 무엇인지 쉽게 알 수 있게 한다.
- 팀 내 부정적인 갈등을 예방해야 한다.

✖ 팀의 행동규범 설정지침

- 다른 팀원의 말을 경청한다.
- 결정은 다수결로 하지 않는다. 자신의 결정을 모든 사람이 지지할 수 있도록 끊

임없이 대화해야 한다.

- 합의한 사항은 리더가 동의하는 것이 아니라 팀에서 결정한 것이라는 것을 팀원 모두가 알게 하라.
- 합의에 이르기 위해서 일방적으로 양보하지 않는다. 갈등과 의견차이를 긍정적인 시각에서 바라봐라.
- 합의에 이르기 전 모든 사람에게 의견을 묻고 이해했는지 확인한다.

✱ 행동규범에 포함되어야 할 사항

- 팀워크를 위해서 방법과 시기를 정하라.
- 팀원의 성과를 어떻게 측정하고 피드백할 것인가.
- 팀의 의사결정을 어떻게 할 것인가.
- 팀의 문제와 갈등은 어떻게 해결할 것인가.
- 팀원 모두가 참여하는 방법은 무엇인가.
- 업무의 시간제한이 있을 경우 어떻게 할 것인가.
- 일의 우선순위를 어떻게 정할 것인가.
- 생산성과 품질을 어떻게 측정할 것인가.
- 팀 분위기는 어떻게 이어가면 좋겠는가.
- 비공식적으로 운영해야 하는 지침은 무엇이 있는가.
- 출장 시 업무 인수인계는 어떻게 할 것인가.
- 경비의 집행, 경조비 지급은 어떻게 할 것인가.
- 사무실 내에서의 흡연, 호칭은 어떻게 할 것인가.

전혀 다른 분야의 사람들이 모였을 때 효율적이고 효과적으로 일하기 위해서는 여러 가지 합의와 규칙이 필요하다 이러한 합의와 규칙을 모두가 인정하는 내에서 만들어내고 이를 습관화해야만 팀으로서의 기능을 발휘한다.

✖ 조직 내 행동규범 개발단계

• 1단계 : 규범의 확인

현재의 팀 규범 중 바람직한 것과 바람직하지 않은 것을 적어보고 바람직한 규범을 계속 강화하고 유지하기 위한 방안과 바람직하지 않은 규범을 제거하기 위한 방안을 생각한다.

• 2단계 : 보상형성

조직 차원에서 바람직한 규범의 목록을 확인한 후 규범을 강화하기 위한 보상을 만든다. 금전적이거나 비금전적 보상은 팀의 규범에 맞추어야 한다.

– 금전적 보상 : 상금, 팀의 실적에 따른 보너스, 개인별 보너스, 이익에 따른 분배 보너스, 과제완료에 따른 금전적 보상, 여행상금, 신제품 스톡옵션, 공평한 투자 프로그램과 보너스

– 비금전적 보상 : 훈련과 발전증가, 문서화한 인정, 의사결정의 책임부여, 상패 등으로 동료의 인정, 일의 책임증가, 더 큰 예산 통제권 부여, 특별 집단행사, 최고 경영자와 식사

• 3단계 : 조직에 규범정착

규범이 조직에 정착하도록 만드는 것이다. 그래서 회사의 정책이나 체제, 인사관행 등으로 바꾸는 것이 가장 좋다. 조직과 팀은 따로 분리해서 생각할 수 없기 때문에 팀 내에서 규범을 정했다고 하더라도 조직에서 실행을 못 하면 규범은 있으나마나 한 것이 되기 때문이다.

4) 4단계 성취기 : 우리가 함께 해냈어!

팀이 스스로 발전하며 책임을 감당할 수 있는 단계로 구성원들의 역량이 일정수준 이상으로 성장해서 리더 및 팀원이 자율성을 완전히 갖는 단계이다. 팀원들은 목적과 목표에 대한 자발성과 몰입도가 높고 신속한 업무처리와 함께 적절하게 행동함으로써 팀의 생산성이 향상된다.

3. 팀의 성과를 좌우하는 팀워크의 진실

이제서야 팀원끼리 어느 정도 손발을 맞춰가면서 일할 수 있게 됐다. 물론 지금도 사소한 갈등이 있고 문제도 생기긴 하지만 심각한 정도는 아니다.

그러나 손발이 착착 맞는다고 할 정도는 아니다. 아직까지 우리 팀이 무엇을 해야 하는지 정확하게 모르는 것 같기도 하고, 서로 잘하는 점이 무엇인지 정확하게 파악하지 못한 느낌이다.

1) 고성과 팀(High Performance Team)이 되자

✖ 고성과 팀이란 무엇인가

고성과 팀이란 팀의 모든 요건을 갖춘 팀으로 조직 내의 다른 팀에 비해 현저히 높은 수준의 업무성과를 내며 구성원들 간 주어진 업무와 기대치를 초과달성하는 팀을 말한다. 즉, 고성과 팀은 팀에서 이미 설정된 목표를 달성하는 데 투입된 자원에 비해서 달성정도가 높은 팀을 말한다.

✖ 팀 성과곡선

팀의 성과와 팀의 유효성과의 관계를 나타낸 것이 바로 팀 성과곡선으로 팀 성과곡선에 따라서 팀의 형태를 구분하였다.

이때 팀을 이루는 다섯 가지의 요소인 소수의 인원, 공통의 목적과 업무 목표, 공통의 접근방법, 공동의 책임감, 상호보완적 기술에 따라 팀의 유형을 결정짓는 변수로 작용되며, 이 다섯 가지를 갖추었느냐에 따라서 팀의 종류도 작업집단, 유사 팀, 잠재 팀, 실제 팀, 고성과 팀의 다섯 형태로 나뉜다.

✖ 팀 성과곡선에서 보는 팀의 종류

• 작업집단Working Group

수직적인 구조에서의 부서제에 해당하는 개념으로 부서원들은 업무수행을 위해 각자의 책임범위 내에서는 서로를 돕지만 공동의 목표나 공동책임을 요하지 않는다. 이런 측면에서 봤을 때 팀이 되기 위한 필요조건에 충족되지 않는다. 팀의 효율도 좋지 않고 성과도 좋지 않고 함께 공동작업을 했다고 해도 함께 작업한 성과라고 볼 수 없다.

• 유사 팀Pseudo Team

단순히 팀이라는 명칭만 사용할 뿐 공동목적이나 업무수행 목표는 관심이 없다. 공동의 목표가 설정되지 못한 상태에서 자주 팀원끼리 업무를 수행해야 하기 때문에 각자의 업무수행을 방해할 수 있다. 그래서 팀의 장점을 전혀 살리지 못하면서 부서제의 효율성도 발휘하지 못한다. 그렇기 때문에 업무 효율성에서는 그룹 중에서 가장 낮다.

• 잠재 팀Potential Team

팀의 다섯 가지 기본요건을 어느 정도 충족하고 있거나 혹은 노력하는 팀으로 요즘 조직에서 많이 볼 수 있다. 공동의 목표와 작업결과가 확실하고 명확해야 하고, 작업방법의 규칙을 개발하기 위해 많은 노력을 기울여야한다. 또한 팀의 문제해결 및 의사결정에 대한 접근이 타당하다면 업무수행능력은 상승해서 성과가 빠른 속도로 상승할 수 있다.

- 실질 팀Real Team

팀의 성립요건을 모두 충족한 집단으로 공동으로 책임질 수 있는 목적, 업무수행 목표, 공동의 책임감, 그리고 추진방법에 전념하기로 한 소수의 상호보완적인 기술을 가진 사람들의 집단으로 팀의 성과와 능력은 개개인 최선의 능력의 합보다 훨씬 크다.

- 고성과 팀High Performance Team

진정한 팀의 요건을 충족하면서 팀원들 상호 간에 성장과 성공에 몰입하는 이상적인 팀이다. 팀원들은 팀의 성과를 위하여 자기희생을 감수하기도 하고, 다른 팀보다 현저히 높은 수준의 성과를 창출하고 팀원들에 대한 기대를 초과달성한다. 작업집단에서 시작하여 고성과 팀으로의 변화를 성공적으로 이루어내기 위해서는 보통 3~5년이 걸린다고 한다.

2) 고성과 팀, 어떻게 만드는 건데?

고성과 팀은 일반 팀에 비해 핵심적인 특징을 가지고 있다. 고성과 팀은 진정한 팀의 모든 요건을 갖추면서 팀원 상호 간에 성장과 성공에 몰입하고 다른 팀보다 현저히 높은 수준의 업무를 수행하고 또한 기대를 달성한다.

✖ 리더십을 분담하라

고성과 팀에서의 리더십은 공식적 리더는 다분히 의례용이거나 외부인사의 편의를 위한 것이며, 실제로는 어느 한 사람에게 집중되는 것이 아니라 팀원 전부에게 골고루 분담되어 있다. 성공한 팀들을 분석한 매우 흥미로운 결과가 있는데, 이른바 똑똑한 사람들로만 구성된 기업이나 조직보다는 다양한 능력과 사회적 배경을 가지고 있는 사람들로 구성된 기업이나 조직의 성공확률이 더 높다는 것이다. 이는 인적자원의 적재적소 배치 및 활용이 매우 중요함을 의미한다. 물론 기업성장과 발전에 창조적 소수의 역할이 매우 중요함은 물론이다. 그 연구소에 의하면, 조직 구성원들의 능력에 따라 그들의 역할이 다음과 같이 잘 배분될 때 팀의 성공확률이 높았다고 한다.

✖ 책임감을 공유하라

팀원들은 서로 존중하는 마음으로 책임을 분담하고 서로서로 도와 일을 해결하며 솔선수범하여 어려운 일을 해결한다. 정책이나 규약 그리고 팀워크 과정은 구성원들이 일을 쉽게 할 수 있도록 해준다. 따라서 팀원들은 팀워크에 대하여 열의를 가지며, 팀의 일원이라는 자체에 자부심을 느낀다. 자신감이 있고 열의에 찬 구성원들은 미래에 대하여 낙관적으로 생각한다. 팀원들이 함께 일하는 방식은 물론 개개인의 실적과 팀의 실적에 대하여 만족하는 분위기를 창출해낸다.

✖ 목표를 단일화하라

높은 실적을 올리는 팀들의 구성원들은 동일한 목표의식을 가진다. 그들은 팀이 해야 할 일이 무엇이며 그 일이 왜 중요한가를 알고 있다. 그들은 그들 팀이 달성하려는 목표의 윤곽을 그릴 수 있으며, 팀의 비전과 분명한 관계가 있는 목표를 개발하고 서로 간에 의견일치를 보고 이에 도전한다. 목표달성을 위한 전략들을 분명하게 세우고 구성원들 각자는 그 목표를 실현하는 데 스스로의 역할을 잘 알고 있다.

✖ 의사소통을 원활히 하라

팀원들은 커뮤니케이션을 자유롭게 하며 아무런 두려움 없이 그들의 의견과 생각, 그리고 감정을 나눌 수 있다고 느낀다. 다른 사람의 말을 경청하는 것은 자기가 말하는 것만큼이나 중요하다고 생각한다. 의견이나 견해의 차이점들을 평가하여 충돌을 막는 방법을 터득한다. 솔직하고 조심스러운 피드백을 통하여 구성원들은 팀의 구성원으로서 그들의 장점과 단점들을 인식한다. 신뢰와 수용, 화합의 분위기가 있으며 그룹 내의 결속력이 높다.

✖ 같은 미래를 바라보라

변화를 성장의 기회로 간주하고 변화를 받아들인다. 현재의 상태에 만족하지 않고 새로운 아이디어와 경험을 바탕으로 지속적으로 팀의 과정과 행동의 개선을 추구한다.

✖ 창의적으로 역량을 개발하라

팀원들은 여러 가지 어려움을 극복하고 그들의 목표를 실현할 수 있는 팀 효능감이 높다. 구성원들은 팀 내에서 성장하고 새로운 기술을 배울 수 있는 기회를 갖는다. 이렇게 해서 집단능력은 물론 개인별 능력이 향상된다.

✖ 대응력을 높여라

팀원들은 유연성을 가지고 여러 가지 일을 수행하며 다양한 기능들을 가지고 있다. 팀원들은 팀의 발전을 위해 책임과 역할을 분담한다. 구성원 개개인의 장점을 알고 사용하며 필요시에는 개별적인 노력을 결집시킨다. 팀은 서로의 의견과 감정을 솔직하게 교환하며, 어려운 일이나 즐거움도 함께 나눈다. 팀원들은 변화는 불가피하며 바람직한 것이라는 것을 깨닫고 변화하는 여러 가지 상황에 적응한다.

✖ 업무수행이 중요하다

훌륭한 팀들은 높은 성과를 산출한다. 높은 수준과 높은 질의 실적을 거두겠다고 공약한다. 그들은 일을 끝내고 마감일을 맞추고 목표를 달성한다. 팀은 효과적인 의사결정과 문제해결 방법을 개발하여 최적의 결과를 얻어내고 참여의식과 창의력을 조장한다. 팀원들은 여러 가지 일을 완수하는 것은 물론, 팀이 함께 일하는 과정에서 높은 기술을 개발한다.

3) 시너지를 극대화하라

단순히 팀 구성원들의 역량을 결집하는 것보다 팀원이 함께 일할 때 성과가 높은 팀을 만드는 것이 팀의 리더가 해야 할 일이다. 팀의 시너지를 높이기 위해 구성원들이 자발적으로 자신의 역량을 다른 팀원과 합치는 것이 중요한데, 팀원 스스로가 각자의 직무와 역할에서 주인의식과 통제권을 갖게 될 때 능동적인 참여가 발생된다.

구성원들은 각각 자기업무에 대해 주인의식을 갖고 주도권을 가질 때 힘이 솟아난다. 힘이 솟아난 사원들은 자신의 업무가 자기책임 하에 자기방식으로 수행될 수 있다는 사실을 인지하고 더 많은 보람과 각오로 업무에 임한다. 임파워먼트^{Empowerment}라는 용어는 권한위양, 재량권, 구성원의 활력화 등 여러 가지로 번역되는데, 구성원의 동기부여를 위해 권한이 위양되는 것이 필수적임을 입증하는 말이다. 그러나 임파워먼트는 단순히 권한위임이라는 의미만을 나타내지는 않는다. 단순히 권한만 위임한다기보다는 재량껏 계획하고 자기통제 하에 아이디어도 내면서 일을 처리할 때 임파워먼트가 이루어졌다고 할 수 있다. 구성원들에게 더 많은 책임을 주고 그들의 지식과 학습능력을 활용하여 스스로 배우고 실천하면서 성과를 만들어내면 임파워먼트가 이루어진 상태라고 볼 수 있다. 임파워먼트를 통해 직무를 성공적으로 수행하기 위해서는 다음의 다섯 가지 요소가 갖추어져야 한다.

- 실적에 대한 정보를 입수할 수 있어야 한다.
- 목표달성을 위한 지식과 스킬을 습득해야 한다.
- 자신의 직무에서 실질적인 결정을 내릴 수 있어야 한다.
- 자기가 수행하는 일의 의미와 임팩트를 이해해야 한다.
- 개인별 성과가 아니라 팀 성과를 근거로 보상을 받아야 한다.

실전 Q & A

바다거북은 산란기가 되면 모래사장으로 올라와 보통 500개 이상의 알을 낳는다. 거북의 산란장은 백사장의 깊은 모래 웅덩이다. 거북은 웅덩이에 알을 낳고 모래로 알을 덮어놓는다. 알에서 부화한 새끼거북들이 육중한 모래를 뚫고 빠져나오는 모습은 실로 장엄하다.

새끼들은 상호협력과 철저한 역할분담을 통해 모래를 뚫고 세상으로 나온다. 맨 위쪽의 새끼들은 부지런히 머리 위의 모래를 걷어낸다. 옆의 새끼들은 끊임없이 벽을 허문다. 그러면 맨 아래 있는 새끼거북은 무너진 모래를 밟아 바닥을 다져가면서 세상으로 나온다. 거북알 하나를 묻어놓으면 밖으로 나올 확률은 고작 25%에 불과하다. 그러나 여러 개를 묻어놓으면 거의 모두 모래 밖으로 나온다.

Q 이런 활동을 팀의 입장에서 봤을 때 한 개인이 성과를 내는 것보다 팀원이 모여서 제 역할을 다 하고, 팀의 성과를 위해서 개인의 성과는 포기할 수 있고, 혼자 내는 성과보다 높은 성과를 내는 1+1=2가 아니라 2 이상이 되어야 한다는 것을 무엇이라고 하는가?

A 시너지효과, 상생효과. 각 역할과 상호협력은 상생相生을 가져온다. 바다거북처럼 서로 돕고, 맡겨진 일에 충실하고 협력하며, 그럼으로써 함께 살 수 있는 것을 바로 시너지라고 부른다. 팀에서도 역시 시너지효과를 내기 위해 각 팀원에게 역할을 부여하고 최고의 성과를 낼 수 있도록 지원한다.

자기점검 포인트

1. 우리 팀은 팀 발달단계 중 어느 단계에 속하는가?

2. 고성과 팀으로 가기 위해서 팀에서 해야 할 일은 무엇인가?

3. 고성과 팀으로 가기 위해서 팀 내에서 내가 해야 할 일은 무엇인가?

자기점검 그 후

새로운 제품이 출시되는 날이다. 이싹싹 주임이 기획하고, 안경태 주임이 실제로 출시가 가능한지 연구에 돌입함과 동시에 고객만족 부서와 영업 부서의 나서고 대리와 유쾌해 대리는 바로 상품화됐을 때 고객들의 반응은 어떠한가 고객 만족도 조사 및 대리점 조사를 완료했다. 신입사원은 이싹싹 주임을 도와 서류를 정리하였으며 이깔끔 대리는 어느 정도의 수익이 있을지에 대한 예상을 데이터화했다.

성취감 과장은 팀원들이 자신의 역할을 120% 해내고 있는 것을 보고 매우 흐뭇해했다. 서로 경쟁하고 갈등이 있었던 시기를 떠올려보면 그때가 좋은 계기가 됐다고도 생각하지만, 다시 돌아가고 싶지는 않다.

CHAPTER 9

최강팀으로 만드는
팀원의 강점을 찾아라

Intro

인사이동이 발표됐는데, 이번 인사이동 인원은 세 명이다.

영업부서의 유쾌해 대리가 기획부서로, 고객만족 팀 나서고 대리가 R&D 부서로, R&D 부서의 안경태 주임이 영업부서로 이동되었다.

인사이동 발표 후 가장 좋아했던 사람은 바로 유쾌해 대리다. 영업부서에서 기획부서로 발령받은 것이 자신의 능력을 인정받았다고 생각했기 때문이다. 그리고 잘할 수 있을 것이라는 생각에 들떴다. 한편, 나서고 대리는 발령을 받고 과연 자신이 사무실에 하루 종일 앉아서 연구를 할 수 있을까 하는 의구심이 들었다. 물론 자신의 전공을 살리면 연구하는 것이 문제가 되지는 않겠지만, '과연 잘할 수 있을까' 하는 생각이 떠나질 않았다. 안쪽에서는 안경태 주임이 한숨을 쉬고 있다. 안경태 주임은 영업부서로 발령받고 머리를 절레절레 흔들고 있다. '내가 영업부서로 간다고? 나 못해. 나 못해. 어떻게 하지?' 별의별 생각을 다하는지 얼굴이 구겨져 있다. 안경태 주임은 사람들을 많이 만나고 오는 날에는 너무 피곤해서 하루 종일 쉬어야 힘이 다시 충전되는 것을 여러 번 느꼈다. 그래서 현재 R&D 부서가 천직이라고 생각했기에 이번 인사이동은 마른하늘에 날벼락이나 마찬가지였다.

공감해요!

인사이동철에 인사이동에 임하는 직원들의 풍경도 제각각이지요. 아무래도 지금까지 해왔던 업무에서 벗어나 있기도 하고 자신의 적성에 잘 맞는지조차 모르기 때문이지요. 이제부터는 구체적으로 자기 자신부터 잘 알아야 합니다.

공감전개

1. 누구에게나 강점은 있다

유쾌해 대리는 기획부서로 발령받은 첫날 자신감이 충만해 있었다. 유쾌해 대리의 넓은 오지랖으로 이미 기획부서의 부서원들과는 친했기 때문에 꼭 원래 출근하던 부서 같았다. 출근해서 처음 떨어진 일이 유쾌해 대리가 있던 영업부서로 전화해서 영업실적 데이터를 뽑아오는 것이었다. 한세월 부장과도 잘 지냈지만 왠지 모를 미안함이 밀려왔다. 자신도 기획부서에서 전화받을 때 왠지 모르게 자료를 주고 싶지 않다는 생각을 자주 했었기 때문이다.

"부장님, 유쾌해입니다."

"어? 기획부서로 간 지 얼마나 됐다고 벌써 궁금해서 전화했나?"

"네, 부장님이 너무 보고 싶어서요."

한참 수다를 떨다가 부장님에게 조심스럽게 영업실적 데이터를 달라고 했다.

"유 대리 데이터 달라고 전화한 거야?"

한세월 부장이 물었다.

"죄송합니다. 처음 받은 업무가 이거네요."

이 이후로 각 부서별 데이터를 달라는 전화를 모두 돌리고 성취감 과장에게 보고했다. 성취감 과장이 두 번째 업무를 줬는데 자신이 제일 못하는 데이터 정리였다. 울다시피 데이터 정리를 시작했다. 정리만 연이틀을 꼬박 야근까지 하고 완료했다.

유쾌해 대리는 기획부서에 처음 오던 날 생겼던 자신감은 사라지고, 과연 이 업무가 맞는지, 잘할 수 있을지 모르겠다는 생각만 자꾸 들었다.

1) 상사의 꾸짖음보다 칭찬에 주목하라

한국의 과학 후진성을 극복하고 선진국으로 진입시키기 위해 옥황상제는 한국에 다섯 명의 노벨상 수상자를 보내기로 했다.

첫 번째 주자는 퀴리부인. 대한민국에 파견된 퀴리부인은 대학을 졸업하고 취직에 매달렸다. 그러자 주위 사람들은 무슨 취직이냐며 선이나 봐서 시집이나 가라고 권유했다. 하지만 얼굴도 평범하고 키도 작고 몸매도 안 되는 퀴리부인은 취직도 결혼도 모두 성사시키지 못했다. 결국 퀴리부인은 혼자 외롭게 지내다가 자신의 뛰어난 아이디어와 창의적인 생각을 실현하지 못하는 좌절감을 맛보았다.

옥황상제는 이번에는 탁월한 발명가인 에디슨을 파견했다. 에디슨은 발명특허를 냈어도 초등학교조차 나오지 않았다는 이유로 대기업에서는 그를 거들떠보지도 않았다. 에디슨은 엄청난 수모를 당하며 좌절했다.

이번에는 천재 수학자 아인슈타인을 보냈다. 수학에는 엄청난 실력을 보였지만 다른 과목은 거의 낙제를 면치 못한 아인슈타인. 전 과목을 다 잘하는 공부선수가 되어야만 하는 한국사회에서는 좌절의 고배를 마셔야 했다. 결국 그는 대학문턱에도 가보지 못한 채 무위도식하는 여생을 보내야 했다.

네 번째로 한국에 파견된 과학자는 갈릴레오. 그는 주변의 수많은 핍박과 온갖 횡포에도 불구하고 '그래도 지구는 돈다'는 자신의 주장을 강력하게 피력한 것은 물론, 한국의 과학현실에 대해 크게 비판하다가 연구비 지원이 끊기는 상황에 처했다.

옥황상제는 마지막 희망으로 천재 물리학자 뉴턴을 파견했다. 뉴턴은 대학원에 들어가 학위논문을 제출하기까지 이른다. 그런데 지도교수 및 논문

심사 교수들이 그의 논문 아이디어를 통 이해하지 못했다. 그는 졸업도 못하고 집에서 세월을 보내게 됐다. 인터넷에 떠도는 우스갯소리지만 우리가 눈여겨봐야 할 점이 있다. 아무리 세계적으로 뛰어난 사람들이라도 잘하는 것과 못하는 것이 있었다. 즉, 자신이 어떤 점을 잘하는지, 어떤 점에 약한지 잘 파악하고 집중했기 때문에 뛰어난 활약을 했다는 점이다.

2) 내 강점에 올인하라고?

네브래스카 대학에서 심리학을 가르쳤던 클리프턴Donald Clifton 박사는 인간의 강점을 최대로 활용하기 위한 강점이론을 확립했다. 강점이론의 핵심은 사람에게는 누구나 강점이 있기 때문에 사회적으로나 개인적으로나 성공하기 위해서는 자신의 강점을 찾아서 자신의 노력을 집중해야 한다는 것이다. 즉, 강점에 올인하라는 것이다. 사실, 핵심은 간단하고 누구나 쉽게 실천할 수 있을 것 같지만 자신에 대해서 잘 모르고, 자신이 갖고 있는 강점이 무엇인지 잘 모르기 때문에 많은 사람들이 강점에 올인하지 못하고 평범한 수준에서 머무르는 것이다.

3) 약점은 강점을 이길 수 없다

✖ 약점을 보완해서 성공하기 위해서는 엄청난 노력이 필요하다

우리는 잘하는 것은 그대로 두고 잘 못하는 것을 집중해서 보완해 나간다. 많은 사람들에게 성공하기 위해 강점과 약점 중 무엇을 보완해야 하는가 묻는다면 대부분의 사람들은 약점을 보완하는 것이 중요하다고 대답한다. 그만큼 우리는 오랫동안 약점을 집중해서 보완해야 한다고 생각해왔고,

약점을 보완하면 완벽해진다고 생각해왔다.

✖ 우리의 상사도 약점을 지적한다

직장에서도 마찬가지이다. 직원에게 동기를 부여해주고 최상의 결과를 만들도록 도와주는 역할을 하는 리더도 같은 딜레마에 빠진다. 직원의 강점을 강화하는 방향으로 이끌어주는 상사가 있는가 하면 직원의 약점을 보완하도록 하는 상사가 있다. 주변을 살펴보면 이 둘 중에서 가장 많이 사용하는 것이 약점을 보완해주는 상사일 것이다.

잘하는 것은 이미 잘하고 있기 때문에 굳이 더 훈련시킬 필요가 없다고 생각한다. 못하는 점을 잘 지적해서 잘할 수 있도록 만들면 된다고 생각한다.

✖ 학교교육에서부터 약점을 보완하는 시스템이었다

학교교육에서도 마찬가지였다. 국어와 영어는 90점 이상을 받지만 수학성적이 50점 정도라면 많은 부모들은 수학을 집중적으로 배울 수 있는 학원에 보내거나 과외를 시킨다. 수학만 집중적으로 관리하면 모든 과목을 90점 이상 받을 것이라는 생각을 한다. 학교교육 시스템상 모든 과목의 평균점수가 학생의 평균점수이기 때문에 약점을 보완해야 한다는 논리가 생겨난 것이다. 하지만 직장생활은 학교와 다르다. 직장에서는 잘하는 것을 더욱 잘할 때 빛이 난다.

✖ 약점을 지적하면 자신감을 잃는다

회사에서는 잘하는 점을 칭찬하기보다는 못하는 점을 자꾸 지적한다. 하지만 지적하면 지적할수록 부하직원은 심리적으로 방어기제가 작동되기 때문에 업무뿐만 아니라 다른 것에도 영향을 미쳐서 매사 소극적이고 불안해하고, 점점 자신감도 잃는다. 그래서 자신이 원래 잘했던 것까지도 위축이 돼서 잘하지 못하게 된다.

✖ 강점을 찾으려면 노력해야 한다

직장상사의 눈에는 언제나 직원들의 단점이 먼저 눈에 띈다. 그래서 직원들의 단점을 발견하면 대부분의 상사들은 스스로 똑똑하고 관리자로서 자질이 충만하기 때문에 직원의 단점을 볼 수 있다고 생각한다. 그리고 이것을 고쳐 부하직원을 완벽하게 만들어야겠다는 사명감을 갖는다. 하지만 이렇게 지적했을 때 결과는 반드시 실패하게 되어 있다. 또한 상사의 눈에는 직원들의 단점과 마음에 안 드는 것만 보이기 때문에 의식적으로 노력해야 한다. 특히 직원들의 약점보다는 강점을 찾아야 한다.

4) 강점을 충분히 활용하라

✖ 누구에게나 강점과 약점은 있다

어니스트 헤밍웨이와 윌리엄 포크너는 미국을 대표하는 작가로서 영문학사에서 결코 사라지지 않을 명작을 남겼다. 하지만 그들에게도 약점은 있었다. 그것은 다름 아니라 글을 쓰는 데 큰 약점이 될 수 있는 문법상의 실수나 쉬운 단어의 철자를 잘 못 쓰는 것이었다. 하지만 헤밍웨이와 포크너는 그러한 오류를 직접 고치기 위해서 시간을 투자하거나 약점을 고치기 위해 노력하지 않았다. 자신이 못하는 것은 스스로 고치지 않고 교정과 편집을 담당하는 사람들에게 맡겼다. 작가는 자신의 풍부한 체험과 상상력을 글로 옮겨 적는 데에 강점을 가진 사람이다. 문법이나 철자법에 강점이 있는 것이 아니다. 위대한 작가가 되려면 사람들의 영혼을 사로잡는 감성을 다듬고 또 그것을 막힘없이 풀어놓는 표현력을 길러야 한다. 실수가 없는 글이 훌륭한 글이 되는 것은 아니다.

이렇게 잘하는 것을 더욱 잘할 수 있도록 긍정적으로 이끌어주고 못하는 것은 과감히 포기하면 된다. 나에게 약점이라고 해서 다른 모든 사람도 같은 것에 약점을 갖고 있는 것이 아니라 그것을 잘하는 강점을 갖고 있는 사람이 분명 있기 때문이다. 이것을 분업의 개념으로 이해하면 더욱 좋다. 분업이란 한 개의 완제품을 만들기 위해 한 사람이 모든 것을 조립하는 것이 아니라 한 명이 한 개만 조립하는 시스템이다. 조직에서도 이런 개념으로 이해하면 된다.

✖ 강점에 집중하면 효과적으로 성과를 낼 수 있다

우리나라가 동계운동 종목에서 여자 쇼트트랙 선수들이 세계최고의 자리를 지키고 있는데, 한 국가대표 감독이 인터뷰에서 그 비결에 대해 이런 말을 한 적이 있다.

"나의 방침은 선수들이 각자 잘하는 분야를 더욱 잘할 수 있도록 지도하는 것이다. 어떤 선수는 스타트가 좋고 어떤 선수는 코너링이 좋다. 또 어떤 선수는 막판 스퍼트를 잘한다. 그러나 스타트가 좋은 선수는 대신에 코너링이 약할 수 있고 코너링이 좋은 선수는 막판 스퍼트가 약할 수 있다. 다 좋은데 스타트가 안 좋은 선수는 스타트만 열심히 연습시키고 다른 건 잘하지만 코너링이 약한 선수는 코너링을 집중해서 연습시키는 것이 대부분의 코치들이 선수들을 훈련시키는 방법이다. 그러나 나는 잘하는 것을 더욱 잘할 수 있도록 지도한다."

조직에서 완전히 쓸모없는 사람은 단 한 명도 없다. 아무리 강점이 없는 사람이라도 다른 사람이 못하는 것을 잘하는 경우를 발견할 수 있다. 그러나 대다수의 조직이나 상사들은 그것을 제대로 인식 못 하고 있기 때문에 활용을 잘하지 못한다. 오히려 약점을 보완하느라 시간과 노력을 낭비하고, 중요한 자원을 허비하는 경우가 많다. 직원들의 강점을 발견하고 강점을 최대한 활용할 수 있도록 해주면 직원들도 점점 자신감이 생길 것이고 조직이 적극적이고 활발하게 운영될 것이다.

✖ 강점을 발견하는 질문

스스로 강점이 무엇인가를 잘 모를 경우가 많다. 그렇다면 스스로에게 질문해서 자신의 강점을 찾아가는 방법도 있다.

- 내가 하는 일 중, 나는 쉬운데 남들은 어렵다고 하는 일은 무엇인가?
- 사람들은 어떤 일에서 나를 쓸모 있는 사람이라고 생각하는가?
- 현재 나는 어떤 일을 즐기면서 하는가?
- 다른 사람에게 위임하고 싶은 일은 무엇인가?
- 다른 사람들로부터 칭찬과 인정을 가장 많이 받는 일은 무엇인가?
- 어떤 환경에서 일하고 싶은가?
- 어떤 환경을 피하고 싶은가?
- 사람들은 나에게 어떤 종류의 조언을 구하는가?
- 업무를 처리할 때 더 많은 관심을 갖고 처리하는 일은 무엇인가?

5) 약점도 알아야 한다

요즘처럼 급변하는 사회에서는 멀티 플레이어를 원하기 때문에 강점만으로 성공하기가 점차 어려워지고 있다. 자신의 강점에만 집중했는데도 성공하지 못하거나 두각을 나타내지 못한 사람의 경우 자신의 약점을 이해하고 있어야 한다. 또한 자신도 모르게 강점을 방해하는 것이 무엇인지를 알아야 한다. 약점을 보완하라는 것이 아니라 약점이 무엇인지를 알고 약점이 되는 부분은 도움받을 수 있어야 한다.

6) 성격에서 알아보는 나의 강점

누구나 자신이 어떤 사람인지 막연하게는 알고 있다. 자신이 잘하는 것과 못 하는 것, 자신이 좋아하는 것과 싫어하는 것에 대해서 잘 안다고 생각하지만 정작 다른 사람이 내 성격에 대해서 말해보라고 한다면 뜬구름 같은 두루뭉술한 이야기를 늘어놓게 된다. 자신의 성격을 구체적으로 알고, 성격에서 나오는 자신의 강점과 약점에 대해 구체적으로 알면 직장에서 무엇을 어떻게 피해야 하는지 어떤 것에 집중해야 하는지 쉽게 알 수 있다.

2. 대체 내 강점은 뭐야?

나서고 대리와 안경태 주임도 새로운 부서에서 적응하기 힘든 것은 마찬가지였다. 그러나 우려했던 것과는 달리 나서고 대리는 고객만족 부서에서 있을 때도 잘 맞지 않았기 때문에 다른 곳을 가도 마찬가지라는 생각을 하고 있었다. R&D 부서로 발령을 받고 한편으로는 걱정도 되면서 한편으로는 안도했던 것이, 고 고객과 직접대면을 하지 않는다는 장점이었다. 그러나 막상 업무를 받아보니, 분석하고 연구하는 등 하는 일이 많아서 하루 종일 엉덩이를 뗄 일이 없었다. 일주일이 지나자 나서고 대리는 몸이 근질거리기 시작했다.

'아, 이 답답한 사무실에 하루 종일 있으려니까 미치겠다. 차라리 고객만족 부서가 더 나았어. 이러다가 내 머리가 어떻게 되는 것은 아닐까?'

별의별 생각을 다 하고 있었다. 한편, 안경태 주임은 영업부서로 발령받고 거래처를 관리하게 됐다. 업무의 대부분이 사람과 만나서 대화하거나 전화하는 일들이었다. 이렇게 하루 종일 사람들과 만나서 대화를 하다보면 기운이 다 빠져버린 것 같다. 집에 도착해서 한 마디도 하지 않고 가만히 있거나 취미생활을 하다보면 다시 충전이 되는 듯하다. 안경태 주임의 취미는 영화를 보는 것으로 자신의 기분이나 상황에 맞는 영화를 골라서 본다.

1) 성격이란 무엇인가

인간은 사회적 동물이다. 가정, 학교, 지역, 직장, 국가라는 조직의 구성원으로 있으면서 함께 살아가야 한다. 그러나 다른 사람의 마음이 내 마음과 같지 않다는 것은 누구나 알고 있을 것이다. 같은 상황에서도 그 많은 사람들이 각자 다른 생각을 하고, 겉으로 보기에는 같은 행동을 하는데 그 행동을 하는 이유는 사람에 따라 제각각이다. 이런 제각각인 행동들을 우리는 성격이라고 불러왔다.

2) 나는 회사에서 어떤 캐릭터일까?

✖ 완벽한 세상을 만들고 싶어 하는 이깔끔 대리

약속을 중요하게 생각하며 무엇이든 제자리에 있는 것을 중요시한다. 항상 모든 것을 완벽하게 하기 위해서 노력하며, 자신이 계획하고 생각해놓은 것에 미치지 못하면 스스로를 자책할 때도 있다. 항상 어떤 일이든 잘하기 위해 노력하고 계획을 세운다.

✖ 궂은일을 마다하지 않고 도움을 주는 이싹싹 주임

누군가 도움이 필요한 사람이 있으면 거절하지 못하고 도와준다. 그러나 자신의 관심과 사랑을 주위에서 인정해주지 않는다거나 자신이 이해받지 못한다고 생각하면 배신감을 느끼면서 화가 나기도 한다. 하지만 그 화는 오래 지속되지 않는다. 자신이 남을 도와줌으로써 사랑받을 수 있다고 여긴다.

✖ 많은 이들에게 인정받고 싶은 성취감 과장

주변 사람들이 자신에게 관심을 갖고 있는지, 어떤 시선으로 보고 있는지 신경을 많이 쓴다. 무엇보다 결과를 중시하여 과정에는 신경을 쓰지 않고 어떻게든 좋은 결과물을 얻는 데만 집중한다. 다른 사람이 일을 더디게 하거나 방해가 되면 답답하게 여기지만, 다른 사람의 일을 내 일보다 훨씬 중요하게 생각하기 때문에 누군가 도움을 요청하면 주저하지 않고 바로 행동으로 옮기기도 한다.

✖ 낭만을 즐기고 감성이 풍부한 고독해 대리

일상생활에서 즐거움을 찾기보다 현실세계와는 거리가 있는 분야를 좋아하고, 신비스럽고 공상적인 것에 몰입한다. 작은 일에 상처받기도 하고 신경질적이기도 하며 감정의 변화가 심하다. 감정이 예민한 만큼 주변환경에 영향을 많이 받는다.

✖ 혼자서 수집과 관찰에 몰두하는 안경태 주임

다른 사람들과 어울리는 것보다는 혼자 지내는 것을 좋아하여 사람이 많고 복잡한 곳을 꺼린다. 주변 사람들이 자기 생활에 간섭하거나 자기에게 일을 시키는 것, 누군가가 자신에게 질문을 하면 당황해한다. 혼자 생각하고 정리하는 특성 때문에 상황을 객관적으로 바라볼 수 있다.

✖ 미리미리 충실히 준비하는 신입사원

조심스럽고 신중하여 미래에 어떤 일이 잘못되었을 때를 생각해서 항상 대비를 한다. 걱정이 많고 미래에 대해 막연히 불안감을 느끼기 때문에 모험을 하기보다는 지금의 자리에서 최선을 다하고자 한다. 다른 사람들이 자신을 믿어주기를 바라는 만큼 혹시 믿지 않을까봐 걱정되기도 하지만, 한번 믿으면 끝까지 헌신한다.

✖ 번뜩이는 재치와 호기심을 가진 유쾌해 대리

평소에 말이 많아서 주변을 산만하게 하지만 호기심이 많아서 새로운 일이나 새롭게 관심을 끄는 것이 있으면 일단 해본다. 쉽게 배우는 만큼 쉽게 질리기도 하고 원하는 것을 얻기 위해 고생하는 것을 싫어하다보니 시작은 잘하지만 끝마무리는 못하는 편이다. 어려운 일이나 하기 싫은 일을 자꾸 미루어 핀잔을 듣지만 그때마다 핑계를 대거나 농담을 해서 상황을 모면하려고 한다. 괴로운 상황에서도 즐거운 생각을 하며 고통을 벗어나려는 경향이 강하다.

✖ 추진력과 힘이 넘치는 나서고 대리

누구보다 자기 자신을 믿기 때문에 스스로 판단하고 스스로 결정한다. 또한 그 결정에 따라서 행동한 일에 조금도 주저함 없이 밀어붙이는 성향이 있으며, 집중력도 뛰어나 한번 시작한 일은 몰입해서 빨리 끝내는 장점이 있다. 직관력이 뛰어나서 그때그때 즉각적으로 처리하는 것 같아도 결과가 좋을 때가 많으며, 앞장서서 궂은일을 처리하기도 하고 강한 리더십을 가진 만큼 불의를 보면 바로잡아 정의롭게 행동하려고 노력한다.

✖ 조화롭고 끈기가 있는 한세월 부장

모든 것을 포용하려 하고 모든 사람과 조화롭고 평화롭게 잘 지내는 것이 최고라고 생각한다. 주변의 사람들과 두루두루 다양한 친구관계를 맺고 있으며, 한번 일을 시작하면 웬만해서는 중간에 그만두지 않는 끈기가 있다. 하지만 말과 행동이 느리기 때문에 답답해 보이기도 한다. 다른 사람과 갈등이 생기는 것을 싫어하기 때문에 사람들 앞에서는 수긍을 하지만, 고집이 세서 속으로는 자신의 고집을 꺾지 않는다.

3) 나는 어떤 유형의 사람일까?

자신의 성격을 스스로 판단하기란 쉽지 않다. 스스로를 가장 잘 안다고 생각하지만 가장 잘 모르는 것이 자신의 성격이기 때문에 자신의 강점을 발견하기란 쉽지 않다. 조직 내에서도 다른 사람의 성격이나 강점을 미리 알고 있으면 프로젝트를 진행하거나 조정을 할 때 수월하다.

1번 유형

1. 작은 일이라도 완벽하게 처리하려고 노력하기 때문에 시간이 늘 부족하다.

2. 깔끔하게 정리되어 있지 않으면 짜증이 나는 것이 한 가지 이상 있다.

3. 원칙을 지켜서 열심히 하는 것을 선호한다.

4. 자신을 포함한 모든 것에 잘 안 되고 있는 것이 먼저 눈에 띈다.

5. 작은 실수나 사소한 결점에도 신경이 쓰인다.

6. 원칙과 기준이 있어서 그 원칙과 기준으로 자신과 남들을 평가하고 비판한다.

7. 진지하다는 말을 많이 듣는다.

8. 나는 정직하고 객관적이 되려고 노력하고 양심에 따라 행동하려고 한다.

9. 시간약속을 어기는 사람을 신뢰하기가 어렵다.

10. 공정하지 못한 일이 생기면 이것을 바로잡아야 한다는 생각이 든다.

2번 유형

1. 나는 다른 사람에게 관심이 많아서 상대방이 어떤 감정을 갖고 있는지 금방 알아차린다.

2. 다른 사람을 볼 때 언제나 예쁜 모습이 먼저 보여서 칭찬을 자주 한다.

3. 다른 사람의 일을 도와주느라 내 일을 할 때 시간이 부족할 때가 있다.

4. 생일선물로 무엇을 받고 싶냐고 누가 물어봐서 곰곰이 생각해봐도 필요한 것이 없다고 느낀다.

5. 주위 사람들이 보이는 반응에 민감하다.

6. 나는 사려 깊고 너그러운 사람이라고 생각한다.

7. 고맙다는 말을 들을 줄 알았는데 그렇지 못하면 자신이 희생된 것처럼 느껴진다.

8. 사람들에게 도움을 줌으로써 내 자신이 그들의 인생에 소중한 존재로 여겨지기를 바란다.

9. 나의 도움으로 다른 사람의 일이 잘 되면 기쁘다.

10. 곤경에 빠진 사람들을 돕기 위해 자신의 개인적인 시간을 종종 할애한다.

1. 항상 일을 만들어서 하는 편이라 쉬지 못하고 바쁘다.	
2. 나는 실패를 실패로 생각하지 않고 성공을 위한 경험을 했다고 생각한다.	
3. 적절한 목표를 세울 줄 알고, 목표를 달성하기 위해서 지금 무엇을 해야 하는지 잘 알고 있다.	
4. 더 큰 목표를 위해서 작은 것을 희생해도 된다는 생각을 한다.	
5. 무슨 일이든 구체화하는 데 능하고 인정받을 수 있도록 진행을 잘한다.	
6. 어려운 목표보다는 성공할 수 있는 목표를 정한다.	
7. 자신이 하고 있는 일에 대해 다른 사람이 부정적으로 말하는 것은 나의 능력을 나쁘게 말하는 것과 같다.	
8. 자신의 일과 역할을 중요하게 생각하며 능력이 있는 자신의 모습이 자랑스럽다.	
9. 다른 사람들이 내가 한 일을 인정하지 않을 때 마음이 불편하다.	
10. 함께 일하는 동료가 하는 일에 비해 내가 더 잘해야 한다고 생각한다.	

1. 나는 감정이 풍부해서 세상의 기쁨과 슬픔을 잘 알고 있다.	
2. 슬픔에서 아름다움을 느끼기도 한다.	
3. 다른 사람은 나의 깊은 감정을 이해하지 못할 것이다.	
4. 맛있지만 인테리어가 별로인 곳과 맛은 없지만 분위기가 우아한 곳 중에서 고르라면 후자를 택한다.	
5. 나는 평범한 사람이 아니라고 생각한다.	
6. 한없이 즐거운 일이 있어서 기쁘다가도 갑자기 슬픈 감정이 올라오곤 한다.	
7. 혼자 있는 시간에 공상을 하는 일이 많다.	
8. 나는 이 세상에 나 혼자밖에 없어서 외롭다고 느낀다. 누군가 함께 있어도 달라지지 않는다.	
9. 나의 풍부한 감성을 세상에 있는 단어로는 나타내기 힘들 때가 있다.	
10. 슬픔, 상실, 사라짐 등을 생각하면 슬프고 공허한 감정이 올라온다.	

215

5번 유형

1. 나는 나의 감정을 느끼지만 표현하는 데 서투르다

2. 나는 어떤 주제에 대해서 깊이 공부하고 파고드는 것이 좋다.

3. 나는 내가 좋아하는 분야를 수집하고 정리정돈하는 것에 시간을 많이 쏟는다.

4. 나는 다른 사람들과 어울리기보다는 혼자 있는 것을 좋아한다.

5. 나는 친한 사람이라도 예고 없이 방문하면 반갑지 않다.

6. 감정에 휩쓸리지 않고 매우 침착한 편이다.

7. 적극적인 행동으로 문제를 해결하기보다는 전후사정을 보고 객관적으로 판단한 후에 행동하는 것이 더 낫다고 생각한다.

8. 사람들과 대화를 할 때는 주제가 없으면 시간이 아깝다는 생각이 든다.

9. 정보를 교환할 때는 말하는 것보다는 듣는 것 위주로 한다.

10. 나는 회의나 워크숍보다는 책이나 논문을 통해 깊이 있는 지식을 얻고 싶다.

6번 유형

1. 나는 가르치는 사람이 권위가 있고 믿을 만할 때 학습효과가 높다.

2. 좋은 일이든 나쁜 일이든 준비하고 난 후에 맞이해야 한다고 생각한다.

3. 예측가능한 일을 하는 것이 좋다.

4. 무엇인가 잘못된 일이 생기지 않을까 걱정이 많다.

5. 안정된 미래를 준비해야 하기 때문에 현재를 즐기기 위한 지출은 하지 않는다.

6. 나는 익숙한 하루 일과에 큰 변화가 일어나는 것을 좋아하지 않는다.

7. 나는 업무범위와 일처리 방식을 명확하게 지시받았을 때 역할을 잘 수행해 나갈 수 있다.

8. 사람들을 쉽게 믿지 않는다.

9. 나는 많은 대안들 중에서 스스로 결정을 내리는 것을 좋아하지 않는다.

10. 나는 결정을 내리기 전에 내가 신뢰하는 사람들의 의견을 듣고 결정한다.

1. 나는 재미있는 일을 하는 것에 금전적인 지출을 많이 한다.	
2. 나는 무미건조한 일에는 시간이 아깝지만 재미있는 일에는 얼마든지 시간을 쓸 수 있다.	
3. 나는 일을 할 때 여러 가지 일을 동시에 추진할 때 의욕이 더 생긴다.	
4. 다른 사람이 무슨 생각을 하는지보다 내가 즐겁고 행복하면 된다.	
5. 이제까지의 삶을 돌아보니 괴로운 일은 없던 것 같다.	
6. 항상 재미있는 일들을 생각하지만 한편으로는 결정을 못해서 괴롭다.	
7. 많은 것을 빨리 배워서 못하는 것이 없다고 생각한다.	
8. 싫은 일은 굳이 경험할 필요는 없다고 생각한다.	
9. 이제까지 나의 관심분야는 계속 바뀌어왔다.	
10. 나는 다재다능한 낙천주의자라고 생각한다.	

1. 자신이 필요로 하는 것을 위해 싸우고 또한 단호하게 지킨다.	
2. 나는 권위적이고 카리스마 넘치며 '불가능은 없다'라고 생각한다.	
3. 아니라고 생각하면 그 자리에서 직설적으로 말을 한다.	
4. 나는 내가 화가 났을 때 직설적으로 표현하지만 뒤끝은 없다.	
5. 공격적이고 자기주장이 강하다는 소리를 듣는다.	
6. 불의를 보면 참지 못하고 약한 사람을 도와주려고 한다.	
7. 의리를 중요시 생각한다.	
8. 문제가 생기면 행동이 먼저 나간다.	
9. 다른 사람은 나를 보고 중압감을 느낀다.	
10. 다른 사람이 보는 것과는 다르게 내가 약한 사람이라는 것을 안다.	

1. 나는 어떤 일을 시작하면 느리지만 싫증내지 않고 꾸준히 할 수 있다.	
2. 나는 성격이 모나지 않고 둥글둥글한 사람이라는 말을 많이 듣는다.	
3. 큰 목표를 갖고 일을 추진할 때 모든 사람의 의견을 받아들이며 화합한다.	
4. 나는 혼자 있을 때나 사람들과 있을 때나 내 마음만 편하다면 어느 쪽도 괜찮다.	
5. 나는 고집이 세다고 생각하지는 않지만 한 가지를 마음먹으면 어느 누구의 말도 듣지 않는다는 말을 듣는다.	
6. 내 앞에서 누군가가 싸우거나 갈등이 있는 것이 싫다.	
7. 살아온 것을 되돌아보면 나는 사람들과 싸우거나 갈등을 일으킨 기억이 별로 없다.	
8. 앉을 수 있는데 왜 서 있느냐, 누울 수 있는데 왜 앉아 있느냐라는 말에 동감한다.	
9. 다른 사람들의 서로 다른 의견을 조율해주는 경우가 많다.	
10. 나는 주의가 산만하고 멍하다는 이야기를 듣지만 사실은 그 상황에 반응하는 것을 좋아하지 않기 때문에 그렇다.	

(전혀 그렇지 않다 1, 약간 그렇지 않다 2, 보통이다 3, 약간 그렇다 4, 매우 그렇다 5)

4) 성격별로 알아보는 강점활용법

✖ 1번 유형 : 이깔끔 대리

이들을 지칭하는 단어 : 완벽주의자, 개혁가, 개혁운동가, 도덕주의자

기본적인 관심 : 무엇이 옳고 그른가? 무엇이 정확하고 부정확한가?

완벽한 업무처리 방법, 완벽한 회사, 완벽한 조직이 있다고 생각하고, 이 것을 추구한다. 자기 자신은 물론이고, 주변의 모든 사람, 모든 것을 개선하기 위해서 열심히 일한다.

• 완벽주의

끊임없이 현재의 상황을 자신이 생각하고 있는 이상적인 상황과 비교한

다. 또한 자신이 하고 있는 일이 생각한 것처럼 완벽하고 탁월하기를 원한다. 자신만의 높은 내면의 기준을 가지고 있으며 자신은 물론이고 다른 사람들까지도 이런 기준에 맞추어서 책임감 있게 행동하기를 원한다.

- 옳은 방식은 있다

세상의 모든 일이나 나에게 주어진 문제, 상황, 과제에 대해서 하나의 옳은 해결책이 있다고 믿는다. 옳은 방식, 가장 좋은 접근법, 올바른 답을 제시함으로써 재빨리 상황에 대처하길 원한다. 또한 자신이 선택한 방식이 유일하게 옳은 방식이다 생각하고 이 방식을 다른 사람들이 따라주기를 바란다.

- 화를 누르다가 폭발한다

책임감은 가장 중요한 가치이기 때문에 근면하고 성실하게 일한다. 특히 시간에 대한 관념이 철저하고 일관성이 있어야 한다고 생각한다. 자신을 비롯해서 다른 사람들이 이렇게 시간을 철저히 지키고 일관성을 보여주지 않을 때 화가 난다. 특히 진지하지 않은 사람이나 열심히 일하지 않는 사람을 보면 화가 나는데, 그때그때 화가 난 것을 표현하지 않고 있다가 어느 순간 그것이 폭발해버린다. 어느 순간 화가 폭발할 때는 스스로도 납득할 수 있는 정당한 명분이 있어야 한다고 생각한다.

- 비판하는 사람이 항상 함께한다

스스로 비판하고 싶지 않아도 계속 마음 속 어딘가에서 자신의 생각이나 감정, 행동을 끊임없이 감시하면서 비판하는 비판자가 있다. 무엇을 잘못했는지, 무슨 말을 해야 했는지, 어떻게 행동했어야 옳은 것인지를 끊임없이 말한다. 자신만 들을 수 있는 내면의 목소리는 쉬지 않고 자신에게 말하면서 자신을 비난한다. 그것은 바로 이깔끔 대리와 같은 성격의 유형이 실수를 하지 않도록 막는 것이다. 말로만 하는 비판만이 비판은 아니다. 보디랭귀지나 행동 등 드러나지 않는 방식으로도 다른 사람을 비난한다. 가끔 다른 사람에게 비판하지 않는 경우도 있지만 단지 표현하지 않을 뿐이다.

✖ 2번 유형 : 이싹싹 주임

이들을 지칭하는 단어 : 베푸는 사람, 조력자, 돌봐주는 사람, 촉진자

기본적인 관심 : 내가 필요한가? 다른 사람들이 나를 좋아할까?

다른 사람의 마음에 들기를 원하고, 다른 사람이 필요한 것을 도와주려고 노력하고, 주변 사람들의 관계를 조율하려고 한다.

• 관계 중심주의

개인적인 관계형성이 자신에게 가장 중요한 부분이라고 생각하기 때문에 주변에는 사람이 많다. 특히 다른 사람들을 아껴주고 챙겨주는 사람이 많이 있어서, 주변 사람들에게 조언과 지원 등 많은 것을 제공한다. 다른 사람들이 자신에게 의존하고 있다고 느끼지만, 실은 다른 사람들과 친밀한 관계나 다른 사람들이 도움을 요청하는 관계에서 자존감을 얻고 자기 가치를 확인하려고 한다.

• 다른 사람에게 집중한다

다른 사람이 무엇을 원하는지 직감적으로 알고 있으며, 가능하면 상대가 필요로 하는 것을 기꺼이 제공하려고 한다. 다른 사람에게 도움을 주려고 하는 태도를 보이는 것은 주변에 도움이 필요하다고 여기는 모든 사람들에게 나타날 수도 있고, 사회적인 지위가 중요하다고 여겨지는 사람과 같은 특정 사람에게 도움을 주려고 할 수 있다. 특히 두 번째인 사회적 지위가 중요하다고 여겨지는 사람과 같은 특정 사람에게는 자신의 행동이나 이미지를 바꿔서 상대방에게 맞추기도 한다. 대개의 경우 상대방이 자신을 좋아하도록 만들기 위해서 어떠한 모습을 보여야 하는지 잘 알고 있다.

- 자신이 무엇을 원하는지 잘 모른다

다른 사람이 무엇을 필요로 하는지에 대해서만 집중하기 때문에 자기 자신이 무엇을 원하는지에 관심을 두지 않는다. 무엇을 갖고 싶은지, 무엇을 하고 싶은지에 대해서 말하라고 하면 필요한 것이 없다고 대답하거나 자신은 모든 것을 다 갖고 있다고 답한다. 자신이 무엇을 원하는지 잘 모르기 때문에 원하는 것을 찾는 것 자체를 어려워한다.

- 목적이 있는 친절함

다른 사람의 원하는 바가 무엇인지, 상황에 따라서 무엇이 필요한지를 잘 알고 있다는 것에 큰 자부심을 갖고 있다. 또한 이렇게 다른 사람들과의 관계를 조화롭게 조정하고 연관 짓는 능력을 가지고 있지만 이러한 성품에는 다른 측면을 갖고 있다. 사람들과의 관계나 일이 잘 되어 갈 때는 우쭐해지는 반면, 계획대로 되지 않을 때는 쉽게 사기가 꺾이거나 분노를 느낀다.

✖ 3번 유형 : 성취감 과장

이들을 지칭하는 단어 : 성취하는 사람, 실행하는 사람, 성공자, 주도적인 사람

기본적인 관심 : 어떻게 하면 다른 사람의 인정과 존경을 얻을 수 있을까?

다른 사람의 존경과 인정을 얻기 위해서 자신의 목표를 설정하고 끊임없이 성공한 사람이 되려고 노력한다.

- 이미지를 관리한다

다른 사람에게 긍정적인 이미지, 자신감 있는 이미지, 성공 이미지를 주려고 노력한다. 그래서 자신이 속해 있는 모임이나 회사에 맞는 이미지를 갖기 위해서 노력한다. 독서모임이라면 안경을 쓴다든가, 운동선수 모임이라면 운동복을 입고 나가는 것처럼 이미지를 상황에 맞춰서 동질감을 나타내고, 그 모임에 참석한 사람 중에서 가장 잘하는 가장 뛰어나 보이는 모습을 보이고 싶어 한다.

- **목표를 업그레이드한다**

객관적으로 다른 사람들보다 성취하기를 원하기 때문에 계속해서 목표를 달성해 나가고 달성하고 나면 바로 다음목표를 세워서 또 실행한다. 만약 그 사이에 실패하거나 장애가 나타나면 다른 목표로 세워 문제를 해결하고 그것을 거름 삼아서 다시 목표를 성공시키는 데 활용한다. 목표 중심적이기 때문에 생산적인 일을 많이 만들기도 하지만 많은 것을 성취하기 위해서 자신의 감정이나 다른 사람의 감정을 느낄 겨를도 없이 일을 진행해 나간다. 특히 업무나 일을 성공시키기 위해서 개인적인 감정이나 상황은 중요하게 생각하지 않는다.

- **일의 성공은 자존감이다**

자신의 일을 성공적으로 하는 것이 자신의 자존심을 높이는 일로 생각하기 때문에 일을 하는 것과 일을 성공적으로 끝내는 것을 좋아한다. 그렇기 때문에 항상 생각하고 초점을 맞추는 것은 자신보다는 자신이 무엇을 성취했는지에 따라 자신의 가치가 매겨진다고 믿는다.

- **실패를 교훈 삼는다**

성공을 추구하기 때문에 실패를 인정하지 않는다. 자신이 성공할 수 있을 만한 가능성이 있는 일을 중심으로 선택하기 때문에 실패를 하는 경우가 거의 없다. 하지만 가끔 실패를 하면 자신이 진짜 실패했다고 생각하지 않고, 실패에서 교훈을 얻었기 때문에 많이 배울 수 있었던 사건이라고 생각한다.

✖ 4번 유형 : 고독해 대리

이들을 지칭하는 단어 : 비극적 낭만주의자, 예술가, 심미적인 사람, 개인주의자

기본적인 관심 : 내가 거부당할까? 내가 부족한가? 내가 나를 잘 표현할 수 있을까?

감정적인 깊이가 깊기 때문에 감정이 풍부하고 자신의 감정을 표현할 수 있을 때 가장 살아있다고 느낀다. 또한 내면의 감정이 다른 사람들과 깊이 연결되는 것을 갈망한다.

• 감정의 기복이 크다

아침의 감정과 오후의 감정과 저녁의 감정이 차이가 많이 날 정도로 감정의 기복이 크며, 이런 감정 사이를 왔다 갔다 하면서 산다. 우울한 감정이 오더라도 자신의 삶에서 중요한 감정이라고 생각하고 우울한 감정이 왔을 때 그것을 느끼기 위해서 오래 유지하기도 하고, 자신의 극단적인 감정이 많은 사람들과 차원이 다른 일상의 행동 너머에 있는 존재에게 자신을 열어줄 것 같은 생각이 들기도 한다.

• 자신이 갖고 있지 않은 것을 갈망한다

자신이 갖고 있는 것보다 갖지 못하는 것에 더 집착하고 끌리는 경향이 있다. 자신이 원하지만 가질 수 없는 것이나 헤어진 옛친구, 사라진 것에 대한 그리움 등 슬픈 감정들이 자신에게는 살아 있는 느낌을 주기 때문에 자신의 깊은 감정을 느끼려고 한다.

- 진실을 추구하고 진실을 통해서 삶의 의미를 추구한다

주된 관심은 예술분야나 상호 간의 의사소통을 통해서 자신을 진실하게 표현하는 것으로 진실되고 참된 것, 진정한 것을 추구한다. 자신이 표현하는 예술 등을 통해서 다른 사람들과 진실하게 연결되어 있다고 느낀다. 감정표현으로 자신의 삶의 의미를 추구하기 때문에, 개인적인 이야기를 자주 하면서 자신을 표현하고자 한다. 또한 자신이 느끼는 세계가 가장 진실한 세계라고 믿는다.

- 자신과 남을 비교한다

자신도 모르는 사이에 다른 사람과 자신을 끊임없이 비교한다. 자신이 갖고 싶은 것을 다른 사람이 갖고 있다면 질투하면서도 무시를 하고, 다른 사람이 뭔가를 갖고 있다면 자신은 왜 그것을 갖고 있지 않는지에 대해서 질투한다. 계속 비교하면서 스스로 자신이 뭔가 부족하다고 결론을 내리기도 하고, 혹은 자신이 더 우월하다고 결론을 내리기도 하고 혹은 둘 다라고 생각한다.

✖ 5번 유형 : 안경태 주임

이들을 지칭하는 단어 : 관찰자, 은둔자, 사상가, 탐구자

기본적인 관심 : 나의 시간, 에너지, 자원에 대해 누군가가 요구할까?

많은 지식이나 정보, 혹은 자신이 관심을 두고 있는 것에 항상 부족함을 느끼고 있으며, 다른 사람과의 감정적인 관계를 최소한으로 유지하기 위해서 감정을 격리시킨다.

- 관심분야에 대해서는 전문가이다

객관적이고 분석적이기 때문에 객관적인 사실을 중심으로 판단하고, 자신이 관심 있는 지식을 추구하고 그 지식을 지키기 위해서 노력한다. 특히 자신이 관심 있는 영역에 대해서 정보를 다루는 것을 좋아하기 때문에 자신만의 큰 책장을 갖고 있다. 이 책장에는 책이나 CD, DVD, 잡지 등 자신이 관심 있는 것들로 채워져 있다. 자신의 방은 자신만의 정보의 공간이고 자신만의 안식처가 되며, 다른 사람과의 관계에서 떨어져서 혼자 있을 수 있는 공간이다.

- 프라이버시를 중요시한다

혼자 있을 때 가장 활발하고 에너지가 넘친다. 다른 사람들과 교류할 때 에너지가 빠져나가기 때문에 혼자 있는 시간을 통해서 에너지를 재충전하며 다시 사람들과 교류할 수 있도록 자신을 준비한다. 혼자 있는 시간을 즐기는 것이 극단적일 때는 은둔자처럼 혼자만의 삶을 살기 원한다. 하지만 사회적인 활동을 전혀 하지 않는 것이 아니라 최소한의 역할을 하면서 사회적인 활동을 하고 사람들과 교류한다. 사회적인 활동에서는 자신의 일이나 업무가 예측 가능하고 자신의 개인적인 표현을 최소한으로 해도 되는 역할을 선호한다. 또한 자신이 신뢰하는 소수의 사람들과 자신의 개인적인 정보를 나누지만 자신이 나눈 정보의 사소한 부분까지도 비밀이 유지되기를 원한다.

- 자신의 감정을 격리시킨다

필요할 때 스스로 자신과의 감정으로부터 거리를 둔다. 그리고 나서 혼자 있을 때 자신의 감정을 마치 사진첩에서 꺼내보듯이 감정을 재경험한다.

주변에 사람들이 아무도 없을 때 자신의 감정을 가까이 느낄 수 있기 때문에 자신이 경험하고 느낀 것을 혼자서 정리할 수 있는 혼자만의 시간이 필요하다고 생각한다.

- 사회활동의 각 부분 및 지식을 카테고리화한다

사회적인 활동을 하는 각 분야의 친구들이 있지만 각 부분의 친구들을 서로 소개해주거나 모임을 만들지 않는다. 사람뿐만 아니라 자신이 학습한 지식을 카테고리로 만들어서 각 카테고리에 구분해서 정리한다. 이것은 눈에 보이는 책이나 파일, 물건뿐만 아니라 자신의 머릿속에 있는 지식까지도 카테고리화해서 정리한다.

✖ 6번 유형 : 신입사원

이들을 지칭하는 단어 : 문제 제기자, 충실한 사람, 의심이 많은 사람, 회의적인 사람

기본적인 관심 : 지금 무엇이 잘못되고 있을까? 내가 누구를 신뢰할 수 있을까? 내가 최선의 결정을 하고 있는가?

무슨 일이든 최악의 상황을 떠올려서 상황이 잘못되었을 때를 대비하려고 하기 때문에 통찰력을 가지고 있으며 미리 걱정하는 경향이 있다.

- 최악의 시나리오

풍부한 상상력을 가지고 있으며 좋은 경우와 나쁜 경우 중 나쁜 경우를 상상하는 경향이 있다. 무엇인가를 결정, 계획, 행동이 잘못될 가능성에 대해 늘 생각하거나 다른 사람의 의견이나 상황에 대해서 잘못될 가능성을 먼저 예측한다. 특히 부정적인 가능성에 대해 집중하기 때문에 스스로 불안을 키운다. 불안해지면 잘못될 가능성에 대해서 더 많이 생각한다. 그러나 걱정을 미리 하고 계획을 세우는 것에 문제를 미리 예측하고 해결방안까지 생각해놓고 준비하는 것이 문제를 해결하는 데 도움이 된다고 믿는다.

· 최악의 경우까지 계획을 세워라

부정적인 경우를 상상하고 부정적인 경우를 막기 위한 계획을 미리 세우기 위해서 일을 미루게 된다. 일을 미루는 이유가 일을 잊어버리기 때문이 아니라 무엇이 최선의 선택인지, 무엇이 문제가 생길 소지가 있는지에 대해 불확실하기 때문이다. 걱정이 많고 불안해서 자기를 의심하기 때문에 분석마비가 올 수 있다.

· 권위에 대한 믿음

권위가 있는 조직이나 사람, 공신력 있는 자격이나 권위를 갖고 있는 사람이 하는 말이나 권유지시는 중요한 힘을 갖는다고 생각하기 때문에 권위를 존중한다. 또한 권위를 가진 조직이나 사람이 자신을 보호해줄 수 있을 것이라 생각하고 보호해주기를 바란다. 반대로 자신의 보호를 해칠 수도 있을 것이라고 생각하기 때문에 걱정한다.

· 권위에 대한 기대와 헌신

믿을 수 있는 큰 단체나 조직의 일원일 때 더 안심하고 보호받고 있다고 믿기 때문에 보호를 받는 만큼 충직하게 헌신한다. 특히 믿을 수 있는 큰 조직이나 권위 있는 사람이 자신의 헌신이나 충성을 인식하고 인정해주리라 기대한다. 그리고 문제가 생겼을 때 주변 동료들이 자신을 지원해주고 지지해주기를 원한다.

✖ 7번 유형 : 유쾌해 대리

이들을 지칭하는 단어 : 쾌락주의자, 팔방미인, 몽상가, 심미주의자

기본적인 관심 : 무엇이 흥미로운가? 내가 압박감을 느끼는가? 내가 고통을 피할 수 있는가?

새로운 아이디어나 새로운 사람, 새로운 경험이 재미있는 자극을 주기 때문에 언제나 재미있는 다른 대안을 선택할 수 있는 자유를 원한다.

• **자신의 삶에서 선택은 무한하다**

삶에서 선택할 수 있는 것들이 무한하다고 생각하기 때문에 모든 선택을 자신이 하기를 원한다. 그래서 자신이 선택할 수 있는 것이 많지 않다고 생각되면 갑갑함을 느끼고 불안해한다. 재미있는 일을 하려고 선택했는데 만약 그것을 못 하더라도 대체할 수 있는 다른 대안을 갖기를 원한다.

• **어려운 상황에서도 언제나 긍정적이다**

낙천적이고 활력이 넘치며 열정적이다. 인생에서 어려운 시기에서도 오늘 일이 해결이 되지 않으면 내일은 해결될 것이라고 생각하기 때문에 항상 긍정적으로 행동한다. 부정적인 상황이 생기더라도 재구성해서 다시 해석하기 때문에 상황을 낙천적으로 받아들인다. 그보다 덜 어려운 상황에서는 흥미 있는 일과 사람들, 부정적인 경험을 재구성하는 능력을 사용해서 상황을 낙천적으로 해석한다. 자신이 참석하지 않은 회의의 내용도 한번 훑어보기만 해도 자신이 모든 것을 잘 알고 있다고 이야기하기 때문에 자신이 생각하는 것보다 긍정적이고 낙천적이다.

• **현재의 고통에서 피하기 위한 긍정**

자신의 어려운 일이나 힘든 부분을 피하기 위해서 좀 더 재미있고 긍정적인 경험을 추구하기 때문에 다른 관점으로 사건을 바라볼 수 있어서 재미있는 상황으로 만들지만, 이런 점 때문에 현재상황의 중요성을 감소시키거나 심각성을 인식 못 할 수도 있다. 아무리 안 좋은 상황이라도 다른 관점에서 사건을 바라보면서 재미있는 상황으로 바꿔놓지만 이것이 진지함과 현상황의 중요성을 감소시키기도 한다. 또한 다른 사람이 어려움에 처해 있을 때 깊이 공감하고 도움을 주지만 거의 대부분은 잘될 것이라는 생각을 하면서 위로한다.

- 관심이 끊임없이 바뀐다

생각이 빠르게 옮겨가기 때문에 자신이 처음 했던 생각에서 다른 생각으로 빨리 바뀌고, 계획이나 아이디어 역시 빠르게 옮겨간다. 이렇게 생각이 재빠르게 움직이기 때문에 전혀 연관성이 없어 보이는 전혀 다른 생각으로 생각을 연결 짓는 것에 능하다. 이렇게 빠른 생각으로 새로운 아이디어가 굉장히 많이 나오면서 동시에 집중이 잘 되지 않고, 한 가지 일을 끝까지 마치지 못한다. 다른 사건이나 사고, 사람에게 관심이 빠르게 옮겨가면서 일이 지연될 수 있다.

✹ 8번 유형 : 나서고 대리

이들을 지칭하는 단어 : 보스, 리더, 도전하는 사람, 보호하는 사람

기본적인 관심 : 모든 것이 효과적이고 옳은 방식으로 통제되고 있는가?

자신이 속해 있고 이끌고 있는 조직이나 상황을 통제하는 것을 좋아하고 큰일을 벌이고 싶어 한다. 그러면서 자신의 연약한 모습을 감추고 싶어 한다.

- 상황을 통제하려고 한다

상황이든 사건이든 자신이 이끌고 가야 한다는 것을 은연중에 생각하고 있고 모든 상황이나 사건을 자신의 통제 하에 놓기를 원한다. 자신에게 직접적으로 영향을 미치는 주변사람들이나 사건, 사람에 영향력을 행사하기 좋아한다. 자신이 있는 조직에 다른 사람이 힘을 행사하거나 통제하려고 하면 민감하게 반응한다. 특히 힘과 영향력을 효과적으로 사용하는 사람들을 존경하고, 권위를 남용하거나 통제권을 효과적으로 사용하지 않는 사람들에 대해서는 본능적으로 부정적인 반응을 보인다. 상황이나 사건이 혼돈스럽거나 방향을 잃었을 때 빨리 알아차릴 수 있으며 옳은 방향으로 진행할 수 있도록 한다.

- 정의감이 있어서 약한 사람을 보호하려고 한다

정직한 것을 중요하게 생각하고, 다른 사람들이 자신의 행동에 책임지기를 기대한다. 특히 권위를 가졌거나 힘을 가진 사람은 공정하고 정당한 통제력을 행사해야 한다고 생각하고 요구한다. 불의를 참지 못하고 약한 사람이라고 생각되는 사람을 보호하려고 한다.

- 보이지 않는 순수한 면이 있다

세상에는 강한 사람과 약한 사람의 두 부류가 있다고 생각하기 때문에 자신은 둘 중 강한 사람이라고 생각한다. 하지만 겉모습은 강하지만 내면에는 약하고 순진한 면이 있다. 하지만 다른 사람에게 약하고 순수한 면은 보이고 싶어 하지 않는다. 그러나 자신이 신뢰하고 존경하는 사람들에게는 이런 순수하고 섬세한 면을 그대로 보여주기도 한다.

- 받은 대로 돌려주는 복수심이 있다

자기 스스로를 주장이 강하고 대담한 사람이라고 여긴다. 자신이 갖고 있는 정의감은 약한 사람을 보호하고 정의를 되찾고, 잘못된 것을 바로잡고, 받은 대로 돌려주려고 하지만 다른 사람이 볼 때는 다른 사람에게 복수를 하려는 것으로 보인다. 자신의 대담함이나 힘, 상황을 통제하려고 하는 태도가 다른 사람에게는 위협으로 느껴진다는 것을 이해하기 어렵다.

✖ 9번 유형 : 한세월 부장

이들을 지칭하는 단어 : 중재자, 평화유지가, 서로를 연결시키는 사람, 조화를 이루는 사람

기본적인 관심 : 나를 포함하여 모든 사람의 의견이 반영되고 있는가?

평화, 조화로움 등 주변 사람과의 긍정적인 상호존중을 추구하기 때문에 사람 사이의 갈등이나 긴장, 악의에 대해서 거부감을 갖고 있다.

• 조직 내 화합을 중요시한다

항상 느긋하고 편안하게 이완되어 있고, 거의 대부분의 사항에 대해 판단하지 않는다. 다른 사람과 어울리기를 좋아하며, 주변사람과의 관계에서나 그룹 안에서 친밀감이 있을 때 가장 만족감을 느낀다. 자연환경을 좋아해서 야외에 나가는 것을 즐긴다.

• 갈등회피

가장 중요한 것이 화합이라고 생각하기 때문에 가능하다면 갈등은 피하려고 한다. 특히 자기주장을 하지 않는다. 또한 거절하면 다른 사람과의 관계에서 갈등이 생길 것을 우려해서 거절하지 않는다. 다른 사람에게 도전하거나 결정을 내리는 것처럼 논쟁의 소지가 될 수 있는 것은 최대한 피하고 최소화하려는 경향이 있다. 자신을 중심으로 갈등이 일어나지 않기를 바라고, 갈등의 당사자가 아닐 때에는 각 입장의 사람들 사이의 의견차이를 중재하는 역할을 한다.

- 자기주장은 하지 않는 편이다

자신이 원하는 것보다는 다른 사람의 욕구를 우선으로 생각하기 때문에 인간관계에서도 상대방이 원하는 것을 많이 하도록 한다. 어떤 음식을 먹을 것인지, 어떤 영화를 볼 것인지, 어떤 물건을 살 것인지에 대해서부터 자신의 의견을 말하는 것에 이르기까지 의견을 주장하는 것을 어려워한다. 또한 거절을 하면 다른 사람과의 관계에서 갈등과 긴장이 생기기 때문에 거절을 잘 하지 못한다. 그래서 되도록 다른 사람이 원하는 대로 하려고 한다.

다른 사람이 하자고 하는 것을 거절하지 못하기 때문에 그대로 따라가기도 하지만 자신은 전혀 할 의사가 없다. 그래서 단순히 따라가기만 할 뿐 행동을 전혀 하지 않기 때문에 실제로 행동을 해야 할 시기에는 아무것도 안 해서 제안을 한 사람에게 '수동적인 공격'을 하게 된다.

- 중요한 일을 결정할 때 일상적인 일에 몰두하고 중요한 일은 미룬다

자신이 결정내리기 어려운 문제가 있을 때 문제에 집중하는 것이 아니라 문제에서 벗어나서 다른 문서나 TV를 보고, 전혀 중요하지 않은 일상적인 문제에 시간을 보낸다. 결국 자신이 해야 하는 일은 하지 못하고 이런 식으로 며칠을 보내게 되는데, 결국 매일 밤 같은 고민 때문에 일상적인 일만 되풀이하고 결정하지 못한다.

3. 다른 동료들과 조화롭게 일하는 방법

안경태 주임이 영업부서에서 곤란한 경우는 다른 것이 아니다. 사람이 다 똑같은 생각이나 똑같은 행동을 한다면 고민이 덜하겠지만 사람마다 원하는 것이 다 달라서 어떻게 맞춰줘야 할지를 모르겠다는 점이 가장 문제이다.

자신은 모든 사람에게 다 똑같이 대해줘야 한다는 생각을 갖고 있었는데, 업무를 하다보니 똑같이 해주면 서운해하는 사람이 있는가 하면 그렇지 않은 사람이 있다는 것을 알게 됐다.

'대체 어쩌라는 거야. 모두에게 똑같이 하는데도 왜 내가 잘못한 거 같지?'

안경태 주임은 그 점이 항상 고민이었다. 다른 사람의 마음속을 들여다볼 수만 있다면, 아니면 사람을 보고 미리 상대방이 어떤 것을 원하는지 알 수만 있다면 좋겠다는 생각을 자주 하게 됐다.

1) 다른 사람에 대해 알면 편하다

'열 길 물 속은 알아도 한 길 사람 속은 모른다.'는 말이 있다. 이처럼 다른 사람의 속마음이나 다른 사람의 생각을 알 수 없기 때문에 사회생활을 하면서 어렵고 힘든 일이 많다. 하지만 반대로 다른 사람이 어떤 것을 중요하게 생각하는지, 다른 사람과 잘 지내기 위해서 어떻게 해야 하는지 알게 되면 재미있는 일이 많이 생긴다. 특히, 잘 지내야 하는 대상이 중요한 거래처의 담당자이거나 상사라면 그 중요성은 달라질 것이다.

2) 이깔끔 대리와 잘 지내는 방법

✖ 이깔끔 대리 같은 사람은 어떤 특징을 보일까?

 – 외모 : 마른 편이며 진지한 얼굴로 나이가 많지 않더라도 미간에 주름이 있을

수 있다.

- 대화 : 옳다, 그르다 해야 한다. 그러면 안 된다 등 단정적인 단어를 사용하며 비판을 잘하는 편이다.

- 행동특성 : 한번 맡긴 일이라도 안심하지 못하고 계속 확인하는 편이다. 지나치게 심각하고 걱정이 많다. 자신이 정한 원칙이나 신념을 강하게 옹호하여 융통성이 없고 지나치게 비판적이다. 꼼꼼하고 깔끔한 성격으로 아주 사소한 차이까지 찾아낼 수 있고 오타발견을 잘한다.

✖ 잘 지내는 방법

항상 예의를 지키고 시간약속을 잘 지켜야 한다. 그래서 신뢰성이 있는 파트너임을 보여주는 것이 좋다. 다른 사람들이 알아차리지 못하는 작은 실수를 잘 집어내기 때문에 비판을 하거나 불평을 할 때 잘 들어줘야 한다. 또한 자신이 실수를 했을 때 실수를 인정하고, 공정하게 일처리를 하는 것을 중요시한다.

3) 이싹싹 주임과 잘 지내는 방법

✖ 이싹싹 주임 같은 사람은 어떤 특징을 보일까?

- 외모 : 웃는 얼굴을 하고 있고 외모는 약간 통통한 편인 사람이 많다.

- 대화 : 말이 많은 편으로 다른 사람에게 자신의 이야기를 언제든지 말한다. 특히 상대방의 장점을 잘 발견해서 칭찬을 잘한다.

- 행동특성 : 다른 사람들이 무엇을 원하는지 항상 신경을 쓰며 그러한 것을 화제로 삼고 싶어 한다. 사람들의 비위를 잘 맞추면서 상대방을 조종하려는 경향

이 있다. 남을 위해 봉사하고 헌신하느라 정작 자신이 필요로 하는 것은 하기 어렵다. 회사에서도 어려움을 겪는 사람을 그냥 지나치지 못하고 잘 도와준다.

✖ 잘 지내는 방법

도움을 받으면 반드시 감사하다는 말을 해야 한다. 기꺼이 도와주지만 감사하다는 말을 듣지 못하면 이용당했다는 생각을 하거나 화가 날 수도 있다. 많은 사람들 앞에서 친하다는 것을 보여주고 공개적으로 칭찬하면 좋다. 혹시라도 비판해야 할 일이 있다면 부드럽게 칭찬을 섞어가면서 비판하라.

4) 성취감 과장과 잘 지내는 방법

✖ 성취감 과장 같은 사람은 어떤 특징을 보일까?

- 외모 : 자신감 있는 태도에 자신이 속해 있는 그룹의 특성에 따라서 옷을 맞춰 입는다. 집 앞 마트에 갈 때도 대충 입지 않는다. 외모에 신경을 쓰는 편이다.
- 대화 : 말을 할 때 자신이 잘했던 일이나 성취했던 일, 성공했었던 일을 이야기 하고, 자신의 이야기를 할 때도 장점이나 잘한 점 중심으로 이야기한다.
- 행동특성 : 업무에 관한 이야기를 주로 하며, 업무 이외의 일이나 미래에 관한 이야기를 주로 한다. 일 중심적이고, 일을 하기 위해서 태어난 사람같이 일에 몰두한다.

✖ 잘 지내는 방법

일에 대한 칭찬을 하고 바쁠 때는 그 일을 하도록 놔두는 것이 좋다. 특히 일에 대해 비판적인 말을 하면 관계가 나빠질 수 있으니 일에 관한 비판은 하지 말아야 한다. 과거의 잘못을 들춘다든지, 부정적인 것에 초점을 맞춘다든지 공동의 목표를 위해서 함께 일하는 것을 좋아하기 때문에 긍정적인 목표에 관해서 이야기하면 된다. 자신감 있는 모습이나 낙천적이고 긍정적인 사고, 효율적인 일처리, 넘치는 에너지에 대해 칭찬하라.

5) 고독해 대리와 잘 지내는 방법

✖ 고독해 대리 같은 사람은 어떤 특징을 보일까?

- 외모 : 옷을 독특하게 잘 입는 편으로 눈에 띄는 편이다.
- 대화 : 말을 할 때 자신에 대한 이야기를 중심으로 대화를 이끌어 나간다. 대화의 대부분은 '나는', '저는' 등 자신의 생각과 자신의 과거 등 자신의 이야기를 중심으로 말한다.
- 행동특성 : 감정의 기복이 심하기 때문에 아침의 감정과 오후의 감정은 매우 다르다. 신중하고 조용하고 자신에 대한 생각을 많이 하는 편이다. 과거의 이야기를 많이 하는 편으로 떠나간 옛애인, 과거의 잘못을 후회하는 편이다.

✖ 잘 지내는 방법

혼자 있는 것을 즐기기 때문에 사교적이 되라고 강요하지 않는 것이 좋다. 독특한 아이디어와 창조력, 내면의 깊은 감정표현을 높이 평가하는 것이 좋다. 감정이 변화되는 것이 자신에게 어떤 영향을 미치는지 솔직하게 말하면 관계향상에 좋다.

6) 안경태 주임과 잘 지내는 방법

✖ 안경태 주임 같은 사람은 어떤 특징을 보일까?

– 외모 : 외모에 거의 신경을 쓰지 않는다. 체격은 마르고 왜소하다.

– 대화 : 많은 사람들과 만나는 곳에 되도록 가지 않고, 대화를 할 때 주로 듣는
편이다. 일상적인 대화에는 관심이 없고, 지식과 관련된 이야기를 할 때 관심을
보이지만 거의 듣는 편이다.

– 행동특성 : 집중력이 있어서 업무를 할 때 옆에서 불러도 잘 듣지 못한다. 사람
들과 어울려서 커피를 마시러 가더라도 대화를 많이 하지 않는다. 다른 사람과
잘 지내기 위해서 노력하지 않는 편이고, 혼자 있을 때 가장 편하게 생각하고
감정표현이 거의 없다.

✖ 잘 지내는 방법

객관적으로 사건을 바라보는 것에 대해 칭찬하라. 회사에서 혼자 있는 것
에 대해 지적하지 말고 사생활을 존중하라. 개인적인 관심을 보이거나 요점
을 말하기 위해 돌려서 말하지 말고 직설적이고 간결하게 말하라. 문제가
생겼다면 감정적으로 대처하지 말고 객관적으로 대화하라.

7) 신입사원과 잘 지내는 방법

✖ 신입사원 같은 사람은 어떤 특징을 보일까?

– 외모 : 외모에 거의 신경을 쓰지 않는다.

– 대화 : 대화를 할 때 긍정적인 말보다는 부정적인 말 위주로 한다. 잘될 가능성
이 있는 것보다는 잘 되지 않을 상황에 대해 걱정하는 편이다.

– 행동특성 : 결단이나 결정을 잘하지 못해서 다른 사람이 봤을 때 우유부단하다
  는 느낌을 준다. 책임감이 있어서 상사가 일을 시키면 끝까지 해낸다. 하지만
  제대로 된 행동방식이나 매뉴얼이 없으면 일을 진행시키지 못한다. 일의 진척
  이 느리고 계획이 중단되는 경우도 많다. 잘 믿지는 않지만, 한번 믿는 사람과
  는 관계가 오래 지속된다. 행동보다 명석한 분석이 중요하다고 생각하기 때문
  에 느릿느릿하게 보인다.

✖ 잘 지내는 방법

정직한 것을 중요하게 여기기 때문에 대화를 할 때는 정직하게 모든 것
을 말한 후에 함께 답을 찾기 위해서 노력하면 신뢰를 얻을 수 있다. 모든
문제에 대해 명백하게 합의해서 의심의 여지를 남기지 않도록 해야 한다.
아첨을 하거나 지나치게 친절하게 대하거나 요점을 회피하면 관계에 진전
이 없다.

8) 유쾌해 대리와 잘 지내는 방법

✖ 유쾌해 대리 같은 사람은 어떤 특징을 보일까?

– 외모 : 마른편이고 얼굴에 장난기가 가득하고, 말이 많고 시끄러운 편이다.

– 대화 : 자신에 대한 이야기가 많이 있으나 오래 지속하지 않는다. 끊임없이 대화
  의 주제가 바뀌고, 주제가 바뀌는 것도 모르는 사이에 계속 주제가 바뀐다. 농
  담을 잘하고 대화가 진지하더라도 가볍게 대화를 한다.

– 행동특성 : 긍정적이고 활발하다. 새롭고 흥미 있어 보이는 일에는 열심히 참여
  한다. 실제로 실행하는 것보다 계획하다가 끝나는 경우가 많다. 항상 즐거움이

나 재미를 추구한다. 힘든 일이나 어려운 일은 되도록 피하려고 한다.

✖ 잘 지내는 방법

낙천적이고 자발적으로 행동하고, 언제나 새로운 것을 발견하는 열정에 대해서 칭찬하라. 비판을 할 때는 부드럽게 하고, 막다른 길에 몰렸다는 인상을 주면 안 된다. 묶어두려고 한다거나 업무를 많이 부여하면 답답함을 느끼면서 쉽게 해결하려고 하기 때문에 업무에 재미를 부여해주는 것이 좋다. 단순 반복적인 일보다는 새로운 장소나 새로운 곳에 가는 것을 좋아한다.

9) 나서고 대리와 잘 지내는 방법

✖ 나서고 대리 같은 사람은 어떤 특징을 보일까?

- 외모 : 골격이 크고 덩치가 큰 편이고, 외모에는 크게 신경 쓰지 않는다. 목소리가 크고 우렁차다.

- 대화 : 대화할 때 대화하는 사람들의 서열을 중요시하고, 자신이 서열에서 높을 경우에는 자신이 대화를 주도한다. 말이 많은 편은 아니지만 목소리가 커서 말을 많이 한 것 같아 보인다. 직설적으로 말하기 때문에 때로는 상대방에게 상처를 주기도 한다.

- 행동특성 : 자기주장이 강하고 자신감과 결단력이 있다. 한편으로는 거만하게 나서는 듯 보이기도 한다. 도전적이고 위협적으로 보이고 다른 사람이 보기에는 강해 보인다. 음식에 욕심이 있는 편이다.

✖ 잘 지내는 방법

갈등이 있을 때 맞대응을 하거나 겁에 질려서 어쩔 줄 몰라 하는 반응을 보이면 화가 더 나기 때문에 한 걸음 물러서서 화가 가라앉기를 기다려야 한다. 대화할 때 정직하고 직설적으로 말하고, 주장이 있을 때는 명확하게 표현해야 서로 오해가 없다. 거친 행동을 개인적인 공격으로 생각하지 말고 보이는 그대로 받아들이는 것이 좋은 관계 유지에 좋다.

10) 한세월 부장과 잘 지내는 방법

✖ 한세월 부장 같은 사람은 어떤 특징을 보일까?

- 외모 : 외모는 통통한 편으로 행동도 느린 편이다.
- 대화 : 말이 느린 편으로 대화를 할 때 자신의 의견을 많이 말하는 편이 아니라 듣는 편이다. 의견이 대립될 때 어느 한쪽의 의견에 동참하는 것이 아니라 중립의 입장에서 의견을 조율하려고 한다.
- 행동특성 : 조직 내에서 눈에 띄지 않고 조용하다. 느긋하고 잘 나서지 않기 때문에 다른 사람들의 의견을 잘 받아주고 안정적이다. 다른 사람들의 관점에 쉽게 동화되기 때문에 어떤 주장에 동조하거나 긍정적인 측면을 먼저 본다. 가장 완고한 성격이지만 스트레스를 주면 줄수록 더욱 완고해지거나 행동을 거부하기도 한다.

✖ 잘 지내는 방법

뭔가를 결정할 때 시간이 걸릴 수도 있기 때문에 기다려줘야 한다. 명령하거나 강요하는 듯 말하면 오히려 행동을 안 할 수 있기 때문에 공손하거나 부드럽게 부탁하면 잘 받아들인다.

압박을 가하거나 잔소리하거나 불평하면 오히려 반발하고, 순응하는 듯 보이지만 오히려 아무것도 안 하는 경우가 있다.

실전 Q & A

Q 오프라 윈프리는 흑인에다 뚱뚱했고, 가난하고 불행했던 어린 시절을 보냈다. 오늘날 세계에서 가장 성공한 여성 중 한 명으로 손꼽히지만, 현재의 자리에 오르기까지 대단한 시련을 겪어야 했다. 오프라 윈프리의 강점은 오프라 윈프리 쇼에서 유감없이 발휘되는데, 오프라 윈프리의 강점은 무엇이었을까?

A 솔직함과 끊임없는 독서. 자신의 성격에서 오는 강점을 활용해서 자신의 가장 어렵고 힘들었던 시절을 솔직하게 말하고 다른 사람과 공감하는 대화를 했다. 또한 독서를 습관화해서 성격의 강점을 활용하는 것뿐만 아니라 또 하나의 강점을 만들었다. 이를 통해 자신이 원래 갖고 있는 강점뿐만 아니라 자기계발을 통해서 강점을 만들고 강화할 수 있다는 것을 알 수 있다.

자기점검 포인트

1. 나의 강점 세 가지는 무엇인가?

2. 나의 약점 세 가지는 무엇인가?

3. 나의 강점을 더욱 강화하기 위한 전략은 무엇인가?

자기점검 그 후

유쾌해 대리가 기획부서에서 이제까지 보여주지 못했던 꼼꼼함을 보여주기 시작했다. 지금까지 영업하면서 활용했던 특유의 친근함을 각 부서와 소통하는데 사용하기 시작했다. 안경태 주임의 분석력을 활용해서 영업부서에서 팀원들의 매출 데이터를 체계화하고 정리하면서 팀에서 두각을 나타내기 시작했고, 나서고 대리는 벌써 R&D 부서에서 팀을 알게 모르게 이끌어 나가는 숨은 리더의 역할을 했다. 다들 적응하기 힘들 것이라고 생각했던 사람들이 팀에서 두각을 나타내고 있는 것이다.

CHAPTER 10

나만의 커리어를
디자인하라

Intro

성취감 과장은 신입사원 시절을 떠올리며 여러 가지 생각을 하고 있었다. 여러 위기들로 회사 안팎이 뒤숭숭하니 그때 입사한 지 얼마 안 된 신입사원으로 이제야 일이 손에 익기 시작했는데, 부서가 통폐합되면서 인력감축이 있을 것이라는 흉흉한 소문이 돌았었다. 그때 성취감 과장은 정신이 번쩍 들면서 회사에서 구조조정이 안 되는 부서, 인력감축이 되더라도 살아남는 사람이 어떤 사람인지를 관찰하기 시작했다.

한동안 다른 사람들을 관찰해보니 어떤 사람들이 회사에서 인정을 받는지 조금씩 이해되면서 자신도 회사에서 꼭 필요한 인재가 돼야겠다는 생각을 했다. 그리고 지금, 그때의 경험을 바탕으로 과장으로 승진할 정도로 끊임없이 노력해왔다. 그러나 최근 자신의 회사에서의 목표가 무엇이었는지를 다시 생각해보기 시작했다.

무조건 승진하는 것만이 자신의 목표가 아니었다는 것만은 확실하다. 성 과장은 적어도 자신은 회사에서 50이 되기 전에 임원을 해야겠다고 생각하는데, 지금까지는 잘 해왔다고 생각하지만 이제부터 무엇을 준비해야 할지 모르겠다.

공감해요!

많은 직장인들이 승진을 하고 싶어 하지만 구체적으로 자신이 어느 위치까지 올라갈 것인지에 대한 목표는 정해두지 않지요. 그저 막연하게 승진해야지라고만 생각할 뿐. 명확한 기한을 정해두고 승진에 도전해 볼까요?

공감전개

1. 꿈꾸는 만큼 행동으로 실천한다

성 과장은 멘토인 한 부장과 커피를 마시면서 담소를 나누고 있다.

"부장님, 저는 회사의 중요한 사람이 되기 위해서 노력해왔는데 잘하고 있는지 요즘 의문이에요."

"어떤 점에서 그렇게 생각하나?"

"제가 한 번도 말씀 드린 적이 없는 것 같은데요, 저는 50이 되기 전에 회사의 임원이 되고 싶어요."

"좋은 목표인데 왜 얼굴이 어둡지?"

"사실 과장이라는 직급까지는 어떻게 잘 해온 것 같은데, 앞으로 어떻게 해야 할지 모르겠어요. 뭔가 준비도 더 해야 할 것 같고, 제 일에 필요한 뭔가에 대해서 공부도 더 해야 할 것 같은데…."

"아니, 자네처럼 열심히 공부하고 배우는 사람이 무슨 말인가?"

"사실, 공부를 많이 하긴 했는데, 과연 제대로 하고 있는지도 잘 모르겠어요."

한 부장은 성 과장과 대화할 때마다 느끼는 거지만 성 과장이 참 열심히 살고 있다는 생각을 했다. 저렇게 항상 배우는 자세로 열심히 자기계발을 하고, 업무에 대해서도 항상 노력하는 사람인데, 이런 고민을 하고 있었다니 기특하다는 생각이 들었다.

1) 기업에서의 평생학습은 필수이다

평생교육Lifelong Learning이란 단어는 1996년 경제협력개발기구OECD의 정상들이 모여 '모두를 위한 평생학습Lifelong Learning for All'을 제창하면서부터 시작되었다. 그러나 내용적으로 보면 유럽에서는 이미 오래 전부터 생애

전반에 걸친 다양한 학습과 교육이 이뤄지고 있어 평생학습이 결코 새로운 것이 아니다. 20세기가 자본과 노동이 생산요소의 핵심을 이룬 산업사회였다면 21세기는 지식이 가장 큰 생산요소로 작용한다고 1990년대부터 많은 경제학자들이 전망했다. OECD는 지식기반경제를 '직접적으로 지식과 정보를 생산·배포하는 산업에 기반을 둔 경제'로 정의했다. 오늘날 기업경영에 기술과 지식을 구비한 핵심인재가 필요하게 된 것은 빠르게 변화하고 있는 기업환경 속에서 변화에 대처하고 기업을 성장시켜 나갈 리더가 필요해졌기 때문이다.

2) 기업에서 살아남는 1인자는 누구일까?

✖ 자신의 일에 열정이 있는 사람

인재의 특징은 자신이 받고 있는 연봉보다 업무나 일 자체에 즐거움과 열정을 갖고 있는 사람이다. 일류 기업들이 인재가 갖추어야 할 최고의 덕목으로 '열정'을 강조하는 이유가 다른 것이 아니다. 자신의 일에 자부심과 즐거움을 갖고 있을 때 성과도 높다. 인재는 단순히 배경이나 학벌 등 스펙이 좋아서가 아니라 이제까지 살아온 삶이나 자신의 일에서 '성공경험이 있는가'가 중요하다.

✖ 승부근성이 있는 인재

승부근성이란 어려운 일이 있어도 임무를 끝까지 완수하려는 근성과 실행력이다. 이런 승부근성을 키워주기 위해서는 자신감을 키워줘야 한다. 구성원들의 작은 실패나 실수를 용납하지 않거나 실패를 통해서 성공을 이룰 수 있도록 배려하지 않는다면 구성원들은 도전하지 않을 것이다.

✖ 주위사람에게 믿음과 신뢰를 쌓아가는 인재

자신의 실력을 쌓는 데 집중하는 것도 중요하지만 가장 중요한 덕목은 주변인들로부터 신뢰를 받을 수 있는 사람인가이다. 스스로 일정한 규칙을 정하고 이를 정직하게 실천해 나가기도 하고 자신의 업무에 정당한 절차와 방법을 지켜서 진행한다. 또한 뛰어난 업무능력뿐만 아니라 겸손함도 갖추면 좋다.

✖ 감성지능이 높은 사람

자신을 객관적이고 냉철하게 평가하고 솔직하게 스스로를 인식할 수 있는 능력과 자신의 감정이나 기분을 효과적으로 통제할 수 있는 자기관리 능력, 다른 사람의 감정을 헤아리고 그에 적절한 대응조치를 할 수 있는 타인의식 능력과 타인관리 능력을 감성지능이라고 하는데, 현대사회는 다른 사람과 함께 일해야 하기 때문에 감성지능이 높은 사람이 인재의 요건이다.

✖ 학습능력이 높은 사람

새로운 것도 거부감 없이 쉽게 배우고 소화하는 학습능력과 주어진 문제를 지혜롭게 해결해낼 수 있는 문제해결 능력을 갖춘 사람이 인재이다.

✖ 창의력과 전문성

새로운 아이디어와 발상의 전환이 필요한 요즘 자신의 전문분야에서 창의력을 발휘하는 것이 무엇보다 중요하다. 창의력과 전문성은 신제품 개발, 기술혁신, 광고, 영업, 관리와 지원 등 모든 일에 필요하다. 창조성과 전문성은 진공상태에서 나오는 것이 아니라 학습의 결과이다. 개인이 계획적으로 학습하지 않으면 창의력과 창조성, 전문성은 생기지 않는다.

3) 학습을 통해 핵심인재를 육성하라

핵심인재 육성은 현장교육으로부터 시작하는 것이 바람직하다. 특히 글로벌 기업의 현장에서 함께 근무하면서 교육받는 것이 좋다. 동종업종이면 더욱 좋지만, 업종이 다른 기업에서 근무해도 좋다. 업종이 다른 경우에는 오히려 창의성을 높일 수 있다. 기업이 존속하는 데 필요한 핵심지식과 기술은 생산 · 영업 현장에 있기 때문이다.

또한 집합교육, 자기계발, 위탁교육을 통해 습득한 지식과 기술을 현장에 적용하면서 학습할 수 있도록 현장교육이 설계되어야 한다.

집합교육은 실제로 응용할 수 있도록 설계되어야 하고 학습지원도 스스로 선택하고 적용할 수 있는 내용으로 구성되어야 한다. 핵심인재 육성을 위한 현장교육과 학습이 활성화되면 핵심역량은 강화될 것이다.

기업이 생존하고 발전하기 위해서는 전 직원이 평생학습자로 구성되는 학습기업으로 변할 필요가 있다.

4) 기업도 인재를 체계적으로 관리해야 한다

경제위기가 진행되고 있는 가운데 당장의 위기를 극복하기 위해서 10년 후를 내다본 인재육성에 미흡한 것으로 드러났다. 기업뿐만 아니라 많은 사람들이 시급한 일과 중요한 일 중 시급한 일에 몰두하는 경향을 보인다. 기업경영은 단기적으로 수익을 내고 사라지는 것이 아니기 때문에 당장의 위기해결도 중요하지만 위기 다음에 있을 상황에 대한 준비가 필요하다.

2. 메뚜기는 몸값이 오르지 않는다

성 과장은 오랜만에 학교동기와 전화통화를 했다.

"오랜만이야. 왜 이렇게 연락이 없었어."

"그러게, 그냥 정신이 없었어. 요즘 헤드헌터들이 자꾸 회사를 옮기라고 하는 바람에 옮길까 생각했었거든."

성 과장은 오랜만에 통화하는 친구가 자랑을 하기 위해서 전화를 걸었다는 느낌이 들었다. 아무래도 헤드헌터가 접촉해올 정도면 직장에서 어느 정도 인정받고 있다는 뜻일 테니까. 그래도 모른 척하면서 전화통화를 했다.

"그래? 어떻게 좋은 조건이 제시되긴 했니?"

"그러게, 그게 문제야. 직급이 올라서 가는 것은 좋고 연봉이 높아진 것도 마음에 드는데 중요한 건 복리후생이 지금 있는 회사보다 별로야."

"그래. 고민이 좀 되긴 하겠다."

"근데 더 고민인건, 그 회사에 대해 좀 알아봤는데, 외부에서 온 사람들이 오래 버티지 못하기도 하고, 회사 분위기상 외부사람들은 회사 내에서 크는 것에는 한계가 있는가보더라고."

"그래? 그렇다면 그건 고민이 되겠다."

"그래도 뭐 거기서 경력 좀 쌓다가 다시 더 좋은 조건으로 옮기면 되니까 별로 상관은 안 해."

성 과장은 속으로 생각했다.

'이미 결정한 것 같은데 왜 이렇게 고민인 척하는 거야.'

그래도 겉으로는 웃으면서 대답했다.

"능력 있는 분이 계속 연봉 높이면서 옮기면 되지."

"우리 성 과장은 회사에서 임원이 되는 게 목표 아니었어? 열심히 해봐."

그렇게 화기애애하게 통화를 끝내고 얼마 후, 성 과장은 친구에 대한 소식을 들었다. 이직하기로 결정하고 직장을 그만뒀는데, 이직하기로 한 회사에서 입사 계획이 취소됐다는 것이다. 이유를 들어봤더니, 친구는 확정이 나기 전에 한 달 정도 쉬다가 이직하려고 조금 일찍 회사를 그만뒀는데, 옮기기로 한 회사에서 이 친구가 역량도 있고 업계에서 유명하긴 하지만 한 회사에서의 경력이 그리 많지 않다는 이유로 취소됐다는 것이다. 능력에 대한 기대감에 영입했다가 몇 년 못 가서 그만두면 손실이 크다는 것이 이유였다.

한국사회에서 가장 두드러진 변화는 평생직장이라는 개념이 점점 사라지고 있는 것이다. 이 점에 대해서는 세계적으로 비슷한 양상을 보인다. 미래학자들은 산업사회에서 정보사회로 넘어가면서 가장 큰 변화 중 하나는 평생직장 사회에서 평생직업 사회로 변하고 있다는 점을 꼽고 있는데 이것을 한 단어로 표현한 것이 바로 '잡노마드 사회'라고 한다. 잡노마드란 유목민처럼 이 직장 저 직장으로 떠돌아다니는 직장인들과 직업을 은유적으로 표현하는 용어이다. 영국이나 미국 등에서는 이미 직업을 바꾸기도 하고 직장을 옮기는 등 직업구조가 변화했으며 한국사회도 이렇게 변화하고 있다.

이렇게 끊임없이 변하는 사회에서 직장인들은 끊임없이 고용불안에 시달리고 있다. 하지만 고용불안에 시달리는 것보다 자신의 삶에 적극적으로 뛰어들어서 삶과 직업, 직장생활을 디자인하는 것이 좋다.

과거의 경력관리는 현재 근무하고 있는 회사 내에서 다양한 직무경험을 축적해 나가는 것을 의미했다. 즉, 자기계발 및 내부승진을 위한 필요과정으로 이해되었고 회사주도의 인사관리 차원이었다. 그러나 지금의 경력관리의 개념은 보다 적극적인 차원에서 자기관리로 그 의미가 확대되었다. 경력관리는 자신이 원하는 특정분야의 전문가로 성장하기 위해서 불가피한 대안이 되었다.

1) 프로이직러, 현재가 아닌 미래를 보고 행동하라

많은 직장인들이 연봉 때문에 회사를 옮기거나 현재 직장에 있는 상사와 다퉈서 옮기는 경우가 있는데 장기적으로는 결국 자신의 손해로 이어질 가능성이 높다.

취업한 지 얼마 되지 않은 신입사원들도 이직이나 전직을 고려하는데 직장 내에서의 목표가 없기 때문에 그런 경우가 많다. 일단 다급한 심정으로 입사하지만 입사 후 겪게 되는 업무나 회사가 본인의 생각과 다르다면 갈등을 겪는다. 그러나 자신이 직장에서의 확실한 목표가 있다면 이직이나 전직으로 문제를 해결하기보다 장기적인 관점으로 경력관리를 통해서 문제를 해결하는 것이 현명하다.

기업의 입장에서는 이직을 자주하는 사람은 또 옮길 가능성이 높기 때문에 별로 좋아하지 않는다. 자신의 역량을 인정받고 싶다면 직장은 옮기지 않는 것이 가장 좋다.

2) 자신을 객관적으로 평가하라

사람은 누구나 자신을 과대평가하게 마련이다. 자신이 갖고 있는 역량이 충분하다고 생각할 뿐만 아니라 자신이 직장 내에서 중심이라고 생각하는 경우가 많다. 그러나 생각보다 자신의 직장 내 위치가 안정적이 아닐 수 있다. 자신의 현재위치를 객관적으로 평가해야 경력관리를 위해서 다음을 생각할 수 있다.

3) 직장 내 경력관리 목표를 세워라

최고경영자^{CEO}로 크고 싶은 사람과 한 분야의 전문가로 남고 싶은 사람의 행동양식은 달라진다. 직장에서도 능력위주로 개인에 대해서 평가하기 때문에 스스로 브랜드를 만들고 자신의 상품가치를 높이기 위해 경력관리를 해야 한다. 상품의 브랜드 가치에 따라서 명품과 일반 브랜드, 시장상품과 짝퉁으로 구별되듯이 자신이 현재 어느 정도의 위치에 있는가를 점검하고 명품 브랜드가 되기 위해서 계획을 세우고 개발해야 한다.

자신의 브랜드를 만들기 위해서 직장 내에서 지향하고자 하는 최종목표가 필요하다. 자신이 추구할 가치가 있는 목표가 무엇인지 스스로 명백히 해두고, 끊임없는 학습을 통해서 커리어를 쌓아야 한다. 항상 목표는 두 단계 정도 높은 목표를 세우는 것이 좋다. 잘 모르겠다면 비슷한 분야에 있으면서 자신보다 연차가 5년 이상 높은 선배를 보면서 롤모델로 삼아라.

✖ 자기계발 계획서를 작성하라

자기계발 계획서를 작성해보면 자신이 목표를 위해서 어떤 노력을 해왔고, 앞으로 어떤 노력을 할 것인가가 한눈에 보인다. 또한 직장의 목표를 설계해서 자신이 어떤 미래를 생각하고 있는지를 보면서 실행력을 높일 수 있다. 많은 외국기업과 국내의 몇몇 기업에서 자기계발 계획서를 작성하게 하고 일정기간 동안의 성과를 확인해서 인사고과에 반영하는 경우도 있다. 즉, 기업의 입장에서 봤을 때 개개인의 능력개발이 기업의 성과로 이어질 수 있도록 하는 경우이다.

✖ 10년 후의 이력서를 작성하라

많은 직장인들이 1년 후, 5년 후, 10년 후가 크게 다르지 않기 때문에 10년 후의 이력서를 작성하라고 하면 거의 손을 못 대고 있거나 작성한다고 해도 현재 스펙과 별다른 것이 없는 경우가 많다. 구성원 개개인의 성장이 멈춘 기업은 기업의 성장도 멈출 수밖에 없다. 자신이 직장에서 성공하고 싶고 더 높은 직급으로 승진하고 싶다면 그것에 맞는 이력서를 준비해야 한다.

✖ 자기계발을 위해 좋은 습관을 만들어라

일상생활의 거의 모든 것이 습관에 의해서 행동한다. 생각하고 행동하고 판단하고 느끼는 그 모든 것이 습관적으로 일어나고 있기 때문에 자신의 습관을 점검해볼 필요가 있다. 성공하기 위해서는 나쁜 습관을 버리는 노력을 하면서 좋은 습관은 찾아내고 실천하는 것이 중요하다.

4) 전문가로의 출발, 대리급에서는 시작해야 한다

급여제도가 연봉제로 전환된 것은 능력과 성과위주 시스템으로 변화된 것을 의미한다. 즉, 철저한 전문가만이 직장에서 인정받을 수 있음을 의미한다.

일반적으로 대리직급을 달았을 때부터 자신의 관심분야를 선택해서 전문분야로 키워나가야 한다. 이때 내부에 있는 선배들뿐만 아니라 외부의 사람들과도 만나면서 폭넓은 네트워크를 형성하고, 각 분야의 전문가들을 만나서 자신의 직무분야의 전문가로 성장하도록 해야 한다. 또한 회사의 매출을 직접적으로 창출할 수 있는 프로젝트를 기획하고 집행할 수 있는 전문가로 성장해야 한다. 또한 새로운 업무처리 방식을 개발하고 추진하는 것도 자신만의 브랜드를 만드는 일이다.

처음 직장생활을 시작하는 시점에서의 연봉은 개인별로 크게 차이가 없다. 그러나 그 후 경력관리를 어떻게 하느냐에 따라서 자신의 업무수행 능력과 성과를 수치화한 연봉이 크게 차이가 날 수 있다. 경력관리는 20대 후반에 시작하면 30대 중반부터 차이가 날 수 있다. 물론 경력관리는 빠르면 빠를수록 좋지만 이미 늦었다고 포기할 필요는 없다. 새로운 지식을 배우는 일은 나이와 관계없이 배울 수 있으며, 나이가 많다고 하더라도 역량을 높이면 그만큼 직장에서 인정받을 수 있다.

5) 시야를 넓히는 다양한 업무를 접하라

한길로 가다보면 저절로 미래가 보장되던 때는 끝났다. 지그재그 모양의 커리어가 직장 내에서 필요한 조건이 되어가고 있다. 흔히 전문가가 되려면 한 가지 일을 오래 해야 한다고 생각한다. 그러나 너무 한 분야만 파다보면 오히려 써먹을 곳이 적다. 업무가 반복될수록 학습의 효과가 크지 않고 유사한 내용의 복습으로 끝나기 때문이다.

한 직무에서만 오랜 경험을 쌓으면 다양한 경험이 부족해 폭넓은 사고를 하지 못하게 만들 가능성이 있다. 문제가 조금만 복잡하고 변형된 형태로 발생할 경우 실패확률도 높아진다. 또한 복잡성이 높은 이슈를 다루거나 다양한 부서의 의견을 종합적으로 수렴하여 의사결정을 내려야 하는 경영진의 자리에 올라가게 되면 문제가 심각하게 나타날 수 있다.

같은 일을 반복적으로 하는 사람은 일에 대한 흥미를 잃기 쉽다. 그래서 업무에 대한 몰입도도 떨어지기 쉽고, 업무수행도 최선을 다하지 않을 수 있다. 이런 성향은 직급이 높아질수록 더욱 커진다.

한 분야에서 1년 정도 일한 다음에 해당직무에 대해서는 전문가라는 인정받은 뒤 분야를 점차 넓히는 게 좋다. 새로운 직무이동에서 생기는 변화가 클수록 인재가 받게 되는 도전의 강도도 증가하기 때문에 이것을 잘 극복한다면 배우는 것이 많다.

6) 히든카드를 만들어야 한다

영어는 기본이 된 시대가 왔다. 직종에 따라 차이는 있지만 같은 일을 해도 영어구사 능력에 따라 연봉차이가 크게 벌어진다. 이외에 중국어나 일본어, 독일어 등 제2 외국어까지 한다면 그야말로 금상첨화다.

7) 절대 배움을 멈추지 마라

조직원의 성장을 위해 기업에서 많은 학습의 기회를 주지만 스스로 계발을 하려는 노력도 필요하다. 자신의 월급에서 금액을 책정해서 자기계발을 하는 것과 회사에서 지원해주는 금액으로 자기계발을 하는 것엔 차이가 많다. 이왕이면 자신의 월급에서 금액을 책정하면 더욱 열심히 하려고 생각하기 때문이다. 시간에 대한 계획도 세워야 하는데, 자투리 시간을 활용해야 한다. 친구와 만나는 시간이나 집안일, 여가를 즐기는 시간을 희생해야 한다.

8) 직장 내 재능 있는 사람들과 팀워크를 만들자

회사에서도 핵심인재라고 꼽히는 사람들이 분명 있다. 재능 있는 사람들과 팀워크를 만들면 함께 있는 사람들끼리 경쟁과 협력을 통해 성장할 수 있다. 특히 큰 프로젝트의 경우 개별적으로 이루어지는 경우보다는 팀으로 이루어지는 경우가 많기 때문에 실력 있는 사람들과 함께 실력을 키워나가는 것이 좋다. 특히 큰 프로젝트의 경우 개별적으로 이루어지는 업무보다 팀별로 이루어지는 경우가 많기 때문에, 향후 자신의 이력서에도 프로젝트 경력으로 올릴 수 있다.

9) 조직이 원하는 인재가 돼라

인정받는 사람들은 조직이 원하는 인재이다. 조직의 관점에서 직원을 바라본다면 현재 자신이 어떻게 해야 할지를 알 수 있다. 조직의 입장에서 조직구성원의 단합이나 융화를 위한 자리는 참여도에서 차이가 나게 마련이다. 조직의 관점에서 보면 자신이 어떻게 해야 할지 알게 될 것이다.

10) 자기 브랜드를 만들어라

마케팅에서 포지셔닝 전략이 있다. 포지셔닝 전략은 상대방의 마음속에 자신의 위치를 각인시키는 것으로 자신을 브랜드화하기 위해서는 자신의 이미지나 자신의 역량에 대해 콘셉트을 갖고 어필해야 한다.

11) 자신감을 갖고 준비하라

자신감이란 어떤 어려운 일을 맡더라도 잘 해낼 수 있다는 자기 스스로에 대한 확신을 말한다. 자신감은 직장생활, 경력개발뿐만 아니라 성공을 위해서도 필요한 핵심요건이다. 자신감은 업무를 진행하면서 어려움을 겪더라도 쉽게 극복할 수 있는 동력을 제공한다. 특히 자신감 있는 사람은 문제가 생기더라도 어떻게 해결하는 것이 좋은지에 대해 생각하기 때문에 문제해결 확률이 더욱 높다. 하지만 자신감이 없는 사람의 경우 이런 어려움을 극복할 수 있을까에 초점을 맞추기 때문에 해결이 쉽지 않다.

12) 멘토를 찾아라

멘토Mentor는 현명하고 신뢰할 수 있는 상담상대나 지도자, 스승, 선생을 의미한다. 직장에서 믿고 의지할 수 있는 사람이 있다는 사실 하나만으로 안정감을 갖고 여유를 가질 수 있다. 또한 힘든 일이 있어도 멘토의 조언을 바탕으로 직장 내 힘든 시기를 견딜 수 있다. 멘토가 필요한 정보와 조언을 적절하게 제공하기 때문에 자신이 처한 상황을 보다 정확하게 인지하고 대처할 수 있도록 도와준다. 그러나 훌륭한 멘토를 만나는 것은 쉬운 일이 아니다. 서로의 가치관과 성격이 잘 맞아야 훌륭한 멘토와 멘티Mentee의 관계가 형성된다.

3. 자신이 하고 있는 일에서 최고가 돼라

성 과장은 친구의 이야기를 듣고 갑자기 쓸데없는 호기심이 생겼다. 자신이 이직을 한다면 '과연 몸값은 어느 정도고 업계에서 어느 정도의 인정을 받을 수 있을 것인가?' 궁금했다. 물론 이직할 생각은 전혀 없었다.

'다른 회사에서 나를 좋은 조건으로 채용한다면 나는 경쟁력이 있을 거야. 그렇다면 회사에서도 인정받는 사람이란 얘기겠지?'

성 과장은 이력서를 작성하기 시작했다. 대학교 졸업에서부터 입사하고 난 후, 자기계발한 것들, 프로젝트 등의 경력 기술서와 함께 썼는데, 이력서를 다 쓰고 보니 어딘지 모르게 마음에 안 드는 것이다. 왜 그런가 천천히 훑어봤는데, 자기계발을 한 영역들에서 업무와 관련 없는 다른 영역을 공부한 것이었다. 전혀 관계없는 것들이 많아서 '내가 왜 이런 걸 배웠지?' 하면서 놀라고 있었다.

물론 그때는 당장은 필요 없겠지만 차후에 필요하지 않을까 하는 기대감과 새로운 분야에 대한 호기심으로 시간과 노력을 들였는데, 지나고 보니 너무 얼토당토않은 내용들이 있어서 실없이 웃음이 나왔다.

조직에 들어가면 직급이란 것이 존재한다. 팀제를 도입한 기업들이 늘어나면서 직급이 많이 사라지기는 했지만 그렇다고 경력관리가 사라진 것은 아니다. 경력 단계별로 지위와 역할에 맞는 역량이 있다. 단계별로 필요한 역량을 개발시키지 못한다면 조직에서 도태될 수 있다. 성장을 위해 꾸준한 노력을 하고 각 직급과 지위에 맞는 경력개발을 통해 자신에게 맞는 역량을 키워야 다음 직급으로의 도약이 가능하다.

많은 기업들이 핵심인재를 가려내고 육성하기 위해 여러 가지 시스템을 운영하고 있는데 그중 많이 사용되는 시스템이 바로 성과관리 시스템이다.

성과관리 시스템은 각 개인의 역량에 대한 평가부터 시작된다. 일반적으로 역량은 공통역량과 직급역량이 있다. 조직에서 필요한 핵심인재가 되기 위해서는 누구나 갖춰야 할 공통역량뿐만 아니라 자신의 직급과 직위에 맞는 직급역량이 무엇인지를 파악하고 개발해야 한다.

조직에 있는 조직구성원 개개인의 경력개발도 네 가지 단계에 따라 할 수 있다. '신입사원시기, 대리·과장시기, 부장시기, 임원시기'로 구분하는데, 각 단계별로 필요한 역량을 충족시키지 못한다면 직급이 오르더라도 자신이 맡은 일을 제대로 수행 못 할 가능성이 있다. 그렇게 되면 그 다음 단계로 오르지 못할 뿐만 아니라 조직에서 도태될 가능성도 있다.

일반팀원이 팀장으로 승진한 이후에도 여전히 팀원의 시각으로 조직을 바라보고 팀을 이끄는 사람이 있다. 팀장은 팀장으로서 갖춰야 할 리더십 역량을 제대로 개발하지 못했기 때문이다.

1) 신입사원 : 능력보다 태도가 중요하다!

✖ 기본기를 다져라

취업을 했어도 신입사원은 업무에 필요한 역량이 거의 없는 것이나 마찬가지다. 선배의 입장에서 봤을 때 신입사원은 능력보다는 태도가 중요하다. 조직에서 빨리 인정받기 원한다면 자신이 맡고 있는 업무내용을 빨리 파악하고 업무뿐만 아니라 직장생활 전반적인 것에 적극적으로 참여하는 것이 좋다.

의욕만 앞서고 빨리 성장하고 싶은 욕심 때문에 중간과정을 생략한다면 오히려 부작용이 더욱 심할 것이다. 조직에서는 역할에 맞는 업무역량이 있다. 하지만 자신의 역량을 과대평가한 나머지 현위치에 실망하거나 쉽게 이직을 생각하면 안 된다. 어느 직장에 가도 신입사원의 시기는 꼭 있다. 또한 선배들이 운이 좋아서 승진했다고 생각하면 안 된다. 선배들 역시 같은 신입사원 시기에 자신의 역량을 갈고 닦아서 승진했다는 점을 알아야 한다. 입사하자마자 업무에 욕심을 부리지 말고 기본을 먼저 닦는 것이 무엇보다 중요하다. 가장 먼저 해야 할 일은 자신이 속해 있는 업무에서 어떤 일을 하는지 업무의 종류를 파악하고 부서원들이 각자 어떤 업무를 맡고 있는지를 도식화하고, 또 각 업무가 어떤 일련의 과정으로 진행되는지 프로세스를 이해해야 한다. 특히 부서의 전반적인 분위기를 익히고 함께 일하는 선후배 동료들을 파악하는 것도 중요하다. 신입사원으로서 쉽게 적응하고 동료들과의 갈등이 생길 수 있는 여지를 없애는 것이 중요하기 때문이다. 이 모든 것이 조직에서의 열정이 필요한 일로서 이때 만들어진 열정은 조직에서 인정받을 수 있는 중요한 포인트이다.

✖ 현실감각을 키워라

업무를 진행하다보면 현실감각이 부족한 경우가 많다. 그 이유 중 하나는 대학교육이 기업의 현장중심이 아니라 이론중심인 것도 있지만 대학교에 재학 중일 때 학생 스스로가 현장을 경험하려는 노력을 하지 않고 책상에 앉아서 이론적인 내용을 숙지하기 위해서 머릿속으로 공부만 한 탓이 크다. 그래서 입사초기에는 이론적인 것에 매달려 있지 말고 조직이 돌아가는 시스템과 현장감을 빨리 익히는 것이 중요하다. 신입사원의 경우 이론적으로 무장이 되어 있고 창의력도 있기 때문에 좋은 시스템을 개발했다고 하더라도 실제로 현장에서 적용하기 어려운 것이 많다. 이론적으로 완벽하지만 현실이 제대로 반영되지 않았기 때문이다. 창의력도 현장에서 적용가능하고 구현가능해야 혁신적인 상품이나 제도, 시스템이라고 할 수 있다. 특히 긍정적인 결과뿐만이 아니라 부정적인 결과도 예상해보고 난 후에 제안을 완성하는 것이 좋다.

2) 대리·과장 : 자신만의 전문성에 집중하라!

어느 정도 직장생활을 했기 때문에 실무를 주도하는 실질적인 직장의 중심은 바로 대리·과장 직급이다. 일반사원에서 대리로 승진하는 인원이 전체인원의 70%이지만 대리에서 과장으로 승진하는 인원은 전체 대리직급의 30%밖에 안 된다는 점은 그만큼 자신의 역량을 보여줘야 한다고 해도 과언이 아니다.

✖ 콘셉트에 맞는 키워드를 만들어라

대리직급인 입사 4~5년 정도가 되면 많은 직장인들이 자신의 진로에 대해 고민하게 마련이다. 현재의 직장에서 인생을 보낼 것인지 아니면 더 나은 대우를 받고 다른 직장으로 옮길 것인지에 대해 고민하게 되는데, 이 직급의 사람들은 시장에서 몸값이 높아 즐거운 고민에 빠지게 된다. 이직을 선택하든 현 직장에 남아 있든 이 직급에서 생각해야 할 것이 있다. 과연 자신의 경쟁력이 무엇인가 하는 부분이다. 즉, 자신이 어떤 분야에서 전문성을 키워왔으며 전문성을 바탕으로 어느 정도의 성과를 보였느냐이다. 가장 몸값이 높고 다른 회사에서 많이 찾기는 하지만 이직을 하고 나서 바로 성과를 보여주지 못하면 낙동강 오리알 신세가 되기 딱 좋다. 전문성을 갖고 있고 역량이 충분하다면 자신이 현재 다니고 있는 직장에서도 승진뿐만이 아니라 역량을 인정받을 수 있다. 이 단계에서는 부서의 실무를 담당하면서 자신의 능력을 보여줘야 한다. 본격적으로 자신의 실력을 보여줄 수 있는 때가 바로 대리·과장급이기 때문이다. 자신의 실력발휘를 통해서 가시적인 성과를 창출해야 할 핵심인력들이기 때문에 이 시기에 어떤 콘셉트로 자신의 키워드를 만들 것인지가 중요하다. 포지셔닝 전략으로 직장 내 선후배 동료들의 머릿속에 자기만의 전문영역을 구축하고 꾸준히 실력을 쌓아야 한다. 특히 일을 통한 학습이 자신의 전문성을 키우는 데 도움이 될 것이다. 특히 기회가 있을 때마다 자신이 담당하고 있는 분야의 작은 부분까지 전문성을 갖추기 위해서 노력해야 한다.

✖ 창의력을 발휘하라

대리·과장급이 실패를 용인받을 수 있는 마지막 시기이다. 특히 이 시기에 어떤 도전을 하고 어떤 성과를 냈느냐에 따라서 인재로 인정받을 수 있는 좋은 시기이다. 지금까지는 업무에 대한 기본지식과 실력을 축적한 시기이기 때문에 자신의 창의력을 발휘할 수 있는 여건이 안 되었다. 그렇기 때문에 이 시기의 인재들 중 어떤 인재를 핵심인재로 키워야 할지 조직에서 고민하는 시기이기도 하다. 그래서 이 시기에 새로운 일에 도전하고 가시적인 성과를 낼 수 있도록 노력해야 한다. 자신이 있는 업계의 변화나 트렌드를 꼼꼼히 살펴서 감을 잃지 말아야 한다. 정보력이 많은 사람이 아이디어가 많은 사람들이기 때문에 정보를 수집하는 데 소홀하면 안 된다. 결국 이런 정보들이 아이디어 경쟁에서 승리한다.

3) 부장 : 유능한 직원을 양성하는 리더가 돼라!

많은 직장인들의 꿈이나 마찬가지인 임원이 되기 위해서는 여러 가지 요건이 충족되어야 한다. 과장에서 부장으로 승진하는 비율은 과장급 인원의 30%가 승진하기 때문에 경쟁은 더욱 치열해진다. 이때는 업무능력은 물론이고 리더십도 갖춰야 한다.

✖ 가치 있는 일을 만들어줘라

리더십의 크기에 따라 리더를 따르는 조직원들의 업무력이 크게 좌우될 수밖에 없다. 특히 리더는 팀의 역량을 극대화할 수 있도록 우수한 팀을 만들고 유지해야 하며 팀원이 서로 시너지를 낼 수 있도록 여건을 마련해줘야 한다. 성과를 낼 수 있는 팀을 잘 운영하는 것이 리더의 몫이고 자질이다. 특히 팀원의 업무분담을 할 때 역할과 지위에 맞고 구성원 각자의 역량을 향상시킬 수 있으며 학습을 통해서 성장할 수 있는 업무를 주는 것도 포함한다.

✖ 시야를 멀리 가져라

위치가 달라지면 보는 것도 달라져야 한다. 자신의 경력을 관리하기 위해서는 팀원을 잘 이끌어 나가는 동시에 팀원을 성장시켜야 하고, 한편으로는 조직의 입장에서 장기적인 시각을 갖고 있어야 한다. 말 그대로 개인과 조직의 입장을 동시에 이해하고 있으면서 적절한 균형감각을 갖고 있어야 한다. 개인의 자기관리뿐만 아니라 조직의 미래도 생각할 줄 알아야 한다. 또한 자신이 이끌고 있는 팀과 팀원이 조직에 어떤 영향을 미치는지, 이 업무가 다른 조직구성에 어떤 영향을 미칠지, 어떤 방향으로 발전시켜 나갈지를 끊임없이 고민하는 것이 필요하다.

4) 임원 : CEO 마인드로 임하라!

꾸준한 승진과 성장을 위해 치열하게 경쟁하고 노력해야 한다. 승진비율은 각 직급당 30%로 걸러져 왔으나, 부장에서 임원으로 승진하는 비율은 10%로, 임원이 되는 길은 쉽지 않다. 꾸준한 성장을 통해 경력관리를 하다 보면 사업부 하나를 맡거나 한 계열사를 책임지는 경영진의 자리에 오르게 된다. 이때 필요한 것은 CEO처럼 생각하고 행동하는 것이다.

✖ 의사결정 능력을 키워라

한 회사나 사업부를 책임지는 입장이 되면 가장 많이 해야 할 일이 의사결정이다. 조직의 어느 직급에 있든 의사결정을 하는 순간이 있다. 하지만 직급이 낮을수록 의사결정 사안은 크게 위험부담이 없다. 하지만 상위단계로 갈수록 의사결정은 조직에 상당히 많은 영향을 주는 위험부담이 존재한다. 이런 의사결정 중 어느 것을 선택하느냐에 따라 조직의 성패가 좌우되고, 성장하느냐 실패하느냐의 갈림길에 서기도 한다. 특히 예측이 어려운 의사결정이 많기 때문에 이런 경우에는 위험 또한 높다. 이런 때일수록 의사결정 능력이 중요하다. 의사결정 능력을 갖추기 위해서는 현상만 보는 것이 아니라 현상 안에 감춰진 의미도 이해할 수 있어야 하고, 주변상황까지 파악하는 것이 필요하다. 이렇게 종합적으로 생각하고 판단하는 사고가 뒷받침되어야 제대로 된 의사결정이 가능하다.

✖ 혁신의 전도사가 되어라

경영진의 위치에 오르면 조직이 도태되지 않고 더욱 성장할 수 있도록 끊임없이 계획하고 실행하는 역할을 한다. 조직이 지속적으로 성장하기 위해서는 변화와 혁신을 끊임없이 지속해야 한다. 계속해서 새로운 방식을 도입하고 새로운 것을 시도해야 하는데, 이것은 조직원들의 실질적인 행동변화가 수반되어야 한다. 이런 행동변화에는 습관적인 행동패턴과 습관적인 업무처리 등 일상적인 것까지 바꿔야 하는 경우가 생기는데, 이로 인해서 조직원들은 새롭게 시도하는 고통을 감내해야 한다. 이렇게 조직원들을 움직이게 하기 위해서는 경영진이 먼저 솔선수범해야 한다. 특히 역할모델이 되어야 하기 때문에 앞에서 이끌고 가는 경영진들은 더욱 노력해야 할 것들이 많다.

✖ 준비과정을 즐겨라

누구나 가장 높은 위치까지 올라가고 싶고 성공하고 싶어 한다. 하지만 노력과 학습 없이는 성장이 어렵다. 평생직장 시대에서는 시간이 흘렀기 때문에 승진했을지 모르지만 요즘엔 시간의 흐름이나 경력에 따라 승진하지 않는다. 자신의 역량을 충분히 갈고 닦지 않으면 성장과 성공은 이제 없다.

실전 Q & A

나서고 대리가 성 과장을 찾아왔다. 나서고 대리의 고민은 다른 회사에서 스카우트 제의가 들어왔다는 것이다.

"성 과장님, 사실 이것이 행복한 고민인지 어떤지는 모르겠습니다. 스카우트 제의가 들어왔는데 고민이 안 될 수가 없더라고요."

"어떤 점에서 고민이 되는데?"

"제의가 들어온 기업의 경우 연봉도 많고 복리후생도 지금보다는 좋습니다. 또한 직급도 승진되기 때문에 지금보다는 높고요."

"그런데?"

"사실 우리 회사만큼 직원들에게 잘 해주는 회사가 또 어디 있습니까. 또, 지금은 정들어서 직원들하고도 헤어지고 싶지 않습니다. 그런데 연봉이나 복리후생 같은 것을 봤을 때 고민이 되더라고요."

"그렇다면 현재 회사에 불만인 점이 있나?"

"딱히 불만은 없습니다. 다만 다른 회사가 조건이 더 좋다는 것뿐입니다."

Q 많은 직장인들이 겪는 갈등 중 하나이다. 만약 자신이 멘토의 입장이라면 어떤 조언을 해주겠는가?

A 자신의 커리어 목표를 만들어라. 전통적인 개념의 좋은 직장은 보상, 동료, 비전 이 세 가지를 충족시켜주는 직장이라고 말한다. 첫 번째, 보상은 회사가 자신의 가치를 인정해주고 자기가 일한 만큼 보상해주는 것이고, 두 번째는 최신정보와 노하우를 배울 수 있는 동료이고, 세 번째는 비전으로 자신의 성장은 물론 전문능력을 키울 수 있고 자기만의 브랜드를 만들 수 있는가이다. 이 세 가지를 모두 충족한다면 장기적

인 커리어를 고려했을 때 이직이라는 위험을 감수할 필요는 없다. 기업의 입장에서 현재 필요한 인재이기 때문에 영입했을지 몰라도 조건 때문에 이직한 인재는 충성도가 낮을 것이라고 평가하고, 다른 곳에서 더욱 좋은 조건을 걸고 스카우트한다면 옮길 가능성이 있다고 판단하기 때문에 회사의 핵심인재로 성장시킬지에 대해서는 미지수이다.

자기점검 포인트

1. 직장 내에서 자신의 최종목표는 무엇인가?
2. 목표를 달성하기 위해서 현재 내가 하고 있는 일은 무엇인가?
3. 목표를 달성하지 못한 부족한 점은 무엇인가?

자기점검 그 후

성 과장은 자신의 현재상태를 알고 나니 직장에서 어떤 준비를 해야 할지 명확해졌다. 이번에 쓴 이력서를 펼쳐들고 이제 어떤 것을 준비해 나가야 할지 체크하기 시작했다. 그러자 지나가는 한 부장이 걱정스러운 듯이 말했다.

"아니, 이직하려고 생각 중인 건가?"

"아… 너무 제 생각만 했네요. 회사에서 이력서라니….."

"왜 갑자기 이력서는 보고 있는 건가?"

"이제 앞으로 어떤 준비를 더 하면 되는지를 살펴봤습니다."

"이직준비인가?"

"부장님은 아시잖아요. 제가 어디 이직하고 싶어 한 적 있었나요? 우리 회사만
한 곳이 어디 있다고요."

"그러니까 하는 말이네. 갑자기 이력서라니…."

"이력서로 정리를 해보니까 제가 앞으로 뭘 더 준비해야 할지 명확해졌습니다.
한눈에 제 이력이 보이니까 더 선명해지더라고요."

"그거 좋은 방법이군!"

CHAPTER 11

세상이 변하면 리더의 리더십도 변해야 한다

Intro

성취감 과장은 요즘 화나는 일이 많다. 부하직원들이 자신의 생각대로 잘 따라 오지 않는 것이 문제다. 자신이 자리에 없으면 일이 잘 진행되지 않는 것 같은데, 그렇다고 하루 종일 붙어 지내며 알려줄 수도 없고, 이래저래 고민이 많다. 얼마 전 사건만 해도 그렇다. 팀의 나서고 대리에게 매장의 매출추이와 최근 고객의 성향분석을 해오라는 업무를 시켰다. 그랬더니 나 대리의 반응이 가관이었다.

"과장님, 오늘 금요일인데⋯."

"그래서?"

"주말에 일하라고 하시니까요."

"그게 뭐 잘못됐나?"

"아닙니다."

이렇게 대답하더니 월요일이 지나도 제출하지 않는 것이다. 월요일에 출근해서 지켜봤더니 주말에 업무를 했다는 말은 안 들리고 여자친구와 놀러갔다 온 이 야기만 늘어놓는 나 대리. 성 과장은 나 대리가 어떻게 하나 보려고 아무 말 없이 월요일을 그냥 지나쳤는데, 화요일까지도 그냥 지나쳐버렸다. '지금 내 말이 말 같지 않다는 것인가?' 여기에다가 팀원끼리 잦은 다툼도 있고 팀이 갈려 있어서 뭔가 대책이 필요했다. 이런 여러 가지 일들이 자신의 리더십을 시험하는 것 같아서 마음이 많이 불편했다. 그런 와중에 한세월 부장이 성 과장을 불렀다

"팀이 요즘 많이 안 좋은 것 같은데⋯."

"네, 부장님. 저도 요즘 고민이 많습니다."

"곧 인사이동인 거 알지? 성 과장이 잘 알아서 할 거라고 생각하네."

"네. 알겠습니다."

성 과장은 대답은 했지만 어디서부터 어떻게 손을 대야 할지 머리가 아파오기 시작했다.

팀의 리더의 입장에서 '지금 내 말이 말 같지 않나?'라는 생각, 한번쯤은 해봤을 겁니다. 뭐든 알아서 척척, 솔선수범을 실천하는 리더도 피해갈 수 없는 리더십. 과연 어떻게 해야 팀 내 사기가 올라갈지 알아볼까요?

공감전개

1. 나는 리더인가? 매니저인가?

드디어 수요일 아침이다. 성 과장은 화가 머리끝까지 나 있는데, 대체 뭐가 문제인지 모르겠다. 그래서 고민 끝에 화가 난 것을 조금 참고 나 대리와 대화를 한 번 해 보기로 마음먹었다.

수요일 오후, 나 대리를 호출했다. 그러자 나 대리가 쭈뼛하면서 매장의 매출추이와 최근 고객의 성향분석 자료를 갖고 들어왔다. 성 과장은 화가 많이 났지만, 일단 참기로 했다. 뭐가 문제인지 알아봐야겠다는 생각이 더 컸기 때문이다.

"지금 가져온 건가?"

"네, 죄송합니다. 분석을 하는데 너무 오래 걸려서요."

"내가 언제까지 제출하라고 했지?"

"월요일입니다."

"지금은 무슨 요일이지?"

"수요일입니다."

"내가 월요일까지 가져오라고 했으면 그날까지 가져와야 하는 것 아닌가?"

"……."

"중요한 회의일정이 오늘 오전에 잡혀 있었어. 그런데 공교롭게도 회의일정이

목요일 오전으로 바뀌었지. 만약 수요일 오전에 회의가 그대로 진행됐다면 어떻게 됐겠나?"

"죄송합니다. 회의일정이 있는 것까지는 미처 생각하지 못했습니다."

대답하면서 나 대리는 속으로 생각했다.

'오늘 오전이면 시간도 많았는데 월요일까지 시킨 이유가 뭐야.'

속으로 이렇게 생각하자마자 그 속을 읽었는지 성 과장이 말을 이었다.

"수요일 오전에 회의가 있으면서 왜 월요일까지 일을 시켰을까 궁금한가?"

나 대리는 뜨끔해하며 대답했다.

"네."

"그건 내가 먼저 보고서를 보고 분석한 후 문제점이 있다면 해결방안을 도출할 시간이 필요해서였네."

"아, 죄송합니다. 거기까지는 생각을 못 했습니다."

"왜 월요일까지 안 가져왔는지 이유를 들어보지."

"사실, 주말에 상견례가 있었는데, 상견례를 취소하지 못해서 시간이 부족했습니다. 거기다 각 매장의 정보를 모두 받는 데 시간이 오래 걸려서 자료를 분석하는 데 어려움이 있었습니다."

성 과장은 속으로 생각했다.

'안 되면 되게 하면 되지! 이걸 어떻게 해결한담.'

"알았네. 나가보게."

기업은 리더가 올바른 판단으로 올바른 길로 이끌면 뒤따라가는 팀원들도 제대로 된 길을 따라가지만, 리더가 올바른 판단을 하지 못하면 방향을 잃은 기러기 떼처럼 길을 잃는다. 리더와 리더를 따라가는 팀원들의 행동이 통일될 때 팀의 본래 목적을 달성할 수 있다는 뜻이다. 오늘날처럼 국내외의 정치, 경제, 기술 등이 시시각각 변해가는 상황에서는 리더의 리더십이 절실하게 요구된다.

1) 리더의 틀을 깨야 한다

경영환경이 변화하면서 리더십의 개념이 변하고 있다. 환경이 바뀌면 패러다임은 바뀌는데 요즘처럼 급격한 변화에서는 리더십에 대한 패러다임도 빠르게 변하고 있다.

✸ 리더는 전문성을 바탕으로 리더십을 발휘할 수 있다

직급이나 직위가 높으면 해당 분야의 연륜과 경험이 축적되어 전문적인 지식이나 스킬이 높은 것은 사실이지만 리더가 모든 분야에 걸쳐서 전문적인 지식과 경험이 많은 것은 아니다. 리더십은 직급이나 직위가 낮은 팀원이 상사를 대상으로 자신이 갖고 있는 전문적인 지식을 바탕으로 리더십을 발휘할 수 있다.

✸ 프로젝트 영역에 따라서 다수의 리더가 존재한다

리더 한 사람이 모든 분야에 걸쳐 팀원보다 전문적인 지식이나 정보를 보유한다는 것이 불가능에 가깝기 때문에 프로젝트를 수행할 때마다 해당 분야에 대한 전문성이 가장 높은 사람이 해당 프로젝트의 리더로 부각될 수 있다. 즉, 리더십은 팀에 있는 사람이라면 누구나 발휘할 수 있다는 것이다. 해당분야에 대한 해박한 지식과 실무경험을 많이 보유하고 있는 사람이 팀을 이끌어 간다는 발상이고, 이렇게 되면 프로젝트나 영역에 따라서 다수의 리더가 존재한다는 것이고, 결국은 모든 사람이 다 리더가 될 수 있다는 것이다.

✖ 조직 내에서 누구나 리더가 될 수 있다

정보가 폭발적으로 증가함에 따라 과거에 리더가 정보를 독점하던 시기와는 정보에 대한 인식이 달라져 있다. 정보기술의 발전이 리더 한 사람에게 정보를 독점하도록 허용하지 않을 뿐 아니라, 각기 다른 정보를 갖고 있는 팀원들의 적극적인 참여가 있어야 팀이 시너지를 낼 수 있다. 팀원 개개인의 개성과 창의성이 팀 시너지를 창출하면서 적극적으로 참여하는 팀원 한 사람 한 사람이 리더가 될 수 있다는 사실이다. 팀에서 팀장의 역할은 각자의 분야에서 리더로 육성할 수 있는 여건을 만드는 데에 많은 노력을 기울이는 사람으로 변했다.

✖ 관리자와 리더

기업은 훌륭한 관리자와 리더를 키워내고 발굴해야 한다. 관리자와 리더는 기업에 필요한 존재로 기업의 입장에서 비슷한 역할을 한다고 생각할 수도 있지만 여러 가지 측면에서 다른 특징을 갖고 있다.

• 목표에 대한 시각이 다르다

관리자의 목표는 조직의 필요성에 의해 설정한다. 기존의 질서를 유지하고 보상을 받거나 목표를 달성시키기 위해 팀원들을 관리한다. 반면 리더의 목표는 관리자보다는 적극적이다. 새로운 시장의 기회를 찾아내고 그것을 통해서 보상받는다.

- 혼란과 질서를 바라보는 시각이 다르다

관리자는 혼란과 갈등은 있어서는 안 된다고 생각하기 때문에 질서와 통제를 추구한다. 반면 리더는 조직에 문제가 발생했을 때 해결을 위해서 노력하기보다 조직이 갈등을 자연스럽게 해결함으로써 성장할 수 있는 계기를 마련한다.

- 업무처리가 다르다

관리자는 의사결정이나 업무진행에 있어서 규정되어 있는 대로 처리하지만 리더는 창의적인 아이디어에 관심을 갖고 새로운 방식으로 업무를 처리하기도 한다. 리더가 관리자보다 좋은 역할을 하는 것 같아 보이지만 자세히 살펴보면 각자의 역할에 있어서 다른 것뿐이다. 관리자는 나무를 보고 리더는 산을 본다고 할 수 있다. 이렇게 관리자와 리더는 역할에 차이가 있다. 하지만 관리자가 더 옳은 일을 하고 리더가 더 옳지 못한 일을 하거나 또는 그 반대의 경우도 아니다. 기업은 하나의 조직이고 그 조직이 목표를 향해 나아가는 동안 관리자와 리더는 자신의 위치를 잘 파악하고 그 역할을 잘 수행해낼 수 있는 사람들이어야 한다.

2) 리더는 어떤 사람일까?

리더는 새로운 일을 하는 사람으로 어떤 조치를 취할 것인지를 결정하고 행동으로 옮기는 사람이다. 조직의 비전과 미션을 팀원에게 안내하고 영향을 미치거나 설득한다. 리더십은 다른 사람들에게 영향을 미쳐서 목표를 성취할 수 있도록 하는 능력이다. 일상적인 업무를 효율적, 효과적으로 해낼 수 있도록 조정하고 조율하는 사람을 매니저라고 한다. 하지만 리더는 단순히 조직을 관리하고 일상적인 의사결정을 하는 사람을 말하지 않는다. 조직의 목표를 향해 조직을 이끌어갈 수 있는 사람, 조직의 목표를 명확히 해주고 구체적 동기유발을 이끌어낼 수 있는 사람, 미래의 비전을 향해 방향을 잡아줄 수 있는 사람을 리더라고 한다.

3) 리더에게 요구되는 두 가지 역량

리더십의 키워드는 두 가지로 압축이 된다. 업무능력과 대인관계 능력이다. 업무능력이 높은 리더가 대인관계 능력이 없다면 팀원이나 조직에 영향력을 미칠 수 없고, 대인관계 능력은 탁월하지만 업무능력이 부족하면 팀을 조직화해서 이끌어나가지 못한다.

✖ 업무능력

업무능력에는 기술지식, 제품지식, 문제분석 및 문제해결 스킬, 직업기술, 정보기술 활용능력 등의 기술적인 능력과 회사의 전략적 방향을 정한다든지 정보를 수집하고 외부환경의 변화를 확인하고 팀원에게 자원을 적절하게 배분하고, 조직의 전략적 방향을 직원 개인의 목표로 전환하는 능력 등을 말한다.

✖ 대인관계 능력

리더에게 대인관계 능력은 팀원들이 누구든 접근하기 쉽도록 격의 없이 지내면서 고성과를 창출할 수 있도록 팀원을 격려하기도 하며, 모든 사람들을 차별 없이 대한다. 또한 의사결정을 내릴 때 조직을 최우선에 두고, 개인적인 상황에 따라서 의사결정에 영향을 미치지 않도록 한다. 또한 동료, 부하직원들뿐 아니라 조직의 윗선에 있는 사람들에게도 영향력을 발휘할 수 있고, 팀원들 간의 갈등이나 다른 조직과의 갈등을 효과적으로 해소할 수 있는 협력적이고 긍정적인 것을 말한다.

2 이직률이 높으면 리더의 잘못이다

나 대리는 가슴을 쓸어내렸다.

엄청 깨질 거라 생각하고 들어갔는데 생각보다는 깨지지 않았고, 그다지 문제가 될 것 같지도 않았다. 그런데 문제는 그 이후부터 일어났다. 틈만 나면 성 과장이 못살게 구는 것이었다. 6시 퇴근시간만 되면 일을 시키고, 사소한 것에도 스트레스를 주었다.

'이거 회사 다닐 맛 안 나네. 확 때려쳐버려?'

성 과장이 괜히 자신에게만 더 고약하게 구는 것 같은데 직원들 사이에서 이상한 소문까지 들렸다.

'나 대리가 성 과장한테 찍혔다면서?'

'이제 회사 다 다녔네.'

뒤에서 수군대는 소리가 조금씩 들렸다. 나 대리는 더는 안 되겠다고 생각하고 사직서를 준비해서 성 과장을 찾아갔다.

어느 중견기업 사장이 친구와 함께 한 가게에서 맥주를 마시고 있었다. 꽤 시끄러웠던 그 가게의 한구석에서 마침 중견기업 사장의 직원이 친구들과 생일파티를 하고 있었다. 사장이 얼큰하게 취해 있을 때, 그 직원이 다가와 사장에게 인사하고 자리로 돌아갔다. 그러자 사장이 바로 그 직원의 뒤를 쫓아 생일파티 자리로 갔다. 그러고는 직원의 친구들이 모여 있는 테이블에서 말했다.

"이 친구는 우리 회사에서 가장 뛰어난 인재입니다. 또 내가 가장 사랑하는 아들입니다. 오늘 술값은 내가 낼 테니 마음껏 드세요."

사장은 그 직원의 이름조차 몰랐다. 정작 놀라운 것은 그 뒷이야기였다. 명문대를 졸업한 그 직원은 직장생활에 회의를 느껴 이직을 생각하고 있던 터였다. 생일파티에 모인 친구들에게 '정말 더러워서 못 다니겠다.'는 이야기를 하려던 참이었다. 그 상황에서 사장의 한마디는, 직원은 물론이고 친구들에게도 놀라움과 감동을 주었다. 그리고 그 직원은 사장의 생각과 태도에 완전히 반해버리고 말았다. 또한 사장의 한마디로 순식간에 친구들에게 부러움의 대상까지 되었다. 직원은 그만둘 생각을 접었고, 이전보다 더 열심히 노력하고 분발했다. 시간이 흘러 그 회사의 임원까지 되었고, 술자리에 있었던 친구들 가운데 두 명도 그 회사로 옮겨와 친구들 역시 이 회사의 임원이 되었다. 당시 중견기업이었던 회사는 이제 이름만 대면 누구나 알 만한 큰 회사로 성장했다.

1) 팀원이 떠나고 있다

사람은 일만 하는 기계가 아니기 때문에 메마른 문화에 즐거움까지 결여되면 이직을 고려하게 된다. 이를 방지하기 위해서 많은 기업에서 근무하고 싶은 회사, 즐거운 회사를 만들기 위해 노력하고 있다. 한 조사에 따르면 이직에 가장 큰 영향을 미치는 원인은 '리더'였다. 또 회사의 근무조건이나 연봉조건이 부족해도 훌륭한 리더가 있는 회사에서는 오래 근무하고 싶다는 조사결과도 있다.

✖ **팀원이 조직을 떠나는 다섯 가지 이유**

- 개인의 성장비전이 없을 때

- 업무 과부하로 피로도가 누적될 때

- 구성원 간 보상의 불공정성을 느낄 때

- 감성이 결여된 메마른 문화일 때

- 리더와의 갈등이 지속될 때

✖ **모두가 싫어하는 팀장**

- 알맹이 없는 무용담만 늘어놓는 팀장

- 팀원 등골을 빼서 회사에 충성하는 팀장

- 앞에서는 조용, 뒤에서는 큰소리치는 팀장

- 무조건 시키는 대로 하라는 팀장

2) 팀원들이 일하고 싶게 만들어라

팀원들은 직장에서 경제적 보상 이상의 것을 원하고 있으며 각자의 생활 양식이 변화하고 있다. 직장에서 더 많은 욕구를 충족하려 하고 있고, 자신이 원하는 것을 하기 위해 과거보다 더욱 전략적으로 행동한다.

✖ **매슬로의 동기이론**

미국의 심리학자인 매슬로^{Maslow}는 인간의 욕구가 단계에 따라 일어난다고 보고, 이를 다섯 가지로 나누어 서열화하고 제일 먼저 있는 욕구가 충분히 충족되어야 다음 단계에 있는 욕구가 나타나 동기유발을 한다고 주장했다. 제1단계는 생리적 욕구, 제2단계는 안전 욕구, 제3단계는 친화 욕구, 제4단계는 평가 욕구, 제5단계는 자아실현 욕구다. 1,2,3단계의 욕구는 저차원적 욕구로 인간은 기본적으로 음식과 보금자리가 필요하며, 적으로부터의 보호, 다른 사람들과의 커뮤니티 등이 필요하다는 단계이다. 제4단계인 평가 욕구는 주위의 인정과 존경을 받고 싶어 하는 욕구다. 가장 높은 위치에 있는 자아실현 욕구는 인간이라면 모두 달성하기를 열망하는 것으로, 원하는 것을 달성하게 될 때 느끼는 성취감이다. 동기부여는 매슬로의 욕구단계에서 중요한 역할을 한다. 그것은 우리가 스스로를 돌보면서 풍요로움을 얻는 데 필요한 일을 할 수 있게 해주기 때문이다.

리더가 팀원의 동기를 최대한으로 끌어올리고 싶다면 매슬로의 욕구 단계설을 기억하는 것이 좋다. 팀원에게 월급과 복리후생 등 생존에 관련된 문제로 동기를 부여해주는 리더는 1단계 리더에 가깝다. 팀원의 자아실현을 돕는 리더가 될 수 있어야 하고, 자아실현을 했어도 더 높은 자아실현을 위해 동기부여를 해줄 수 있는 리더가 되어야 한다.

✖ 사원이 원하는 팀장

- 대화가 통하는 커뮤니케이션의 달인
- 공(功)을 팀원에게 돌리는 팀장
- 일사부재리 원칙에 충실한 팀장
- 긍정적인 피드백은 실시간으로 하는 팀장
- 능력을 가늠하기 힘든 팀장

3) 리더가 해야 할 일

과장이나 팀장 등 중간관리자가 되면 조직관리의 중요성을 절감한다. 자신뿐만 아니라 조직원과 조직전체의 실적을 향상시키는 능력을 시험받기 때문이다. 중간관리자로서 직원들의 업무능력 향상에 가장 주력해야 한다. 많은 임원들이 중간관리자에게 가장 중요한 능력은 부하통솔 등의 조직관리 능력이라고 답했다.

✖ 방향을 제시하라

무한경쟁과 불확실한 미래를 준비해야 하는 리더는 팀원에게 미래에 대한 방향을 제시하고 팀에 맞는 전략을 개발해서 방향을 잡아주는 역할이 필요하다. 즉, 리더란 팀원들에게 목표에 맞는 올바른 방향을 제시하고 때에 따라 알맞은 방식으로 지시를 내리는 사람이다.

• 비전을 제시하는 리더

리더는 불확실한 환경변화 속에서 팀이 나갈 방향, 즉 비전을 제시하는 길잡이가 되어야 한다. 비전은 조직이 도달해야 할 이상적 상태를 말한다. 바람직한 비전을 달성하기 위해서는 간단명료하고 추구할 가치가 있어야 하고, 조직과 팀과 이해관계자의 이해를 만족시켜야 한다. 또한 비전은 전략과 연계되어 있어야 하고, 현실화할 수 있어야 한다. 비전은 팀원 사이에서 공유되어 있어야만 팀원의 자발적인 참여를 기대할 수 있다.

• 전략적 리더

좋은 비전을 전략적으로 실행하기 쉽지 않기 때문에 리더는 팀의 방향과 비전을 전략적인 계획을 통해 올바른 방향으로 이끌고 가야 한다. 전략적인 리더십에는 전략적인 유연성과 사고가 필요하다.

✖ 조직의 가치확립

조직 내 다양한 생각과 입장을 갖고 있는 팀원들끼리 각자의 가치관만 고집하면 갈등을 빚는 경우가 많다. 리더는 조직이 갖고 있는 다양한 사고를 조직에서 요구하는 가치로 통합할 필요가 있다. 조직문화는 시간의 경과에 따라 자연스럽게 형성되기도 하지만, 리더의 의지에 따라 빠르게 형성되는 것이 보통이다. 리더는 조직구성원의 가치와 행동을 공통의 방향으로 결집시킬 수 있는 강한 조직문화의 개발자로서의 역할을 다해야 한다.

✖ 동기의 창출

조직이 생기고 유지되는 데는 그 이유와 목적이 있다. 각 팀원들 역시 조직에 있는 이유와 목적이 있다. 리더는 팀원들이 조직에 있는 이유와 목적을 끄집어내서 조직의 목적까지 도달할 수 있도록 팀원들의 동기를 이끌어내야 한다.

• 동기에는 목표가 있어야 한다

동기란 언제나 어떤 특정한 행동을 유발한다. 강한 동기일수록 어떤 행동이나 목표를 이루도록 강력하게 유도한다. 팀의 구성원들은 그들의 목표를 이루려고 하는 강한 동기를 가지고 있어야 한다. 사람들이 동기를 갖기 위해서는 구체적인 목표나 행동에 집중할 필요가 있다.

• 다른 사람에게 직접 동기를 부여하는 것은 불가능하다

리더는 팀원에게 직접적인 동기를 부여할 수 없다. 동기부여란 각자의 내

부에서 이루어지는 일이기 때문이다. 리더는 동기부여에 대한 필요성을 지적해주고 거기에 필요한 여건을 만들어줄 수는 있다. 그렇다고 해서 동기가 부족한 것에 대해 그 리더가 전혀 책임이 없다는 것은 아니다. 어느 그룹이든지 구성원들이 충분한 동기부여를 받지 못한 데에는 언제나 그 리더에게 원인이 있게 마련이다.

• 동기를 부여하는 데는 법칙이 없다

어떤 사람이나 집단에 효과가 있었다고 해서 언제나 어디서나 효과가 있는 방법은 없다. 어떤 사람에게는 동기부여가 되어도 어떤 사람에게는 통하지 않을 수 있기 때문이다.

✖ 조직관리

조직의 목표를 위해서 계획을 세우고 조직원들의 우선순위를 정하고, 팀을 조직화하고 제도화해야 한다. 또한 조직에서 만든 시스템이 제 기능을 하도록 유지해야 하고, 팀에서 중요한 의사결정을 해야 한다.

• 업무의 우선순위를 정하라

팀의 리더가 우선순위를 정할 때 명심할 점은 자신이 맡은 조직뿐만 아니라 그 조직이 속해 있는 더 큰 조직의 관점에서 조직전체와 팀과의 관계에서 우선순위를 판단해야 한다.

• 일정관리

팀장이 팀원에게 업무를 위임할 때 업무완료 시간을 정한 후에 시간 내에 해결하는 것이 중요하다. 필요한 기간 내에 수행되지 않으면 조직의 경쟁력을 떨어뜨리는 것도 문제지만, 팀과 관련된 다른 조직이나 상위 조직의 리더가 계속 기다리거나 상황을 파악해야 한다면 조직의 효율성에 영향을 미치기 때문이다.

• 효율성 제고 및 문제해결

조직에서 어떤 문제가 생겼을 때 일시적인 증상치유만 하는 것이 아니라 원인을 파악하고 다시 그러한 문제가 발생하지 않도록 시스템 자체를 정비해야 한다. 리더는 문제가 발생하지 않는 것에 만족하기보다는 문제발생 가능성의 측면에서 개선할 점이 없는지 문제의식을 갖고 끊임없이 고민하고 고쳐나가야 한다. 이런 과정에서 더욱 효율적인 운영과 고품질의 결과를 얻을 수 있기 때문이다. 이를 위해서 리더는 자신이 맡은 조직의 특성에 맞는 효율성 지표를 설정하고 매년 목표를 정한 다음 실천하는 것이 좋다.

✖ 업무지도 설명

팀원들은 팀 내에서 자신이 하고 있는 업무가 조직전체의 차원에서 볼 때 어느 부분의 어떤 일인지를 알고 싶어 한다. 리더는 팀원에게 조직 내 업무에 대한 지도를 그려줘야 한다.

✖ 인사관리

리더가 인사관리 측면에서 관심을 가져야 하는 부분은 팀원들의 역량을 파악하고 팀원의 역량을 육성, 평가하고 팀원에게 성장의 기회를 줘야 한다. 인사관리를 잘하기 위해서 제도로 정착시키기 위한 장기적인 관점에서의 개선이 필요하다. 이렇게 하기 위해서는 팀원과 지속적으로 커뮤니케이션을 해야 한다.

- 팀원의 역량을 파악하라

인사관리는 팀원 개개인의 능력파악에서 시작한다고 해도 과언이 아니다. 인사관리와 업무관리는 떨어져 있는 것이 아니라 팀원의 역량에 적합한 일을 부여하고 업무의 우선순위를 조정해주고, 문제점이 있다면 문제를 해결해주고, 적절한 시기에 팀원이 원하고 역량에 맞는 업무로 옮겨주면 팀에서 일어나는 많은 부분이 해소될 수 있다. 그렇기 때문에 각 팀원들이 어떤 일을 할 수 있는지에 대한 역량파악이 먼저다.

- 팀원에게 성장의 기회를 주라

팀원들 개개인은 자신의 성장과 성공에 관심이 많기 때문에 리더는 이런 점을 신경 써야 한다. 팀원이 성장하려고 노력할 때 관리자의 관심과 도움은 매우 큰 힘이 될 수 있다. 동기부여 이론 중 매슬로 욕구이론에서 볼 수 있듯이 개개인에게 최종동기를 끌어올릴 수 있는 것이 자아실현이다. 팀원의 자아실현을 도우면 팀도 함께 성장할 수 있다.

- 평가를 기록하라

평가는 인사관리에서 가장 중요한 부분이다. 팀을 관리하는 리더는 팀원의 평가에 15% 정도의 시간을 사용하는 것이 바람직하다. 일주일에 하루 정도는 최소한 평가에 관련해서 시간을 투자해야 한다. 특히 인사고과가 연말에 있기 때문에 일 년 간의 평가를 평소에 기록해두지 않으면 연말에 있었던 실적만을 기억해서 평가의 오류가 생길 수 있다.

- 커뮤니케이션을 하라

팀을 이끄는 리더라면 팀원들과의 대화가 중요하다고 느끼지 않은 사람은 없다. 그래서 팀원과 커뮤니케이션을 하기 위해 많은 노력을 기울이는

데, 그 방법이 면담이나 술자리를 갖는 것이다. 서로의 이해의 폭을 넓히는 역할을 해야 하기 때문에 공식적, 비공식적인 면담이나 만남을 통해 선배나 리더의 입장에서 이끌어가야 한다.

3. 직원에 대한 신뢰가 최고의 리더를 만든다

성 과장은 일부러 그런 것은 아닌데 나 대리가 스트레스를 많이 받았다고 하니 이러지도 못하고 저러지도 못하고 있었다. 이러면 안 되겠다는 생각이 들어서 한세월 부장에게 도움을 요청했다.

"부장님, 저는 팀에 갈등이 있는 것도 싫지만, 더 싫은 것은 제 권위가 서지 않는 거예요. 또, 업무를 잘 못하는 직원을 보면 답답해서 자꾸 잔소리를 하게 돼요. 그러면 그 직원은 그만두겠다고 하고….."

"자네, 모든 사람이 자네처럼 업무를 잘 처리해야 한다고 생각하나?"

"네. 직장에서 업무를 하려면 당연히 잘해야죠."

"그럼, 얼마나 자네의 권한을 위임하나?"

"네? 권한을 위임하다니요? 그렇게 해야 할 필요가 있나요?"

"우리들이 가끔 착각을 하는 경우가 있지. 모든 일처리를 리더가 해야 한다는 생각 말이야."

"그래도 부하직원에게 일을 시키면 불안해서요."

"사실 우리가 하는 업무가 조직원을 잘 관리하는 것도 중요하지만, 내 업무나 권한을 잘 위임해서 최고의 성과를 낼 수 있게 하는 것이야."

"휴… 너무 어려워요."

"잘 생각해봐. 어떤 의미인지."

한세월 부장과 대화를 하고 돌아오면서 성 과장은 온갖 생각이 다 들었다. 어느 정도까지 권한을 위임하고 어느 정도까지 인정해야 하는 것인지….

1) 팀원들을 성장하게 하라

리더는 조직이 해야 할 일을 구성원들과 함께 이루어가는 사람이다. 그 일을 하기 위한 권한을 위임받아 좋은 결과를 얻기 위해 최선을 다하고, 나온 결과에 대해서 최종책임을 지는 사람도 리더이다. 또한 리더는 구성원 개개인의 가치를 높여주어야 한다. 구성원들에게 구체적인 목표와 권한을 주고 진행상황을 감독하면서 적절한 의사결정과 조언을 통해 구성원들이 성장하고 발전할 수 있도록 지도할 책임이 있다. 조직의 비전과 개인의 비전을 같은 방향으로 맞추어주고 모자라는 부분에 대해 성장할 수 있도록 배려해주는 것도 리더가 해야 할 일이다.

✖ 고기 잡는 방법을 가르쳐주는 슈퍼리더

슈퍼리더는 부하직원에게 고기를 잡아주는 것이 아니라 고기 잡는 방법을 가르쳐주는 것으로 팀원들 스스로 자신의 최대역량을 활용하고 최선을 다할 수 있도록 환경적인 여건을 조성하여 개인이 갖고 있는 최대치를 촉진시킨다. 팀원 스스로가 자신의 역량을 리드하도록 역량과 기술을 갖추게 하고, 관리나 통제를 하지 않고 구성원에게 최대한의 자율권을 부여함으로써 스스로 학습하고 성장하도록 해준다. 또한 문제가 생겼을 때 구성원 스스로가 문제를 파악하고 해결할 수 있는 능력을 배양해주는 것을 슈퍼리더라고 하는데, 리더는 구성원들의 잠재역량을 끄집어내어 업무의 성과를 얻을 수 있도록 최소한의 영향력만 행사한다. 그러기 위해서는 누구나 무한한 잠재적인 능력을 갖고 있다는 가능성을 믿고 잠재력을 개발시켜야 한다. 이렇게 되면 조직원들 스스로 동기부여와 자아개발 의지를 증가시킬 수 있기 때문에 팀원들의 직무에 대한 만족감이나 조직에 대한 충성심, 팀 몰입도가 증가한다.

✖ 권한을 부여하는 리더

팀원에게 업무와 관련된 자율권을 보장해서 구성원의 잠재력을 극대화시키는 리더십을 말하는데, 이 리더십의 핵심은 권한을 공유하는 것에 있다. 즉, 리더의 권한을 하급자에게 줄수록 리더의 영향력이 증대된다고 생각하고 직무권한을 조직원과 공유해서 스스로 자율적인 의사결정을 할 수 있도록 해야 한다. 권한을 부여한다고 해서 믿고 맡긴다고 생각을 하고 그냥 내버려두는 것은 권한위임이 아니라 방임이다. 진정한 권한위임은 리더가 팀원에게 일을 맡기는 동시에 일의 진행상황을 파악하고 적절한 때에 도움을 주는 것이다. 즉, 리더는 팀원에게 맡긴 업무가 잘못되기 전에 제대로 된 방향을 알려주고 바로잡아줌으로써 성과를 높이고, 동시에 팀원들이 발전할 수 있도록 도와주는 것이다.

• 리더의 업무를 세분화하라

업무를 작은 단위로 세분화하다보면 작은 단위의 업무를 다른 사람에게 위임할 수 있기 때문에 자신이 할 일을 줄일 수 있고, 보다 중요한 일에 시간을 활용할 수 있게 된다. 리더는 업무를 수행할 때마다 스스로 질문을 해야 한다. "과연 이 일은 내가 꼭 해야 하는 일인가?"

• 규칙적으로 위임하라

자신이 맡고 있는 일을 어느 팀원에게 위임할 것인지를 미리 생각하고 위임해야 한다. 단지 바쁘고 업무가 많기 때문에 부하직원에게 위임을 하면

위임이 아니라 미루는 것이 된다. 업무를 위임받은 사람이 업무를 자기계발의 한 가지로 생각할 수 있도록 팀원 개인적인 역량 개발에 도움을 줄 수 있고 도전적인 일이어야 한다.

- 일을 맡길 사람을 신중하게 선택하라

팀장의 업무를 팀원에게 맡긴다고 해서 책임이 없어지는 것이 아니다. 업무를 위임받는 팀원이 가지는 책임은 팀장에게도 공동으로 있다.

- 일에 대하여 팀장이 팀원에게 갖고 있는 기대를 분명하게 전달하라

팀원들은 팀장이 어떤 결과를 기대하고 있는지 정확하게 알고 싶어 한다. 일의 목적과 기대를 구체적으로 말해주고, 요구사항도 자세히 알려주면 더욱 좋은 결과를 얻을 수 있다.

- 각 팀원에게 권한을 부여하라

팀원에게 업무를 위임하고 일을 완수하는 데 필요한 권한이 없으면 업무를 효과적으로 수행할 수 없다. 결국 팀원은 업무에 대한 무기력을 경험하게 된다.

- 잘못에 대한 책임은 자신이 져라

일을 다른 사람에게 위임하더라도 최종책임은 리더에게 있다. 업무를 위임받아 수행한 사람들에게는 그 후에 개인적으로 책임을 물어야 한다.

- 위임한 업무를 끝까지 챙겨라

팀원들이 끝까지 자신의 성과에 대해 책임을 지도록 하라. 누구나 긍정적인 반응을 얻은 일은 되풀이하고, 부정적인 반응을 얻은 행동은 그만두는 성향을 갖고 있다. 팀원들이 좋은 성과를 내기 원한다면 긍정적인 성과가 나왔을 때 칭찬을 아끼지 말아야 한다.

✖ 경력계발 리더

리더는 부하직원의 능력을 계발하기 위해서 장기적인 차원에서 경력계발을 생각하고 이끌어줘야 한다. 경력이란 한 개인이 생애에 걸쳐서 일하면서 거치는 직무와 업무에 관련된 경험을 말한다. 부하직원의 경력계발을 통한 인재육성은 부하직원의 동기를 부여해주는 중요한 방법이다.

실전 Q & A

나서고 대리가 신제품을 만드는 데 많은 역할을 했다. 제품을 사용해왔던 고객들이 남긴 구매후기, 불만, 개선사항 등을 모두 자료로 정리해왔고, 신제품을 계발하고 있는 프로젝트 팀에서 자신이 정리한 내용을 바탕으로 신제품에 많은 영향을 미쳤다. 또한 이번 신제품 고객 수요조사를 했을 때 개선사항에 대해서 고객들의 많은 호평을 받았기 때문이다.

Q 팀장의 입장에서 나서고 대리가 인정을 받았다고 느낄 만한 말은 무엇일까?

A 수고했어, 잘했어, 역시 나대리밖에 없어 등등. 직장인들이 일하면서 가장 듣고 싶은 말은 '수고했다'는 표현인 것으로 조사됐다. 그 다음으로 '역시 이 일에는 ○○ 씨밖에 없어', '○○ 씨가 최고야' 등 업무성과를 인정해주는 말이 2위에 올랐고, '요즘 많이 힘들지?'가 뒤를 이었다. 이밖에 '일찍 퇴근하라', '밥 먹으러 갑시다' 등의 표현도 힘이 된다는 답변이 나왔다. 반면 가장 듣기 싫은 말은 '○○ 씨는 잘하는데 당신은

왜 이래?' 등 남과 비교하는 표현이 1위에 꼽혔고, 그 뒤를 이어 '빨리 빨리 좀 할 수 없어?', '이럴 줄 알았어'. '이것밖에 안 돼?' 등 냉소적인 말이 듣기 싫은 말로 조사됐다. 이밖에 기타 응답으로 '한심하다', '어이' 등의 표현도 근무의욕을 저하시킨다는 답변이 나왔다.

자기점검 포인트

1. 팀원의 잠재력을 키워주기 위해서 하는 일은 무엇인가?
2. 리더의 역할 중 내가 잘하지 못하는 것은 무엇인가?
3. 팀원 스스로 열정을 갖게 하기 위해 해야 할 일은 무엇인가?

자기점검 그 후

"나 대리, 이번에 제출한 신제품 매출신장 기획에 대해서 프레젠테이션 할 수 있겠지?"

"제가 해도 되겠습니까? 이제까지 과장님이 하셨잖습니까?"

"나도 이제 질문을 좀 해보고 싶네."

이야기를 듣자마자 나 대리는 좋은 표정을 감추지 못했다. 나 대리는 요즘 자신이 회사에서 인정받고 있다는 생각에 회사생활이 즐거웠다.

성 과장은 자신의 업무를 하나씩 팀원에게 위임하고 나니 조금 더 중요하다고 생각해왔던 팀원관리나 중요한 의사결정에 시간을 쏟을 수 있었다. 팀원들은 오히려 자신들이 인정받고 있다는 느낌이 좋은지 팀의 사기도 훨씬 높아져 있었다.

CHAPTER 12

잘 키운
부하직원 하나
열 직원 안 부럽다

Intro

성 과장은 새로운 난관에 봉착했다. 팀원들의 갈등이 봉합되고, 점점 새로운 제품의 윤곽이 서서히 드러나고 있는 가운데 답답해지기 시작했다. 뭔가 될 듯 될 듯 결과가 나오지 않고 있어서이다. 다들 프로젝트 성공을 위해 고군분투하고 있지만 2%가 부족하다는 생각이 들었다. 팀원들 각각 충분히 해낼 역량이 있는데도 충분히 활용하지 못하고 있다는 생각이 든다. 어김없이 한세월 부장에게 도움을 요청했다.

"부장님, 요즘 제가 프로젝트 팀을 맡았는데, 팀원들이 잘하고는 있지만 제 생각만큼은 아닌 것 같아요."

"안 그래도 소식은 듣고 있었네. 자네가 프로젝트 팀을 잘 운영하고 있다더군."

"그런데 저는 제대로 된 제품을 만들고 싶은데, 직원들이 제대로 역할을 발휘하지 못하는 것 같아요."

"그렇게 생각하는 이유가 있나?"

"팀원들이 해야 할 일들은 정확히 알고 있지만 제대로 실행하고 있지 않다는 생각이 들어요."

"그래서 어떻게 하고 싶은가?"

"팀원들이 모두 자신의 역량을 제대로 활용했으면 좋겠어요."

"지금은 그렇게 하고 있지 않다는 말인가?"

"전혀 못 하는 것은 아니지만 직원들이 두 배 이상 성과를 낼 수 있는데도 그렇지 못하다는 생각이 듭니다."

"그럼 잘할 수 있게 할 방법이 있나?"

"네, 분명히 있을 겁니다. 요즘 자유로운 분위기로 회의를 하려고 노력하고 있고요. 아이디어 회의 때 제가 되도록 나서지 않고 지켜보는 편이거든요. 일에 관해서 압박을 주지 않으려고 하는데. 참, 코칭이라는 것이 있다는 이야기도 들었어요. 질문으로 성과를 높인다고 하던데…."

"자네는 어떤 것을 활용하고 싶은가?"

"코칭을 한번 활용하고 싶습니다."

"좋군. 한번 해보게"

"역시 부장님과 대화를 하면 꼭 뭔가가 해결되는 것 같습니다."

공감해요!

코칭대화는 질문만으로 상대가 스스로 답을 찾아내도록 하는 기술이지요. 특별한 조언이 없어도 코칭대화를 통해 답을 찾기도 합니다. 이 대화 스킬에 한번 빠져볼까요?

공감전개

1. 직원을 성장시키는 리더들의 코칭기술

성 과장은 정기적으로 팀원들과 만나서 차를 마시며 여러 가지 이야기를 해왔다. 개인적인 대화에서부터 업무관련 대화까지 다양한 측면에서 직원들의 의견을 들을 수 있어서 좋았다. 얼마 전엔 유쾌해 대리와의 면담시기가 와서 미팅룸에서 함께 커피를 마셨다. 유쾌해 대리가 특유의 친근감으로 성 과장에게 말했다.

"과장님, 우리 회식할 때 되지 않았어요?"

"회식한 지 얼마나 됐는데 벌써 회식을 찾아?"

"우리 기획부서의 팀워크를 위해서는 회식이 필요해요."

"요즘 일하기는 괜찮아? 기획부서로 발령받은 지 얼마 안 됐는데 적응을 꽤 잘하는 것 같아."

"과장님, 당연하죠. 제가 성격이 좀 좋잖아요. 어제는 이싹싹 주임이 야근하는데 도와줘서 완벽하게 끝냈습니다. 환상의 콤비가 돼가는 것 같다니까요. 근데, 과장님 점점 예뻐지시는데, 좋은 일 있으세요?"

금세 화제가 바뀌며 개인적인 수다로 이어지고 말았다. 이렇게 대화를 하다보면 거의 개인적인 이야기를 하다가 끝나거나 쓸데없는 이야기를 하다가 끝나는 일이 다반사다. 단순히 면담이지만 뭔가가 필요하다는 생각이 들었다.

1) 코칭은 왜 필요할까?

기업이 코칭을 도입하는 이유는 다양하다. 리더십의 하나의 방법으로 회자되던 코칭이 21세기엔 리더십을 대체하는 새로운 개념으로 바뀌고 있다. 경제경영 및 사회환경의 변화에서 그 이유를 찾을 수 있는데, 디지털 시대에서는 새로운 리더십 역량을 요구한다.

과거 기업에서 자신들의 목표성취를 위해 사용했던 방식이나 기존의 역할들과 권위주의적인 위계질서에 의한 업무추진 방식도 점점 변하고 있다. 이런 변화는 개인이든 기업이든 살아남기 위한 필수조항이 되었다. 지금은 세계를 무대로 경쟁하지 않으면 안 되는 세상이다. 하루가 다르게 변화하는 기술 또한 새로운 도전으로 등장했다. 과거 어느 때보다도 지혜로운 리더십 기술이 요구된다.

2) 부하직원은 스스로 답을 알고 있다

코칭이란 구성원들, 즉 리더와 직원 간 또는 동료 간에 긍정적인 영향을 주기 위한 양방향 커뮤니케이션 과정이다. 코칭은 부하직원 및 동료에게 동기부여를 해주고, 업무의 성과를 향상시키는 데 도움을 주고, 문제를 인식하고 역량개발에 도움을 준다. 또한 코칭은 한 번만 향상하는 것이 아니라 지속적인 향상을 위해 끊임없이 도와주는 과정이다.

✖ 직원들의 능력을 지원하라

무력한 부하직원을 위로 끌어 올려주는 헬프가 아니라, 원래 유력한 부하직원을 아래에서 떠받쳐줘서 그 직원이 지닌 능력이나 가능성을 한층 더 발휘할 수 있도록 지원하는 서포트이다. 문제에 대한 해답이 상사에게 있는 것이 아니라 부하직원에게 있다는 것을 말해준다. 즉, 지배 · 종속적인 관계에서 협동적인 관계로 발전하였다. 그러므로 상사와 부하직원은 파트너인 관계로, 자율과 협력이 있는 코칭이 중요하다. 해답을 스스로 찾아낼 수 있도록 상사와 부하가 서로 협동하는 데 필요한 기술이다.

- 헬프Help : 도움을 요청하는 사람이 자신의 힘으로는 문제를 해결할 수 없는 무력한 상태, 도움을 주는 사람과 지배 · 종속적인 관계
- 서포트Support : 도움을 요청하는 사람이 어느 정도 유력力한 상태, 두 사람은 협동적 관계

3) 코칭이란 무엇인가?

✖ 코칭의 유래

코치라는 단어는 사람을 실어 나르는 개썰매에서 유래했다. 헝가리의 콕스Kocs라는 도시에서 처음으로 마차를 만들었는데, 이 마차가 유럽에 퍼져나가 콕시Kocsi 혹은 콕지Kotdzi라고 불리게 되었고 영국에서는 코치Coach라

불리었다. 그 이후로 1840년대에는 개인지도 교사^{Tutor}를 코치라고도 불렀고, 1880년대부터 운동선수를 훈련시키는 사람들에게 코치라는 칭호를 사용하기 시작했다. 코치란 용어는 스포츠에서 주로 사용하던 개념인데, 팀의 역량을 최고로 발휘할 수 있도록 연습과 시합의 전개를 지도하는 사람을 말한다.

✖ 현대적 맥락의 코칭

현대적 맥락의 코칭은 1980년대 초 재무 설계사인 토머스 레너드^{Thomas} $^{J. Leonard}$에 의해 시작되었다. 그는 고객들의 각종 재무관련 컨설팅을 하다가 그들이 돈문제뿐 아니라 인생의 다른 영역들까지도 다루기 원한다는 사실을 알게 되었고, 고객의 인생 나머지 영역들, 이를테면 자녀양육, 은퇴 이후의 삶, 의미 있는 인생, 건강 등에 대해서도 도움을 주기 시작했다. 그러다가 그의 고객 중 한 명이 '코치'라는 호칭을 제안했고 이를 사용하기 시작했다. 그가 1994년에 설립한 국제코치연맹과 국제코치협회는 오늘날 국제적으로 가장 영향력 있는 코칭단체가 되었다. 코치를 필요로 하는 곳은 스포츠에만 국한되지 않는다. 사람이 사는 곳에서는 지도하고 배우는 일이 항상 일어나기 때문이다. 직장과 가정, 학교, 각종 사회적 모임 등에서 선배, 부모, 교사, 지도자의 역할은 코치의 역할이라고 할 수 있다.

✖ 코칭의 다양한 정의

코치에 대한 일치된 언어적 정의는 존재하지 않는다. 어떤 시각으로 보느냐에 따라 코칭은 다양하게 정의될 수 있다. 보다 정확한 이해를 위해 지금까지의 코칭의 정의들을 보고 코칭이 무엇인지 스스로 정의해보자.

- 코칭은 개인적·대인관계상의 효율성을 높이기 위해 알고 있는 무언가를 용기 있게 실천하도록 도와주는 일이다. – T.G. 크레인
- 코칭은 한 개인이나 그룹을 현재 있는 지점에서 그들이 바라는 더 유능하고 만족스러운 지점까지 나아가도록 인도하는 기술이자 행위이다. – 게리 콜린스
- 코칭은 개인의 자아실현을 서포트하는 시스템이다. – 에노모토 히데타케
- 코칭은 상대의 자발적 행동을 촉진시키기 위한 커뮤니케이션 기술이다. – 스즈키 요시유키
- 코칭은 코치와 발전하려고 하는 의지가 있는 개인이 잠재능력을 최대한 개발하고, 발견 프로세스를 통해 목표설정, 전략적인 행동, 그리고 매우 뛰어난 결과의 성취를 가능하게 해주는 강력하면서도 협력적인 관계이다. – Corporate Coach University[CCU]

이상 살펴본 코칭의 정의들은 결국 코칭의 핵심이 코칭을 받는 사람, 즉 코치이[Coachee]의 변화와 성장에 있음을 여러 각도로 표현하고 있다. 코칭은 개인의 변화와 발전을 지원하는 파트너십을 가진 리더의 리더십 발휘과정이라 할 수 있다.

✖ 코칭의 유사개념

- 코칭과 컨설팅

코칭과 컨설팅은 기업이 현재 가진 문제점들을 해결함으로써 보다 건강한 기업으로 발전해 나아가려는 시도이다. 그러나 컨설팅은 컨설턴트 개인

의 역량에 따라 성패가 좌우되는 일방향적 관계라면, 코칭은 코치뿐만 아니라 피코치자의 동기, 태도, 사고 등도 지대한 영향을 미치며, 둘 사이의 신뢰 관계도 중요하게 부각되는 양방향적 관계라는 점에서 차이가 있다.

- 코칭과 카운슬링

코칭과 카운슬링은 내담자 혹은 피코치자의 현재상태를 좀 더 발전시키기 위해 전문가와의 커뮤니케이션 과정을 통한 여러 기법들을 사용한다는 점에서 비슷하다. 하지만 코칭은 기본적으로 성장과 변화의 동기가 유발된 건강한 사람들을 돕는 데 초점을 두고, 심리적인 측면에 대한 탐색이나 해석보다는 행동적인 변화에 더 많은 비중을 둔다는 점에서 차이가 있다.

- 코칭과 멘토링

코칭과 멘토링은 변화와 진보에 초점을 두는 성장 지향적 관계이다. 하지만 멘토링과는 달리 코칭에서는 코치가 반드시 피코치자의 인생 선배일 필요가 없고, 피코치자가 코치를 닮아가기보다 스스로의 모습을 발견하고 계발시켜줌으로써 독특성을 가진 존재로 성장할 수 있도록 돕는 것에 초점을 둔다.

4) 코칭의 철학

코칭 패러다임은 인간을 정체되어 있는 존재가 아니라 끊임없이 발전할 수 있는 가능성을 지닌 존재로 보는 것이다. 단지 혼자보다는 유능한 타인의 도움으로 내재되어 있는 잠재력을 최대로 계발할 수 있다. 코칭은 주어진 환경 속에서 코치와 피코치자가 신뢰를 바탕으로 목표를 향해 나아가는 과정이다. 신뢰는 코칭의 철학을 함축하고 있는 핵심개념이라고 할 수 있는데, 코치는 피코치자의 가능성을 신뢰하며, 피코치자는 자신의 가능성에 대한 신뢰는 물론, 코칭을 통해 목표에 이를 수 있다는 믿음을 포함한다.

5) 코칭의 효과

- 자신의 목표를 스스로 설정해놓고 달성하도록 하기 때문에 성과향상과 팀원육성을 함께 충족시킨다.
- 한 시간의 코칭으로 6개월 혹은 1년의 구성원의 성과달성을 얻을 수 있다.
- 리더가 부하직원이나 동료직원에게 자신감과 신뢰향상으로 효과적인 권한위임이 가능하다.
- 부하직원에게 권한위임을 함으로써 새로운 일에 투자할 시간을 마련한다.
- 부하직원이 자신의 업무에 대한 동기부여가 되고 리더와 부하직원 모두에게 업무가 더욱 도전적이고 의미 있게 된다.

6) 코치가 빠지기 쉬운 함정

✖ 변화에 대한 거부

직원들을 최고의 실적을 낼 수 있도록 코치할 경우 우리는 그들의 몸에 밴 습관이나 사고방식을 변화시켜야 할 경우가 많다. 이런 경우 직원들의 저항을 유발한다. 상사는 이러한 저항을 이해하고 인내심을 갖는 것이 중요하다. 하지만 변화에 집중하지 않다가는 다시 하던 대로의 습관대로 복귀하게 된다. 결국 시간의 여유가 중요하다. 새로운 패턴을 받아들일 수 있도록 자신에게도, 다른 사람에게도 시간적 여유를 주자.

✖ 부족한 코칭기술

효과적인 코칭기술은 배워서 발전시키는 것이다. 자신의 약점을 알고 개선하려고 노력하자. 또한 자신의 장점에 대해서는 자신감을 갖고 계속 키워나가는 것이 좋다.

✖ 언어장벽

• 전문용어라는 장벽

경영자나 관리자들의 세계에도 전문용어가 있다. 하지만 함께 일하는 직원들 중에는 그 용어에 관심이 없거나 이해할 수 없는 사람들이 있다. 만약 자신이 직원들에게 일일이 해석을 해줄 생각이 없다면, 또 그 말을 직원들이 몰라도 업무에 지장이 없다면, 그런 말은 가급적 사용하지 말자. 될 수 있는 한 모두가 아는 용어를 사용하자.

• 해석의 차이라는 장벽

우리가 흔히 쓰는 말일수록 말하는 사람이나 듣는 사람 모두 그 의미를 알고 있다고 가정하기 때문에 더 위험할 수 있다. 일이 벌어지고 나서야 서로의 해석이 달랐음을 알게 된다. 말은 누구나 알 수 있게 정확한 표현을 쓰도록 하자.

2 질문을 활용하라

성 과장은 이번 이싹싹 주임과의 면담에서는 업무에 관한 대화를 중심으로 이끌어가고 싶었다. 그래서 면담을 할 때 가벼운 대화는 금방 끝내고 곧 업무성과에 관해서 물어보기 시작했다.

"이번에 성과가 좋지 않던데, 요즘 일하는 것이 어려운가?"

"어려운 것보다는 유쾌해 대리님이 계속 도와달라고 해서 도와주다보니까 시간이 많이 부족해요."

"그것이 업무에 지장을 주면 안 되지."

"저도 그렇게 생각하는데 꼭 급하게 부탁을 하니까 거절하기가 힘들어요. 제가 거절해버리면 제 업무에도 지장이 생기기 때문에 거절을 못 하기도 하고요."

이렇게 업무 이야기로 시작은 잘했는데 이싹싹 주임의 푸념이 시작됐다.

"저도 유쾌해 대리님 도와주는 걸 그만해야겠다고 생각하죠. 제 일도 못 하니 죽을 맛이니까요. 매일 야근하는 것도 낮에 유 대리님 도와드리다가 시간이 모자라서 하는 거예요, 저도 힘들어요."

두 시간 동안 개인상담을 하는 듯한 느낌이 들어서 이건 안 되겠다는 생각이 들었다.

영자와 관리자는 신속하고 정확하게 업무를 처리해야 하는 책임이 있다. 이것이 바로 기업에서 직원들에게 기대하는 것이다.

그러나 코칭에 의해 경영하는 관리자라면 단순히 업무를 신속하고 정확하게 처리하는 것에 만족할 수 없다. 과제완수는 직원들의 역할 중 한 부분일 뿐, 보다 중요한 부분은 직원들 스스로 효과적, 독립적, 능동적으로 맡은 일을 해나가도록 만드는 것이다.

1) GROW 모델

코칭을 하려고 생각하면 가장 먼저 떠오르는 것이 어떤 형식으로 어떻게 해야 할지이다. 코칭상황에서 코칭일정을 어떻게 구성하는가는 매우 중요하다. 이럴 때 코칭에서 보편적으로 사용하는 코칭기술이 있는데 이것을 GROW 모델이라 부른다. 코칭의 실제과정에서의 질문기술로서 먼저 목표 Goal를 정하고, 현재상태Reality를 확인한 후, 현재의 문제나 상태에 대한 대안 Options을 찾으며 앞으로 어떻게 할 것인지에 대한 결심Will으로 마무리한다는 뜻이다. 이런 네 가지 과정을 사용하는 GROWGoal, Reality, Options, Will 모델은 많은 코치들이 이용하는 코칭과정 모델의 하나이다. 이렇게 4단계로 대화를 하다보면 코칭을 하는 코치도 자신이 어떤 질문을 해야 하는지 알 수 있고, 코치이와 논의할 구체적인 내용에 대해 대화할 수 있다.

✖ G : GOAL – 코치이가 어떤 목표를 갖고 싶은가?

코칭의 목적이 무엇인가를 정하여 코칭이 이루어지는 시간 안에 어떤 주제를 중심으로 대화를 진행해 나가야 하는가에 대해서 설정해야 한다. 코칭은 분명한 목표를 갖고 대화하는 것이기 때문에 일반적인 대화와는 다르다. 가장 크게 다른 것이 바로 코칭대화에는 코치이가 어떤 목표를 갖고 있는가가 명확해서 목표에 따라서 코칭대화가 달라진다는 점이다. 그래서 효과적인 코칭을 하기 위해서는 목적을 분명히 해야 한다. 코칭에 들어가기 전에 이번 만남의 목적이 무엇인지를 분명히 하기 위하여 목적에 대한 질문을 하는 것이 중요하다. 목적을 물어보기 위해서는 두 가지 목표를 명확히 해야 한다. 첫 번째 목표는 코칭을 하는 기간 동안 업무성과를 어느 정도로 설정하고 진행할 것인가에 대해서 장기간의 목표를 설정하는 것이고, 두 번째 목표는 현재 코칭대화를 하는 동안 무엇을 기대하고 어떤 성과를 갖기를 원하는지에 대해 코칭대화 목적을 명확히 해야 한나.

✖ R : REALITY – 현재 코치이의 외부적 · 내부적 상황은 어떠한가?

코칭을 할 때 코칭의 요점을 가장 흐릴 수 있는 상황이 바로 코치이의 현재상황에 대해 대화를 할 때이다. 그래서 현재 코치이의 상황이 어떠한지 객관적인 자세로 경청할 필요가 있다. 특히 이 부분에서는 코치가 코치이에게 조언해주거나 결론을 내리고 해결책을 말해주고 싶은 충동이 생기는데, 이것을 참고 코치이에게 현재 사실과 상황을 말할 수 있도록 하는 질문을 던져야 한다. 눈에 드러나는 현상뿐만 아니라 이 상황이 나타나게 된 걸림돌과 문제, 기회가 무엇인지를 찾아볼 수 있도록 질문을 던져야 한다. 코칭과정에서 코치는 코치이가 현실을 객관적인 눈으로 볼 수 있도록 도와야 하고 코치이가 현실을 발견할 수 있도록 도와야 하는데 이 방법은 다름 아닌 경청이다. 코치이가 자신의 문제를 과장하거나 확대해석할 수도 있고, 현재 문제가 아니라 아직 일어나지 않은 문제를 미리 지레짐작해서 당황하고 있을 수도 있다. 그때 코치는 그 대화에 참여해서 그 속의 문제를 코치가 대신 풀어주려고 한다거나 해답을 찾으려고 생각하지 말고 계속 들어주다보면 코치이가 스스로 닥친 문제에서 어떤 것을 극복해야 하는지 스스로 찾아가려는 노력을 하게 된다. 그러나 코치가 그저 듣고만 있다고 문제가 해결되는 것이 아니다. 코치가 경청을 하는 중간에 적절한 질문을 통해서 코치이가 자신이 처한 상황을 객관적으로 바라볼 수 있도록 하는 것이 중요하다. 또한 코치가 코치이에게 심문하는 느낌을 주는 것이 아니라 문제를 발견하고 문제의 본질을 발견할 수 있도록 도와주는 것이다. 잘못과 부족한 것을 지적하면 코치와 코치이의 신뢰가 깨지기 때문에 앞으로 코칭대화는 진전될 수 없다. 코치의 역할은 코치이의 문제를 해결하고 더욱 높은 성과를 달성할 수 있도록 질문을 통해 방향을 설정하고 방향대로 인도하는 것이다. 질문을 통해 스스로 상황과 사실을 분간해서 문제해결 방안을 결정할 수 있도록 도와주는 것에 초점을 둬야 한다.

✖ O : OPTION – 문제를 해결하기 위한 대안은 무엇인가?

코치는 질문을 통해서 문제를 해결하기 위한 대안이 무엇인가를 찾아내야 한다. 물론 이 과정에서도 코치가 아닌 코치이가 스스로 답을 찾아낼 수 있도록 코치는 질문을 하는 것이 중요하다. 이 과정은 코치에게 가장 중요한 단계이기도 한데, 문제인식은 했지만 대안들 중 잘못된 가정과 잘못된 해결방안을 도출하게 된다면 코칭대화를 하는 의미가 없어지게 된다. 문제를 해결하기 위해 나온 각 대안의 가정과 결과를 가상으로 생각하고 최적의 대안을 찾는 과정이 필요하다. 또한 적합하지 않다면 적합한 대안을 찾아서 선택하도록 돕는 과정에서 코치의 적절한 질문과 코칭스킬이 필요하다. 가능한 한 많은 대안을 코치이가 발견하고 자신의 아이디어를 말할 수 있도록 해야 한다. 코치이가 스스로 대안을 찾을 수 있도록 시간을 충분히 주고, 만약 코치이가 대안을 찾지 못한다면 코치가 코치이에게 허락을 받은 후 코치가 생각하는 자신의 대안을 제공할 수도 있다. 코치는 코치이 스스로 해답을 발견하도록 돕는 단계로 코치는 해답을 줄 것인가 아니면 질문을 통해서 답을 찾도록 도와줄 것인가에 대해 코치 스스로 선택해야 한다. 특히 경험과 지식이 많은 코치일수록 당장 해답을 주고 싶은 유혹이 많다. 그러나 훌륭한 코치일수록 코치이에게 더 많은 질문을 하고 대안 중에서 선택할 수 있도록 시간을 줌으로써 스스로 결정할 수 있는 기회를 주어 대안을 찾도록 하고 가장 적합한 것을 고르게 할 수 있다. 코치이가 충분한 대안을 내놓았다고 판단이 되는데도 적합한 대안이 나오지 않는다면 코치가 해결책과 대안을 제시할 수 있다. 그러나 그냥 대안을 제시하는 것이 아니라 질문을 통해 코치이에게 양해를 구하고 대안을 제시할 수도 있다.

✖ W : WILL – 대안을 언제부터 실행할 것인가?

코칭을 할 때는 대안으로 행동을 이끌어내야 한다. 코칭목표를 달성하기 위한 구체적인 행동에 대해 계획을 세워야 한다. 코칭대화의 목적을 달성하기 위한 마지막 과정인 만큼 코치이가 스스로 정한 대안을 행동에 옮기는 것이 가장 중요하고, 계획과 행동방안까지 코치이가 스스로 결정할 수 있도록 하는 것이다. 이 과정에서 중요한 것은 실행을 시작하는 일정과 시간 및 실행결과가 나오는 날짜까지 코치이 스스로 선택하도록 하는 것이 중요하다. 왜냐하면 스스로 선택하고 결정한 사항에 대해서는 달성해야 한다는 책임감을 갖게 되기 때문이다. 코치와 코치이는 실제행동을 했을 때 목표를 이루기 위한 일정표를 작성하고 장애물을 극복하는 방법을 확인해둔다.

2) 코칭의 중심은 질문, 성취를 극대화시키는 법

좋은 코칭을 위해서는 효과적인 질문이 무엇인지 어떻게 질문하는 것이 좋은 질문인지를 아는 것이 중요하다.

좋은 질문의 특징은 질문을 했을 때 간단하고 명료하며 핵심에서 벗어나지 않는다. 적절하고, 건설적이며, 중립적이고, 개방형의 질문이 좋은 질문이다.

코칭질문은 기본적인 구조와 방향을 가지고 있다. 코치는 질문을 할 때 인간본성에 대한 이해를 바탕으로 진행하는 것이 좋다. 코치는 코치이의 타고난 잠재력을 인정하고, 더 잘 발휘하도록 돕는 방식으로 되어 있다. 코칭대화는 분명한 목적이 있고, 단순히 즐겁게 대화를 나누는 것 이상을 포함하고 있다. 짧은 시간에 탁월한 성취와 성장을 경험하는 방식으로 진행된다. 코칭대화의 특성을 명확히 인식하고 있어야 하며 필요한 경우에 사전교육을 통해서 서로 코칭대화에 대한 충분한 이해를 갖추는 것이 좋다. 코칭대화는 사전합의가 되지 않았거나 상대방의 동의가 없는 경우에는 성과를 내기 어렵다. 또한 코칭의 성과를 억지로 만들려고 하는 실수를 범하게 될 경우 종종 상담이나 잡담, 토론이 되기도 한다.

3) 코칭의 질문 연습하기

✖ GROW질문

- Goal(목표) 질문
  - 한 달 이내에 이루고 싶은 목표가 있습니까?
  - 이번 코칭의 목적은 무엇입니까?
  - 장기적으로 무엇을 성취하려고 합니까?
  - 그 목표는 긍정적이고, 도전적이며, 달성할 수 있습니까?
- Reality(현실) 질문
  - 목표를 달성하는 데 어려운 현실이나 장애물이 있다면 무엇입니까?

– 현재의 상태는 어떻습니까?

– 사정이 여의치 않을 경우 어떻게 됩니까?

– 다른 사람들에게 미치는 영향은 무엇입니까?

– 지금까지 이것을 위해 무엇을 해왔습니까?

- Opportunity(기회) 질문

– 당신이 할 수 있는 것과 가능성이 있다면 무엇입니까?

– 어떤 대안을 갖고 있습니까?

– 또 어떤 것을 할 수 있습니까?

– 만약 시간, 힘, 자금, 동료 등을 충분히 갖고 있다면 어떻습니까?

– 각 사항에 대한 이익과 비용은 얼마나 됩니까?

– 다른 선택사항은 있습니까?

- Will(의지) 질문

– 기꺼이 하고자 하는 것이 있다면 무엇입니까?

– 무엇이 방해할 것 같습니까?

– 어떻게 그것을 극복할 것입니까?

– 어떤 지원이 필요합니까?

– 어떻게 그 지원을 받을 수 있습니까?

– 언제부터 실행할 예정입니까?

– 언제까지 완료할 예정입니까?

✖ 기적질문

– 만약 하룻밤 사이에 당신에게 기적이 일어난다면, 그것은 무엇입니까?

- 만약 그러한 기적이 하나가 아니라 둘이라면, 다음 번 기적은 무엇입니까?

- 만약 둘 중에 하나를 택한다면 어느 것을 선택하겠습니까?

✖ 언제나 따라붙는 질문들

- 혹시 좀 더 명확해지거나 새롭게 인식된 것이 있습니까?

- 유익한 점이 있다면 무엇입니까?

- 이 코칭이 더 효과적이 되기 위해 제게 요청하고 싶은 것이 있습니까?

✖ 더 깊이 들어가기 위해 항상 사용할 수 있는 질문들

- 그것이 구체적으로 어떤 모습인가요?

- 그런 일이 성취되었다는 것을 다른 사람들은 어떻게 알 수 있을까요?

- 그것을 처음 경험했을 때는 어땠나요?

- 1년 후에는요? 10년 후에는요? 궁극적으로 어떤 일이 일어날까요?

- 또 다른 말로 한다면 어떻게 할까요?

- 어떤 것이 가장 와 닿으세요? 이유는 무엇인가요?

4) 코치가 잘 듣는 것이 중요하다

코칭의 주요스킬은 질문스킬이라고 하지만 중요한 것은 상대방의 말을 얼마나 잘 듣는지에 따라서 코칭대화의 질이 달라진다는 것이다. 질문을 하고 코치가 코치이의 말을 제대로 듣지 못한다면 코칭대화는 진행되지 않는다. 코치는 질문하는 방법도 알아야 하지만 잘 듣는 방법도 알아야 한다.

✱ 코치이에게 집중하라

코치가 코치이에게 줄 수 있는 가장 큰 선물은 정성을 다해 코치이에게
만 집중하는 것이다. 효과적인 듣기에는 다른 어떤 것도 필요 없이 코치이
에게 집중하고 상대방이 하는 말을 최대한 있는 그대로 수용하는 것이다.

✱ 코치이와 시선을 맞추자

눈은 마음의 창이라는 말이 있다. 사람은 눈을 통해 대부분의 감정을 표
출한다. 적당히 시선을 고정해서 상대와 대화함으로써 상대에게 집중하고
있다는 것을 알려주자.

✱ 다 들은 후에 대답하자

코치는 코치이가 말을 하는데 중간에 조언을 해주거나 해답을 찾아주고
싶다는 생각을 하게 된다. 그런 생각은 조금 접어두고 코치이가 하는 말을
느긋하게 끝까지 들어주자. 말을 자르는 것은 옳지 않다.

✱ 들으면서 메모를 하자

메모를 하는 것은 코치이에게 많은 메시지를 포함하고 있다. 첫 번째로
코치이가 하는 말은 코치에게도 중요하다. 두 번째는 코치이는 코치에게 중
요한 사람이다. 세 번째, 코치는 올바른 정보를 얻기 위해 노력한다.

✱ 침묵을 허용하자

코칭대화에서 말하기, 듣기만으로도 충분하지만 때로는 적절한 침묵도

필요하다. 그러나 너무 남발해서는 안 되는 것 또한 침묵이다.

3. 피드백을 잘해야 코칭의 성과가 높아진다

성 과장이 유쾌해 대리와 면담하는 시간이다. 유쾌해 대리는 이번 한 달 동안 지각만 여덟 번을 한데다 이싹싹 주임에게 자신의 업무를 미루다보니 이싹싹 주임도 자신의 업무를 진행 못 할 정도가 됐다. 성 과장은 유쾌해 대리에게 이 점에 대해 말하려고 했다.

유쾌해 대리는 즐거운 듯 미팅룸으로 들어와 웃으면서 인사했다.

"과장님, 요즘 다이어트하세요? 점점 날씬해지시는 것 같아요."

성 과장은 칭찬에 기분이 좋아졌다.

"그렇게 봐주니 고맙네."

"진짜예요. 나중에 결혼해도 과장님처럼 자기관리 잘하는 사람 만나고 싶어요."

성 과장은 유 대리의 칭찬과 농담에 일단 마음이 누그러졌다.

"왜 이렇게 이 주임에게 부탁을 하는 거야? 이 주임이 자기 업무도 제대로 못하고 있잖아."

"어, 이 주임이 그래요? 이 주임은 저한테 그런 말 안 하던데. 말했으면 제가 그렇게 안 했죠."

"그래? 그리고 왜 이렇게 지각을 해? 이번 달에만 여덟 번을 했던데, 어떻게 된 거지?"

"죄송합니다. 제가 아침에 나오다보면 뭔가 일이 생겨서요. 그나저나 요즘 무슨 일 있으세요? 살은 빠지셨는데 얼굴이 약간 어두우세요."

이렇게 또 대화가 다른 방향으로 흘러가고 성 과장은 직원을 제대로 관리 못 하는 것 같아서 또 침울해졌다. 성 과장은 업무에 대해 피드백을 꼭 하려고 마음먹었는데, 이렇게 다른 이야기를 하다가 끝나버렸다.

1) 코치의 훌륭한 피드백은 완벽한 결과를 만든다

성과를 높이기 위해 행동을 유도하고 실행하도록 하는 것은 코치로서 긍정적인 역할이다. 그러나 직원이 하는 부정적인 행동을 긍정적인 행동으로 바꾸는 것은 코치로서 어려운 일이다. 코칭에서는 직원들의 문제를 교정할 때 대결을 하지 말고 대화를 통해서 교정해야 한다. 그러나 일반적으로 대화보다는 코칭을 하는 코치라면 피드백^{Feedback}이라는 말을 많이 사용할 것이다. 피드백은 코치이의 행동에 대해 코치가 적절한 반응을 보이는 일로 두 가지가 있다. 생산적인 피드백과 파괴적인 피드백이다. 파괴적인 피드백은 코치이의 행동을 변화시키지 못할 뿐만 아니라 악순환을 되풀이하고 변화를 방해한다. 생산적인 피드백은 코치이가 피드백에 공감하고 자신의 약점을 극복하고 교정할 수 있도록 도와줌으로써 행동을 개선할 수 있고, 스스로 변화에 대한 동기부여를 할 수 있도록 도와준다.

✖ 긍정적 상황과 부정적 상황에 대해서 중립적으로 언급하라

코치이가 실수할 때만 교정을 해서는 안 된다. 코치이가 잘했을 때의 긍정적인 피드백도 반드시 있어야 한다. 그렇게 해야 코치이가 잘한 점이 무엇인지 알게 된다.

✖ 적절한 시기에 피드백하라

긍정적이든 부정적이든 코치이에게 피드백을 해야 할 시기가 있다면 가능한 한 빠른 시점에 해야 한다. 즉, 행동이 일어난 직후에 하는 것이 효과적이다.

✖ 팀과 개인 모두에게 피드백하라

팀이 성과를 냈을 때나 실수했을 때 팀에 대한 피드백을 하되, 개인적인 칭찬이나 부정적인 피드백을 잊어서는 안 된다. 팀을 이루고 있는 각 개인의 업적에 대해서 칭찬해주는 것도 중요하다.

✖ 구체적으로 피드백하라

피드백은 반드시 구체적으로 해야 한다. 두루뭉술하고 일반적인 피드백은 코치이에게는 별 도움이 되지 않는다.

✖ 말과 의도를 일치시켜서 진실하게 피드백하라

피드백을 할 때는 코치가 의도하는 바와 말로 나오는 것이 일치해야 한다. 또한 말을 전달하는 방법도 의도와 일치해야 한다.

✖ 비난하지 마라

코치이의 특정한 행동을 확대해석하거나 비난하면 상대적으로 코치이의 반감을 사기 때문에 더욱 큰 부작용이 있다.

✖ 불완전한 피드백은 안 하니만 못하다

피드백을 하는 사람이 어떤 피드백을 해야 할지 명확하지 않거나 잘못된 행동이 무엇인지 정확하게 설명하지 못하면 코치이가 어떻게 변화해야 하는지 알지 못하고 혼란을 느낀다.

2) 단계별 피드백

✖ 피드백을 하기 전

- 피드백을 하는 코치가 코칭을 통해서 얻고자 하는 것이 무엇인지를 파악한다.
- 코치이에게 생산적인 피드백을 주기 위해 기꺼이 시간을 투자할 수 있는가를 파악한다.
- 코치이 행동의 변화가능성을 살피고 변화시킬 수 있는 최선의 계획을 짠다.
- 코치이가 처해 있는 환경을 고려한 피드백을 제공할 수 있는지를 생각해본다.
- 코치 자신이 피드백을 받았을 때의 경험을 살린다.

✖ 피드백할 때

- 코치이가 피드백의 내용과 피드백을 받는 이유를 잘 이해하고 있는지 확인해야 한다.
- 패드백을 할 때 핵심을 찔러 대화한다.
- 행동을 변화시킬 수 있는 보상을 제공해야 한다.

✖ 피드백을 끝낸 후

- 코치이의 행동변화가 일어날 수 있도록 지원해야 한다.

3) 생산적인 피드백

✖ 피드백을 받았을 때

- 자신을 위해서 시간을 내준 코치의 말을 주의 깊게 경청하고 개인의 성장을 위한 촉매제로 사용할 수 있다는 생각을 가져라.

- 현재 하고 있는 피드백 대화와 관련 있는 정보를 요구해야 한다.
- 자신이 받고 있는 피드백을 개선하기 위한 방안이나 대안을 요구해야 한다.
- 코치와 나눈 얘기를 요약하고 의사소통이 정확하게 이루어졌는지를 확인해야 한다.

✱ **피드백을 받은 후**
  - 코치의 피드백이 시간을 투자할 가치가 있었는지를 평가한다.
  - 피드백이 감당할 수 있는 것인지 살펴보고 코치로부터 도움을 받을 수 있는지 살펴본다.

4) 효과적인 피드백

- 구체적이고 명확해야 한다.
- 평가ㆍ판단하지 말고 사실이나 행동을 그대로 알려준다.
- 허심탄회한 마음으로 피드백을 주고받는다.
- 무턱대고 듣기에 좋은 말로만 피드백하지 않는다. 스스로가 그런 피드백을 받는다고 생각해보라.
- 상대방이 말한 내용을 정말로 이해했는지 확인하기 위해 다시 피드백을 구한다.
- 모든 피드백은 가치 있는 것이다. 피드백은 다른 사람이 당신의 행동에 대해 어떻게 생각하고 느끼는지에 대한 가치 있는 정보를 제공하기 때문이다.

5) 적절한 보상이 중요하다

최상의 성과를 끌어내기 위해 코치는 적절한 보상을 사용할 수 있다.

✖ 가시적인 보상

임금인상이나 승진은 가장 확실한 가시적 보상이다. 하지만 가시적인 보상은 직원들이 자신의 성과와 보상을 연결시킬 수 있을 때에만 가치 있는 피드백이 된다.

✖ 상징적인 보상

금전적인 가치는 없지만 트로피, 배지, 간단한 소품들처럼 상징적 중요성을 담고 있는 눈에 보이는 물건들을 주는 것이다. 이때는 주고받는 쪽 모두가 이 물건들이 가치가 있다고 믿어야 한다.

✖ 무형의 보상

직원들에게 신뢰라는 보상을 주자. 할 수 있는 여러 가지 기회를 주자. 보상은 보상과 행동을 연계해야 하고, 공정하게 보상하여야 하며, 보상에 대해 모든 직원들이 확실히 이해할 수 있도록 하자.

6) 동기부여는 코치의 몫이다

✖ 예상 밖의 성과를 내는 경우

격려사나 설교는 필요 없다. 마음대로 목표나 할당량을 잡아주어도 안 된다. 그저 바쁘도록 계속 일을 주어서는 안 된다. 이렇게 하면 우수한 성과를 내는 사람의 불만만 커지고 그들이 당신을 우습게 본다. 의미 있는 도전을 찾아보자. 목표를 아주 조금 높이고 한 번에 한 단계씩 성공하도록 도와주자. 새로운 트레이닝 기회를 제공하고 책임과 권한을 좀 더 부여하자. 집단에서 리더로서의 역할을 하도록 이끌어주자.

✖ **기대에 못 미치는 경우**

골칫덩이가 아니라 아직 충분히 역량을 발휘하지 못한 사람으로 대하는 것이 중요하다. 직원들은 당신이 실망시키고 싶어 하지 않는다. 그들도 잘하고 싶다. 그들 역시 당신과 마찬가지로 자신의 일에서 자부심을 느끼고 싶어 한다. 격려사나 설교는 여기서도 도움이 되지 않는다. 당근과 채찍을 사용할 생각은 버려라. 무엇보다도 대화를 하는 것이 필요하다. 함께 이야기함으로써 직원에게 보다 잘 맞는 일을 찾아낼 수 있다. 작업환경을 바꿔주거나 실수하기 십상인 부분이 있다면 제거해주자.

7) 좋은 코칭을 위한 마지막 보너스

✖ **출발의 원칙** : 어디서 출발하는가는 중요하지 않다. 출발 그 자체가 중요하다.

✖ **통제의 원칙** : 통제는 불가능하다. 만약 가능하더라도 하려고 해서는 안 된다.

✖ **결정의 원칙** : 즉시 결정하자. 결정을 못 내린 것은 아무것도 하지 않기로 결정한 것이다.

✖ **시간의 원칙** : 시간을 낭비하지 말자. 본인은 물론 직원의 시간도 철저히 아껴라.

✖ **질문의 원칙** : 많이 질문하자. 많은 질문들은 그저 단순한 답변을 들을 뿐이다. 그러나 우리는 그러한 답변을 통해 통찰을 갖게 되거나 창조

적인 타개책을 찾곤 한다.

- **✖ 실수의 원칙** : 누구나 실수를 한다. 실수로부터 배우고 계속 나아가자.

- **✖ 분노의 원칙** : 분노를 느끼되 그에 따라 행동하지는 말자. 그런 다음 '당연한' 행동이 아닌 '올바른' 행동을 하자.

- **✖ 객관성의 원칙** : 객관성이란 없다. 우리는 주관적이란 것을 의미한다. 자신의 편향을 숨기려 들지 말자. 모든 직원에게 공정하고 싶다면 직원들에게 자신의 편향을 숨김없이 드러내고, 이런 자신의 자연스런 감정을 보상하려 하자. 객관성은 상호작용을 심각하게 제한하고, 관계를 한정시킨다. 스스로가 직원들에게 객관적이라고 믿는 경영자라면 유능하다고 보기는 어려울 것이다.

- **✖ 일반화의 원칙** : 구체적으로 하자.

- **✖ 작은 일의 원칙** : 작은 일을 고민하지 말자. 작은 일에 너무 매달리지 말자.

- **✖ 두려움의 원칙** : 두려움에 맞서자. 두려움을 똑바로 쳐다볼 수만 있다면, 두려움은 우리를 깨어 있게 하며 에너지를 준다.

- **✖ 역할 모델의 원칙** : 자신을 모델로 삼자. 말한 대로 행해야만 한다.

- **✖ 삶의 원칙** : 삶을 즐기자.

코칭이란 아는 것이 다가 아니다. 코칭은 실천이다. 자기를 '코치'라고 부른다고 코치는 아니다. 당신에게 필요한 것은 '코치'라는 명사가 아닌, '코치하다'라는 동사이고 그것도 현재진행형이다.

실전 Q & A

성 과장이 이싹싹 주임과 업무관련 대화를 하고 있었다. 그런데 갑자기 이싹싹 주임에게 휴대폰 메시지가 울렸다. 이 주임은 죄송하다면서 메시지를 확인하고, 또 대화를 시작했다가 이번에는 성 과장의 메시지가 울렸다. 이렇게 몇 번을 반복하고 나니 대화가 끊겨버려서 다음에 다시 대화를 하기로 했다. 성 과장은 이번 일로 대화 도중 울리는 휴대폰에 어떻게 대응해야 옳은지를 고민했다.

Q 성 과장은 과연 어떻게 하는 것이 좋을까?

A 코칭대화를 할 때는 휴대폰을 꺼야 한다. 일반적으로 휴대폰으로 걸려오는 전화나 메시지가 중요한 것을 담고 있을 것이라는 생각에 꺼두지 못하는 경우가 많다. 하지만 코칭대화를 할 때 코치나 코치이는 서로의 신뢰를 바탕으로 하기 때문에 상대방에게 집중하고, 특히 휴대폰은 끈 상태에서 대화하는 것이 좋다. 또한 코칭할 때 단순히 대화만 할 것이 아니라 메모나 코칭일지를 활용하여 기록하면서 코칭대화를 하면 성과에도 영향을 미친다.

자기점검 포인트

1. 상사와 면담할 때 이상적인 상황은 무엇인가?

2. 코치이로서 보완해야 할 점은 무엇인가?

3. 성공적인 코칭대화를 하기 위해 앞으로 해야 할 일은 무엇인가?

자기점검 그 후

성 과장은 커피를 들고 한 부장을 찾아갔다.

"부장님, 커피 가져왔어요."

"그래, 듣자하니 자네 요즘 직원들 사이에서 인기가 많다면서?"

"뭘요, 그저 질문만 하고 잘 들어줬을 뿐인데, 벌써 성과가 나타나더라고요."

"생각한 대로 결과가 나온 것 같은가?"

"네. 제가 아직 부족하다는 느낌은 들지만, 많이 나아져서 질문하는 것도 늘었어요."

"아직 부족한 부분은 무엇인가?"

"가끔 직원들의 현재상태에 대해 대화를 하다보면 상담으로 번지는 듯한 느낌도 들지만, 정신 차려서 코칭대화를 하려고 하고 있어요."

"어떻게 해야 하는지 명확한가?"

"네, 그런 것 같아요. 아, 부장님! 부장님, 저랑도 지금 코칭대화를 하고 계신 거죠? 하하하, 제가 눈치 챘어야 했는데, 제 얘기하느라 정신없어서 전혀 모르고 있었어요. 왠지 부장님하고 대화하고 나면 뭔가 해결된 듯한 느낌이 들었었는데….."

"나도 코칭대화를 배우고 최대한 질문으로 하려고 노력하거든. 근데, 성 과장이 알아버렸네. 하하하."

인생을 바꾸는 나만의 능력 백서

초판 1쇄 발행 2021년 8월 13일

지은이 차희연
펴낸이 추미경

책임편집 김선숙 / **디자인** 정혜욱 / **마케팅** 신용천

펴낸곳 베프북스 / **주소** 경기도 고양시 덕양구 은빛로 45, 4층 406-1호(화정동)
전화 031-968-9556 / **팩스** 031-968-9557
출판등록 제2014-000296호

ISBN 979-11-90546-12-6 (13320)

전자우편 befbooks15@naver.com / **블로그** http://blog.naver.com/befbooks75
페이스북 https://www.facebook.com/bestfriendbooks75
인스타그램 https://www.instagram.com/befbooks